民航运输类专业"十二五"规划教材
基于民航行业标准系列教材

民航国内国际客票销售

慕 琦 主编

国防工业出版社

·北京·

内容简介

本教材依据民航售票员国家职业技能标准,提炼出民航国内客票销售、民航国际客票销售、民航客票销售系统三个部分的工作内容和技能要求,并用全新的视角和最新的知识展现相关教学内容。本教材共分五个学习单元:学习单元一讲解民航售票员国家职业技能标准;学习单元二讲解民航国内客票销售业务的各项工作内容;学习单元三讲解民航国际客票销售业务的各项工作内容;学习单元四讲解民航客票销售系统;学习单元五为职业技能综合训练单元。本教材的特色是紧跟行业最新发展趋势,务求阐述最权威、最系统、最全面的民航客票销售知识。

本教材可作为各层次民航院校民航运输、空中乘务、航空服务、市场营销、电子商务等专业相关课程教材,也可作为航空公司、民航机场、销售代理、电商营销等民航相关单位的培训教材。

图书在版编目(CIP)数据

民航国内国际客票销售/綦琦主编. —北京:国防工业出版社,2016.3 重印
民航运输类专业"十二五"规划教材
ISBN 978-7-118-09136-6

Ⅰ. ①民… Ⅱ. ①綦… Ⅲ. ①民航运输—旅客运输—售票—中国—高等学校—教材 Ⅳ. ①F562.5

中国版本图书馆 CIP 数据核字(2013)第 242035 号

※

国防工业出版社出版发行
(北京市海淀区紫竹院南路 23 号 邮政编码 100048)
三河市众誉天成印务有限公司印刷
新华书店经售

*

开本 787×1092 1/16 印张 12 字数 273 千字
2016 年 3 月第 1 版第 3 次印刷 印数 8001—18000 册 定价 35.00 元

(本书如有印装错误,我社负责调换)

国防书店:(010)88540777　　发行邮购:(010)88540776
发行传真:(010)88540755　　发行业务:(010)88540717

《民航国内国际客票销售》
编委会

主　编　綦　琦

副主编　魏亚波　张　昭

参　编　许夏鑫　韩奋畴　李　超　邢　蕾　陈飞龙

　　　　　汤新庄　叶　凡　周　迎　黄　甫

前　言

改革开放以来，中国民航运输总周转量以年均17.5%的幅度高速增长，自2005年以来，中国民航运输总周转量（不含港澳台地区）稳居世界第2位，仅次于美国。截止到2012年底，中国民航完成运输总周转量610.32亿吨公里，其中旅客周转量446.43亿吨公里，运送旅客31936万人次，旅客运输是中国民航各项工作的核心。客票销售是旅客运输工作的先导，是开展运输环节的重要依据，更是民航企业尤其是航空公司实现经济效益的主要来源。"民航国内国际客票销售"课程一直以来均作为民航行业院校的核心专业课程进行开设，相关的知识和技能是民航运输各工作岗位人员所必备的。

本教材是民航运输、电子商务、航空服务、机场运行、空中乘务等专业必修课程使用的教材，是最新为民航国内和国际客票销售专业课程教学编写的公开出版教材，同时也是作者完成的基于民航运输行业标准系列的第二部民航业务课程教材，它延续了基于行业标准培养高技能人才的新型教学理念。本教材的电子客票知识、客票销售渠道、国际电子客票票面识读、信用卡支付票款规则、国际客票销售净价报价等部分填补了目前同类教材的空白。本教材主编作为国际航协教员，已经连续三次培养出航空运输与旅游培训课程（基础级）中国区第一名。除此之外，本教材还特邀中航信（中国民航信息技术股份有限公司）资深培训专员撰写民航代理人分销系统部分内容，该部分内容是其多年从事民航代理人分销系统教学及系统使用疑难解答的总结。

本教材由广州民航职业技术学院綦琦主编，并负责全书的统稿和整理工作。其中綦琦负责编写学习单元一、学习单元三、学习单元五；魏亚波负责编写学习单元二；张昭负责编写学习单元四。参加本教材编写的还有许夏鑫、韩奋畴、李超、邢蕾、陈飞龙、汤新庄、叶凡、周迎、黄甫。

本教材在编写过程中参考了众多相关内部资料，并得到国际航空运输协会、中国航空运输协会、中国南方航空公司、中国东方航空公司、中国航空信息公司、三亚航空旅游职业学院、香港航空公司、海南航空控股有限公司、深圳康途航空服务有限公司、海南康途商旅服务有限公司等有关部门领导、专家和广州民航职业技术学院民航经营管理学院领导、同事的大力支持，在此一并致谢！最后，还要感谢我的妻子和女儿给予我的理解和鼓励。

綦琦

目 录

学习单元一　民航行业标准解析 ………………………………………………………… 1
　　第一节　民航售票员国家职业标准概述 ……………………………………………… 1
　　　　一、民航售票员职业概况及基本要求 ……………………………………………… 1
　　　　二、民航售票员工作要求 …………………………………………………………… 3
　　第二节　民航客票销售业务基础知识 ………………………………………………… 8
　　　　一、民航客票销售经典案例 ………………………………………………………… 8
　　　　二、民航运输生产基础知识 ………………………………………………………… 11
　　　　三、民航客票销售基础知识 ………………………………………………………… 13

学习单元二　民航国内客票销售业务 …………………………………………………… 17
　　第一节　民航国内客票销售一般规定 ………………………………………………… 17
　　　　一、中国民航运价体系概述 ………………………………………………………… 17
　　　　二、国内客票及行李票识读 ………………………………………………………… 20
　　　　三、国内客票使用一般规定 ………………………………………………………… 27
　　第二节　民航特殊旅客及其购票规定 ………………………………………………… 31
　　　　一、民航特殊旅客概述 ……………………………………………………………… 31
　　　　二、民航特殊旅客购票规定 ………………………………………………………… 33
　　第三节　民航电子客票销售业务 ……………………………………………………… 42
　　　　一、民航电子客票基础知识 ………………………………………………………… 42
　　　　二、民航电子客票识读 ……………………………………………………………… 44
　　　　三、民航电子客票退改签业务 ……………………………………………………… 48
　　第四节　民航国内客票销售渠道 ……………………………………………………… 51
　　　　一、售票处销售渠道介绍 …………………………………………………………… 51
　　　　二、呼叫中心销售渠道介绍 ………………………………………………………… 52
　　　　三、互联网销售渠道介绍 …………………………………………………………… 53
　　　　四、移动终端销售模式介绍 ………………………………………………………… 55

学习单元三　国际客票销售业务 ………………………………………………………… 56
　　第一节　国际客票销售基础知识 ……………………………………………………… 56
　　　　一、国际航空区划 …………………………………………………………………… 56
　　　　二、国际航程类型 …………………………………………………………………… 60
　　　　三、国际运输方向性代号 …………………………………………………………… 65
　　　　四、指定承运人运价的选择规则 …………………………………………………… 71
　　　　五、货币转换规则 …………………………………………………………………… 71

第二节　国际客票普通运价计算 ... 76
　一、普通运价基础知识 ... 76
　二、指定航程运价计算方法 ... 84
　三、非直达航程运价计算基础 ... 85
　四、额外里程优惠 ... 88
　五、超里程附加 ... 90
　六、中间较高点运价 ... 91
　七、单程运价计算方法 ... 93
　八、来回程运价计算方法 ... 94
　九、环程运价计算方法 ... 95
　十、儿童和婴儿票计算方法 ... 97

第三节　国际客票出票知识 ... 100
　一、国际电子客票识读 ... 100
　二、信用卡付款规则 ... 101
　三、国际客票涉及税费知识 ... 102

第四节　国际客票特殊运价计算 ... 104
　一、特殊运价基础知识 ... 104
　二、特殊运价使用规则识读 ... 104
　三、单程特殊运价计算方法 ... 109
　四、环程特殊运价计算方法 ... 110
　五、国际客票销售净价报价方法 ... 110

学习单元四　民航客票销售系统 ... 113

第一节　民航代理人分销系统 ... 113
　一、分销系统控制指令 ... 114
　二、航班信息查询指令 ... 121
　三、建立旅客订座信息记录 ... 124
　四、分销系统自动出票操作 ... 126
　五、旅客信息记录修改指令 ... 135

第二节　开账与结算计划 ... 138
　一、国际航协代理人计划简介 ... 138
　二、代理人资格认可条件 ... 140
　三、中国开账与结算计划概述 ... 142

第三节　环球分销系统 ... 142
　一、环球分销系统概述 ... 142
　二、艾玛迪斯系统介绍 ... 144
　三、伽利略系统介绍 ... 144

学习单元五　职业技能综合训练 ... 146

第一节　民航国内客票销售职业技能训练 ... 146
　一、国内客票销售经典习题 ... 146

二、国内客票销售课堂实验 ……………………………………………………………… 149
　第二节　民航国际客票销售职业技能训练 ………………………………………………… 150
　　一、国际客票销售经典习题 ……………………………………………………………… 150
　　二、国际客票销售计算题 ………………………………………………………………… 154
　第三节　民航客票销售系统职业技能训练 ………………………………………………… 158
　　一、客票销售系统经典习题 ……………………………………………………………… 158
　　二、客票销售系统操作题 ………………………………………………………………… 160
　第四节　参考答案 …………………………………………………………………………… 162
　　一、国内客票销售经典习题 ……………………………………………………………… 162
　　二、国际客票销售经典习题 ……………………………………………………………… 163
　　三、客票销售系统经典习题 ……………………………………………………………… 163

附录1　国内主要城市三字代码 …………………………………………………………… 164
附录2　国际主要城市三字代码 …………………………………………………………… 165
附录3　国外主要航空公司的两字代码及名称 …………………………………………… 171
附录4　常见机型代码表 …………………………………………………………………… 173
附录5　国际航协汇率兑换表 ……………………………………………………………… 174
附录6　超里程优惠条件 …………………………………………………………………… 182
参考文献 ……………………………………………………………………………………… 184

学习单元一　民航行业标准解析

学习目标

(1) 了解民航售票员职业概况；
(2) 了解《民航售票员国家职业技能标准》中的知识和技能要求；
(3) 掌握民航国内售票业务的基本理论知识；
(4) 掌握民航国际售票业务的基本理论知识。

学习内容

(1) 民航售票员国家职业技能标准；
(2) 民航客票销售经典案例；
(3) 民航运输生产基础知识；
(4) 民航客票销售基础知识。

第一节　民航售票员国家职业标准概述

一、民航售票员职业概况及基本要求

(一) 民航售票员职业概况

民航客票销售是涉及民航旅客运输销售岗位所必须掌握的专业知识和技能，这项专业能力要求被划分在民航行业特有工种的民航售票员职业技能标准的范畴。因此，在学习民航客票销售专业知识前，有必要对民航售票员的职业概况和基本要求有所了解，明确本教材所涉及的民航行业标准要求。以此充分体现本书基于民航行业标准的主旨特点，以培养读者核心职业能力为根本目标的宗旨。

经人力资源和社会保障部批准并于2010年4月19日起实施的《民航售票员国家职业技能标准》(以下简称售票员国家标准)(图1-1)中，民航售票员职业定义是："专门从事民航客票销售、座位管理和市场营销的人员。"定义中提及的三项职业功能是民航售票员这一工种所涵盖的基本职业要求。民航售票员职业环境条件是："室内、常温。"他们通常在航空公司售票处、机场售票柜台、电话客服中心等部门工作。随着客票形式电子化、销售渠道多样化、航空产品复杂化等新趋势的日益显著，涉及民航售票员工作内容的岗位不断增加，如传统机票销售代理公司、传统旅行社、在线旅游销售公司、客票销售平台等非航空公司的客票销售岗位。民航售票员职业能力特征是："具有一定的学习、计算和市场营销能力；具有较强的语言表达能力、事物观察能力、分析和判断能力；手指、手臂灵活，动作协调。"这也是售票员岗位对从业人员素质的最低要求。

图 1-1 《民航售票员国家职业技能标准》封面

2012年,中国民航累计完成旅客运输量3.19亿人次、货邮运输量541.60万吨、运输总周转量610.32亿吨公里。据预测,到2015年中国民航运输总周转量将达到990亿吨公里,旅客运输量4.5亿人次,货邮运输量900万吨,年均分别增长13%、11%和10%。相对于我国13.7亿的人口基数和我国已经成为全球第二大经济体而言,现有的民航客货运输能力和服务水平仍难以满足我国经济迅猛发展和运输质量提升的双重需要。民航售票员是从事民航旅客运输工作流程前续航班座位销售业务的最主要的工种,他们直接或间接与旅客接触,为旅客提供各种关于购买航空运输服务产品的信息咨询、销售实现、客票变更等全方位的销售服务。民航售票员岗位工作的好坏与否直接影响着中国民航旅客运输服务质量的水平高低。

(二) 民航售票员基本要求

按照国家职业技能鉴定工作规定,民航售票员基本要求包括职业道德和基础知识两个部分。其中,职业道德是指从事本职业工作应具备的基本观念、意识、品质和行为的要求,一般包括职业道德知识、职业态度、行为规范;基础知识是指本职业各等级从业人员都必须掌握的通用基础知识,主要是与本职业密切相关并贯穿于整个职业的基本理论知识、有关法律知识和安全卫生、环境保护知识。具体到售票员国家标准具体规定如下:

1. 民航售票员基本要求——职业道德

民航售票员应遵循基本职业道德,这是对民航客运员职业操守的要求和规范。

民航售票员的职业守则是:安全运营,优质服务;遵纪守法,诚实守信;爱岗敬业,忠于职守;钻研业务,提高技能;团结友爱,协作配合。

2. 民航售票员基本要求——基础知识

民航售票员工作不仅仅要求现场工作的专业知识,还要求广泛的、宏观的需掌握有助于服务工作开展的相关基础知识。按照售票员国家标准应了解和掌握以下知识：

(1) 航空运输常识。航空运输的定义,运输业的性质和航空运输业的特性,国际民航组织概况,中国民用航空概况,国际航空法,航空运输业务分工,航空运输的飞行形式,国际航协业务分区,世界时区的划分。

(2) 客运销售基础知识。民用机场的定义和分类标准,航线的定义、分类及构成形式,中国的国内、国际航线网络,航班、航段、班次的定义,中国主要航空公司名称、两字代码和客票代号,国际主要航空公司名称、两字代码,国内城市、机场及国际主要通航城市的三字代码,民航机型概况,国内、国际航班号的编排知识,中国、世界地理知识,行李运输的一般规定,航空联盟知识,残疾人运输办法。

(3) 民航旅客服务心理学知识。民航工作人员的心理调节,民航旅客心理状态认知。

(4) 民航旅客运输英语知识。专业词汇,销售服务对话。

(5) 宗教知识。基督教知识、佛教知识、伊斯兰教知识。

(6) 礼仪知识。仪容、仪表、仪态,礼貌、礼节、礼俗,文明用语及行为语言,职业着装。

(7) 相关法律、法规知识。《中华人民共和国民用航空法》相关知识,《中华人民共和国安全生产法》相关知识,《中华人民共和国劳动法》相关知识,《中华人民共和国劳动合同法》相关知识,《中华人民共和国治安管理处罚法》相关知识,《中华人民共和国消费者权益保护法》相关知识,《中华人民共和国民用航空安全保卫条例》相关知识,《中国民航旅客、行李国内运输规则》相关知识,《中国民航旅客、行李国际运输规则》相关知识。

由以上列明的基本要求内容可见:民航售票员需要具备高素质的职业操守和广博的文化知识作为其从业的必备条件。关于职业道德和基础知识的具体内容,本书在此不做过多介绍,在此将它们加以简要阐述的目的是希望读者除了关注专业知识学习和职业技能培养外,还应按照职业道德和基本要求丰富自己的相关知识,从而达到民航售票员国家职业标准的要求。

二、民航售票员工作要求

以售票员国家标准的职业功能为划分维度,将民航售票员各职业功能模块下的工作内容和技能要求罗列如下,其中培养涉及客票销售、特殊服务、客票售后服务三个职业功能的技能要求是民航客票销售课程教学的最终目标。

(一) 客票销售工作内容及技能要求

1. 客票销售准备

(1) 能准备纸质客票、电子客票行程单、国内变更单、旅客购票单、业务用章等用品。

(2) 能进入售票系统。

(3) 能建立票证打印机控制。

(4) 能测试售票系统、票证打印系统运行状况是否正常。

(5) 能准备国际客票、国际退款单、旅费证等国际客票销售相关票证。

(6) 能测试国际电子客票行程单打印系统。

2. 旅客订座记录建立

(1) 能查询国内航空座位可利用情况,建立航段组。

(2) 能建立国内航班订座旅客姓名组。

(3) 能建立航班订座旅客联系组。

（4）能建立航班订座出票组。
（5）能修改、分离、取消旅客订座记录。
（6）能指导旅客填写旅客购票单。
（7）能查询国际航班座位可利用情况，建立航段组。
（8）能建立国际航班订座旅客姓名组。
（9）能检查国际联程航班订座回电。
（10）能拟写并翻译旅客订座记录中的特殊信息。

3. 客票填开

（1）能审核旅客购票单。
（2）能查验国内航班旅客乘机有效证件。
（3）能建立国内航班旅客证件信息组。
（4）能确定国内航程运价。
（5）能在旅客订座记录内录入国内航程运价组。
（6）能在旅客订座记录内录入旅客购票付款方式组。
（7）能在旅客订座记录内录入客票使用签注信息组。
（8）能填开国内航班客票。
（9）能查验国际航空旅客有效证件。
（10）能建立国际航班旅客证件信息组。
（11）能通过产品价格手册确定国际航程运价。
（12）能通过国际运价系统确定国际航程运价。
（13）能通过国际运价系统确定国际航程税费。
（14）能在旅客订座记录内录入国际航程运价组。
（15）能在旅客订座记录内录入国际旅客购票付款方式组。
（16）能在旅客订座记录内录入国际客票使用签注信息组。
（17）能填开国际及地区航线航班客票。
（18）能使用航空旅客运价查询国际运价。
（19）能使用航空旅客运价规则卷查阅国际旅客运输规定。
（20）能手工计算单程、来回程、缺口程、环程国际运价。
（21）能手工进行国际运价计算过程中涉及的各种最低限额检查。
（22）能手工填开国际客票。
（23）能手工计算环球程运价。
（24）能手工计算比例运价。
（25）能手工计算混合等级运价。
（26）能手工计算非直达航程运价。

4. 客票交付

（1）能打印电子客票行程单。
（2）能告知旅客国内航班不同舱位等级的免费行李额。
（3）能计算国内航班逾重行李费用。
（4）能告知旅客国内航班乘机注意事项。

（5）能告知旅客国内航班人身意外赔偿额。
（6）能告知旅客国际客票使用有效期。
（7）能告知旅客国际客票不同舱位等级的免费行李额。
（8）能告知旅客国际联程运输各航段免费行李额。
（9）能打印国际电子客票行程单。
（10）能计算国际客票计重制行李逾重费用。
（11）能计算国际客票计件制行李逾重费用。
（12）能告知旅客国际联程航班的最短衔接时间。
（13）能告知旅客国际航班人身意外赔偿额。
（14）能使用旅游信息手册查阅世界各国对旅客护照签证的规定。
（15）能使用旅游信息手册查阅世界各国对旅客携带物品的规定。
（16）能使用航班时刻表查阅世界各航空公司航班时刻信息。
（17）能使用航班时刻表查阅世界主要空港最短航班衔接时间的规定。

（二）特殊服务工作内容及技能要求

1．服务准备

（1）能识别重要旅客、无成人陪伴儿童、孕妇身份。
（2）能查验重要旅客及办理人有效证件、无成人陪伴儿童及办理人有效证件、孕妇有效证件及适宜乘机医院证明。
（3）能准备《无成人陪伴儿童申请书》。
（4）能准备《特殊旅客（孕妇）乘机申请书》。
（5）能准备《特殊旅客（轮椅）乘机申请书》。
（6）能查验轮椅旅客乘机有效证件。
（7）能查验手术后或因病申请轮椅服务旅客适宜乘机医院证明。
（8）能准备《小动物托运预定申请书》。
（9）能确定小动物运输机型要求。
（10）能准备《特殊旅客（担架）乘机申请书》。
（11）能查验担架旅客及随行人员有效证件及担架旅客适宜乘机医院证明。
（12）能准备《导盲犬运输申请书》。
（13）能检验申请携导盲犬及盲人旅客有效证件。
（14）能准备《旅客机上用氧申请书》。
（15）能查验申请机上用氧旅客有效证件。
（16）能准备《特殊旅客（婴儿摇篮）乘机申请书》。

2．旅客订座记录建立

（1）能指导旅客填写《无成人陪伴儿童申请书》。
（2）能指导旅客填写《特殊旅客（孕妇）乘机申请书》。
（3）能建立航班重要旅客姓名组。
（4）能指导旅客填写《特殊旅客（轮椅）乘机申请书》。
（5）能指导旅客填写《小动物托运预定申请书》。
（6）能建立轮椅旅客姓名组。

(7) 能建立外交信袋、额外占座行李、舒适占座旅客姓名组。
(8) 能指导旅客填写《特殊旅客(担架)乘机申请书》。
(9) 能建立航班担架旅客订座记录。
(10) 能指导旅客填写《特殊旅客(盲人)乘机申请书》。
(11) 能建立盲人旅客订座记录。
(12) 能指导旅客填写《旅客机上用氧申请书》。
(13) 能建立机上用氧旅客订座记录。
(14) 能指导旅客填写《特殊旅客(婴儿摇篮)乘机申请书》。
(15) 能建立需要婴儿摇篮旅客订座记录。

3. 特殊服务信息申报
(1) 能输入重要旅客乘机特殊服务组。
(2) 能传递重要旅客服务信息。
(3) 能输入无成人陪伴儿童乘机特殊服务组。
(4) 能传递无成人陪伴儿童服务信息。
(5) 能输入特殊餐食服务信息组。
(6) 能传递特殊餐食服务信息。
(7) 能输入轮椅旅客特殊服务信息组。
(8) 能传递轮椅旅客特殊服务信息。
(9) 能输入小动物运输特殊服务信息组。
(10) 能传递小动物运输特殊服务信息。
(11) 能传递额外占座旅客的信息。
(12) 能输入担架旅客乘机特殊服务组。
(13) 能传递担架旅客运输服务信息。
(14) 能输入盲人旅客乘机特殊服务组。
(15) 能传递盲人旅客运输服务信息。
(16) 能输入旅客机上用氧特殊服务组。

4. 客票填开
(1) 能审核重要旅客购票单。
(2) 能审核《无成人陪伴儿童申请书》《特殊旅客(孕妇)乘机申请书》。
(3) 能确定无成人陪伴儿童乘机国内航程运价并填开客票。
(4) 能计算无成人陪伴儿童乘机国内航程服务费。
(5) 能使用国内变更单收取无成人陪伴儿童服务费。
(6) 能审核《特殊旅客(轮椅)乘机申请书》《小动物托运预定申请书》。
(7) 能确定轮椅旅客的运价并填开客票。
(8) 能确定航班外交信袋、额外占座行李、旅客舒适占座航程运价并填开客票。
(9) 能确定无成人陪伴儿童乘机国际航程运价并填开客票。
(10) 能确定无成人陪伴儿童乘机国际航程服务费。
(11) 能使用旅费证收取无成人陪伴儿童服务费。
(12) 能审核《特殊旅客(担架)乘机申请书》《特殊旅客(婴儿摇篮)乘机申请书》《导

盲犬运输申请书》《旅客机上用氧申请书》。
（13）能确定担架旅客乘机航程运价并填开客票。
（14）能填开盲人旅客客票。
（15）能计算旅客机上用氧服务费并填开客票。
（16）能使用旅费证收取旅客机上用氧服务费。

5. 客票交付
（1）能告知重要旅客、无成人陪伴儿童服务申请人、孕妇乘机注意事项。
（2）能归类存档重要旅客、无成人陪伴儿童乘机办理信息。
（3）能告知轮椅旅客、小动物运输乘机注意事项。
（4）能告知外交信袋、额外占座行李、旅客舒适占座乘机注意事项。
（5）能告知无成人陪伴儿童乘机注意事项。
（6）能归类存档轮椅旅客乘机、小动物、无成人陪伴儿童运输办理信息。
（7）能告知担架旅客、盲人旅客、机上用氧旅客、需要婴儿摇篮旅客乘机注意事项。
（8）能归类存档担架旅客、盲人旅客、机上用氧旅客、需要婴儿摇篮旅客申请、办理信息。

6. 预付票款通知处理
（1）能拟写并翻译出发预付票款通知电报。
（2）能拟写并翻译到达预付票款通知确认电报。
（3）能拟写并翻译预付票款退款申请/授权电报。
（4）能填写预付票款通知。
（5）能使用预付票款通知为旅客出票。
（6）能为预付票款通知填开旅费证。

7. 客票遗失处理
（1）能拟写并翻译客票遗失电报。
（2）能拟写并翻译客票遗失补票申请电报。
（3）能拟写并翻译客票遗失补票授权电报。
（4）能办理遗失客票的补开。
（5）能办理遗失客票的退款。

（三）客票售后服务工作内容及技能要求

1. 客票自愿变更
（1）能计算国内客票自愿升舱、子舱位变更费用。
（2）能计算国内客票自愿改期费用。
（3）能计算国内客票自愿退票费用。
（4）能使用国内收费单收取国内客票自愿变更、退票费用。
（5）能确定国内客票自愿签转资格。
（6）能通过换开客票办理国内客票自愿变更。
（7）能计算国际客票自愿升舱、子舱位变更费用。
（8）能计算国际客票自愿改期费用。
（9）能计算国际客票自愿退票费用。

（10）能使用旅费证收取国际客票自愿变更费用。

（11）能计算国际客票自愿延期费用。

（12）能计算国际客票自愿变更航程费用。

（13）能通过换开客票办理国际客票自愿变更。

2．客票非自愿变更

（1）能确定国内航班旅客非自愿变更事实。

（2）能办理国内航班旅客非自愿变更。

（3）能确定国际航班旅客非自愿变更事实。

（4）能办理国际航班旅客非自愿变更。

3．旅费证使用

（1）能按"指定换取服务联价值法"填开旅费证。

（2）能按"价值递减法"填开旅费证。

4．飞行中断舱单使用

（1）能填开飞行中断舱单。

（2）能接收飞行中断舱单。

以上关于民航售票员的工作要求摘录自售票员国家标准，在这里具体展示的目的是让读者对民航售票员岗位有一个完整认知，为民航客票销售知识的展开做宏观的介绍和引入。

第二节　民航客票销售业务基础知识

一、民航客票销售经典案例

在具体讲解民航客票销售业务知识前，让我们先从几个经典案例中了解一下其具体工作内容和其中可能产生的问题，专业知识和技能提升的最终目标就是尽量避免问题和事故的发生，给旅客航空出行创造良好的出行体验，全面提升中国民航旅客服务的整体层次，为中国民航由世界民航大国向世界民航强国的跨越性升级贡献力量。

（一）经典案例之一：君子与金子的困惑

案例呈现：王君是一位通过航空公司呼叫中心购买了广州飞往北京机票的旅客。在通过电话购票时，呼叫中心座席员按照规定向旅客王君确认姓名是否是"王金，金子的金"时，王君已经回答："是（此事已经通过电话录音确认）。"但因实际姓名不符，王君无法登机。事后，承运人同意了王君旅客按照票面价格退票。

案例解析：根据《中国民用航空旅客、行李国内运输规定》第八条第一款规定："客票为记名式，只限客票上所列旅客本人使用，不得转让和涂改，否则客票无效，票款不退。"另外，根据《中华人民共和国民用航空法》第一百一十一条规定："客票是旅客运输合同订立和旅客运输合同条件的初步证据。旅客未能出示客票、客票不符合规定或者客票遗失，不影响运输合同的存在或有效……"因此，只要不是旅客故意涂改或非法转让客票，客票内容的错误不影响运输合同的有效，如旅客因此未能成行，承运人在确认该旅客确实是购票人的情况下，应该退还旅客相应票款。综上所述，民航售票员应加强主动服务意识，遵循服务流程，特别是电话订座时，服务人员应与旅客一起仔细核对姓名、航程、日期及限制条件等重要信息。若遇到有口音的旅客,可用成语或两个不同的组词确认姓名,以减少差错的机会,将可能出现的差错和可能给旅客带来的不便提前消除,保证旅客的顺利成行。

要点归纳:准确无误地为旅客办理订票手续是非常重要的工作。

(二)经典案例之二:航班时刻变更带来旅客的危急时刻

案例呈现:王先生和张女士计划从哈尔滨往返新加坡,他们到代理人处买票,代理人为旅客提供两个方案:一是购买A航空公司哈尔滨—香港—新加坡往返机票;二是购买B航空公司哈尔滨—北京—香港—新加坡往返机票。旅客因健康原因,选择了转机点少的A航空公司。旅客到新加坡后,其回程香港—哈尔滨航段航班因航班时刻表换季而长期计划性取消,并在变更航班起飞前通过航班变更通知SCQ的形式进行通知到出票电脑终端。由于出票代理人原因此信息未能及时告知到旅客。当旅客确认回程机位时,得知航班已被取消后,千辛万苦联系上机票出票代理人求助。出票代理人联系A航空公司帮助旅客协调解决办法,安排新加坡—香港—北京—哈尔滨的座位,并请香港机场、北京机场协助旅客办理转机手续。旅行当日,旅客在北京机场的航空公司服务人员协助办理中转手续过程中,由于时间紧张,国际厅与国内厅距离较远,旅客舟车劳顿、血压急升,在飞机上几乎昏迷,经乘务组悉心照料,旅客安全到达目的地,并被地保部服务人员安置在民航大厦休息。对此,旅客提出几点要求:①旅客购买的是国际航班机票,现在却是中转的国内航班,要求退还差价;②旅客因为增加转机程序而旧病复发,航空公司应给予赔偿。投诉处理部门主动去民航大厦看望旅客,代表公司表达慰问之情,并与其诚恳交换意见,令旅客大为感动。最后双方达成补偿旅客610元票差价,并按照航延费的标准为旅客提供了一天一夜免费食宿的协议。

案例解析:旅客在购票时,已声明了自己身体不适宜乘坐航程中转点较多的航班。因此,在航空公司航班取消后造成旅客被迫从北京中转,引起旅客旧病复发,航空公司负有一定的责任,理应给予旅客一定补偿。另外,旅客所付的票价为香港与哈尔滨之间直达航班的较高票价,回程只享受到香港经北京至哈尔滨中转的低价票价的服务,旅客要求补偿票差价的要求应给予支持。因为旅客在购票时,已经声明了自己身体不适宜乘坐中转较多的航班,承运人在协调解决机位时应考虑该情况,密切关注旅客身体状况,如安排旅客在北京住一夜再飞往哈尔滨。如旅客不顾身体状况,坚持当天中转,相关服务人员应与其签订责任书。面对特殊情况、特殊旅客,承运人一定要慎重处理。代理人由于不了解航空公司业务规定而在航班变动后未尽到通知旅客的义务,也是引起旅客不满、情绪激动的重要因素。因此代理人管理部门应加强对代理人的业务培训,减少人为业务差错,提高航空公司服务品质。

要点归纳:客票销售人员需要工作仔细,一点儿小失误,给旅客带来的都是严重后果。

(三)经典案例之三:由婴儿摇篮引起的风波

案例呈现:一对旅客夫妇在3月5日申请了4月21日广州至墨尔本航班的婴儿摇篮服务,该航班管理人员没有认真查看该航班机型是否可以接收婴儿摇篮旅客就给予了确认。期间,旅客不放心曾几次致电呼叫中心均得到确认,便放心不再理会此事。4月12日,该航班管理人员发现该机型不能提供该项服务时便将该申请取消,但没有按业务规定流程通知旅客。4月21日当天,旅客在广州中转办理乘机手续时被告知此项服务已被取消,旅客当即在值机柜台要求升到公务舱,但因航班超售,无法成行。最终,因地服部门、呼叫中心和售票部门对该事件不够重视、信息沟通不充分，延迟了旅客乘机办理的时间，只能改签到后续航班4月25日CZ321，导致旅客在广州滞留了4天。航空公司负责了旅客在广州的食宿，按旅客要求办理了升舱手续，并在旅客到达目的地后，由当地办事处安排车辆将旅客送回家中。

案例解析：航线管理服务人员工作责任心不强，业务操作水平不高，在确认申请时粗心大意，不能及时识别机型可否提供服务类型。在发现差错后，虽然及时予以更正，但没有将准确的信息及时通知旅客，是导致此投诉产生的主要原因。投诉产生后，与旅客接触的一线服务部门没有给予足够的重视，在与呼叫中心沟通了解过程中，由于呼叫中心服务人员在复查过程中不仔细，没有查到旅客曾获确认特殊服务申请的记录，便简单拒绝了旅客，造成投诉的升级。投诉升级后，虽然各部门的协调合作、圆满处理，使旅客感到满意，继续认同该航空公司，但投入的人力、物力、财力是无法用数据计算得清楚的。

要点归纳：销售人员对特殊服务业务流程不熟悉，给旅客带来出行的麻烦。

（四）经典案例之四：网站设计缺陷误导旅客重新购票

案例呈现：旅客通过某航空公司网站订购了4张北京—香港的往返特价机票。旅客在订票过程中按照网站的提示要求，输入旅客姓名及身份证号码，并通过网上银行成功支付了票款。在与航空公司确认电话中，工作人员告诉旅客，客票虽然成功订座及支付，但不能通过安全检查，原因是国际及其地区航班客票，需填写护照号码或港澳通行证号码，而非国内居民身份证号码。换而言之，旅客所购客票为4张废票。旅客认为，网站上没有明确提示填写哪类有效身份证明，也没有查验纠错措施，误导旅客填写了身份证号码。旅客要求全额退票。但航空公司称：需30天给予旅客答复，且不能保证为其全额退款。旅客表示不满并提起投诉。

案例解析：经查，该航空公司已经知道相关销售网站的缺陷，却没有及时向相关业务部门反映，导致问题在相当长的时间内迟未解决，使该类投诉屡屡发生。

《消费者权益保护法》第18条规定："经营者发现其提供的商品或者服务存在严重缺陷，即使正确使用商品或者接受服务仍然可能对人身、财产安全造成危害的，应当立即向有关行政部门报告和告知消费者，并采取防止危害发生的措施。"航空公司违反了本条规定。本案中，由于该公司网站售票输入要素的设计缺陷，提供了模糊的信息，致使在消费者误填身份证件号码的情况下，仍能成功购买机票。客观上阻碍了合同的有效履行，虽然该缺陷未对旅客人身造成危害，但是却可能造成旅客的其他损失。因此，该公司对此负有责任。《中华人民共和国民法通则》第111条规定："当事人一方不履行合同义务或者履行合同义务不符合约定条件的，另一方有权要求履行或者采取补救措施，并有权要求赔偿损失。"本案旅客订票付费行为已经成功，运输合同应确认为有效成立。航空公司应对所订购机票及时采取必要的补救措施，通过重新订座确认、退票等方式，尽到履行合同义务的责任，同时，视情况承担相应赔偿责任。另外还应对网站缺陷进行及时修补，防止此类问题的继续发生。

要点归纳：电子客票的广泛应用，需要加强对网站的细节的关注。

（五）经典案例之五：打包销售给旅客带来损失

案例呈现：一名旅客购买某航空公司三亚—武汉—沈阳航班机票，购票时销售代理人告知旅客因为此产品属打包销售，旅客在武汉机场可被安排住宿过夜。由于航班延误，旅客于当日22点30分到达武汉机场,旅客按售票人员所提供信息询问该公司地面服务人员时得到的答案却是此航段不含住宿,旅客无奈只得自行解决当日住宿。事后旅客再次致电该公司办事处确认实情,得到解释为此产品确为打包销售,含有住宿。旅客为此要求做出合理解释。

案例解析:《合同法》第8条规定:"依法成立的合同,对当事人具有法律约束力。当事人应当按照约定履行自己的义务,不得擅自变更或者解除合同。"本案中,旅客支付了客票票款,并认可了销售代理人所告知的航空公司产品附加合同条款,应视为打包运输合同成立。航空公司未按合同要约履行合同,侵害了旅客在合同中应该享受的权益。经了解,本案购机票加住宿的打包销售是某航空公司推出的一种新产品,要求销售代理人在开具此类客票后,将旅客姓名、性别、联系方式、航班日期、航班信息、订座编码,以传真的形式向航空公司反馈,以使航空公司能在中转机场为旅客提供服务。本案的销售代理人在传递信息过程中,将旅客联系方式遗漏传输,导致航空公司无法与旅客提前取得联系。当日现场由于时间已晚,该航空公司相关人员未能积极与销售代理人联系,查询并核实该旅客的相关信息,使旅客只能自行解决住宿,从而引发投诉。《消费者权益保护法》第35条规定:"消费者在接受服务时,其合法权益受到损害的,可以向服务者要求赔偿。"本案合同成立事实清晰,旅客有权向提供服务的航空公司提出赔偿要求,航空公司应履行双方约定的赔偿责任并继续履行运输合同义务。航空公司在承担赔偿责任后,对于销售代理人的工作失误,航空公司可依据《消费者权益保护法》及《合同法》规定向销售代理人提出追偿要求。

要点归纳:航空公司和其销售代理人应关注打包产品服务实施的全过程。

二、民航运输生产基础知识

为了便于介绍和理解民航客票销售的有关知识,我们有必要掌握有关民航运输的基本概念。

(一)民用航空承运人及分类

航空承运人是指为了取得报酬购买或者租用民用飞机而从事提供航空服务的企业。航空承运人可以通过其经营方式加以识别。按照其航班运营的形式,可以分为定期航班承运人和非定期航班承运人。

定期航班承运人或者航空公司,主要从事定期航班的经营,也从事非定期航班的经营。

非定期航空承运人,从事的主要活动是非定期的经营,不能从事定期航班的经营,包机航班是非定期航空承运人重要的运营方式。

当然按照承运人经营的航线是否超越一国国界,又可以划分为国际承运人和国内承运人两种,其中,国际承运人是主要经营一国以上航线以及国内航班的承运人;国内承运人是获准基本上全部从事本国国内航线经营的承运人。

(二)航班

航班是指按照民航管理当局批准的民航运输飞行班期时刻表、使用指定的航空器、按照规定的航线在指定的起讫经停点停靠的客货邮运输飞行服务。航班通常用航班号来标识具体的飞行班次。航班号由字母和数字组成,国内航班的航班号一般采用两个字母的航空公司代码加4位数字组成,第一位数字表示执行该航班任务的航空公司数字代码,第二位数字表示航班终点站所属管理局地区或航空公司所在地的数字代码,第三位、第四位数字表示某个具体的航班,第四位数字单数表示去程航班,双数表示回程航班。国际航班的航班号一般采用两个字母的航空公司代码加3位数字组成,第一位数字表示执行该航班任务的航空公司数字代码,第二位、第三位数字表示某个具体的航班,第四位数字单数表示去程航班,双数表示回程航班。由于航班数量增加,现在航空公司在各自某些航班号的编排上与上述规定有一定的出入,特别是各航空公司跨地区飞行的航班号、联合承运人的航班、地方航空公司的航班号等都是根据实际情况而定。

航班按照民航运输飞行的时间规律,可分为定期航班、不定期航班。

1. 定期航班

航空公司在一段时间安排的运输飞行,具有规则性的飞行周期或者飞行时刻,这类飞行称为班期飞行航班,是向一般公众开放使用并且按照公布的班期时刻或者构成显而易见的系列型飞行的一种固定频率来经营的航班。在运输繁忙时期,在班期飞行航班班次之外的沿着定期班期飞行的航线增加航班飞行。这一类飞行称为加班飞行。

班期飞行航班和同类性质的加班飞行航班统称为定期航班飞行。定期航班是民航运输的主要运输形式,是航空公司赖以生存的主要生产方式。因此,衡量航空公司的生产水平时,总是以定期航班的运输周转量为主要生产指标。

2. 不定期航班

不定期航班服务,通常是指航空公司根据运输需要提供的非规则性飞行服务,如包机运输飞行和某些加班运输飞行等。这类航班没有固定的航班飞行时刻表,也没有固定的飞行航线,通常是根据运输需要和合同需求,安排机型、飞行时刻、飞行航线和运价。不定期航班运输是航空公司的辅助生产方式。

航班按照运输飞行的去向,又可分为去程航班和回程航班。

去程航班,是指从航空公司机队所在基地出发的飞行航班。回程航班,是指返回机队所在基地的飞行航班。

航班按照民航机飞行的区域,可以分为国内航班、国际航班。

(三) 航路

民航运输服务时民航机需要跨越天空在两个或多个机场之间飞行,为了保障飞行安全,必须在机场之间的空中为这种飞行提供相对固定的飞行线路,使之具有一定的方位、高度和宽度,并且在沿线的地面设有无线电导航设施。这种经政府有关当局批准的、飞机能够在地面通信导航设施指导下沿具有一定高度、宽度和方向在空中做航载飞行的空域,称为航路。

(四) 航段

一条航线经过的站点至少有两个,即飞行起点(或称始发站)和飞行终点(或称终点站)。在起点和终点之间可以有多个经停点(或称经停站)。

在航空运输生产过程中,航段概念通常分为旅客航段(英文全称:segment,通常称为航段)和飞行航段(英文全称:leg,通常称为航节)。旅客航段通常是指能够构成旅客航程的航段,例如,武汉—上海—洛杉矶航线,旅客航程有3种可能:武汉—上海,上海—洛杉矶和武汉—洛杉矶。飞行航段是指航班飞机实际飞经的航段,例如,武汉—上海—洛杉矶航线,飞行航段为武汉—上海和上海—洛杉矶。

(五) 航线

航线也称飞行航段,是指从事民航运输业务的承运人在获得经营许可证之后,可以在允许的一系列城市(或称站点)范围内提供航空客货邮运输服务。由这些站点形成的航空运输路线,称为航线。

航线由飞行的起点、经停点、终点、航路等要素组成。

航线不同于航路,它与实际飞行线路的具体空间位置没有直接关系。航线是航空运输承运人授权经营航空运输业务的地理范围,是航空公司的客货运输市场,是航空公司赖以生存的必要条件。因此,对航空公司来说,运营航线的优劣与多少,对它本身的发展十分重要。

航线按照飞行的区域可以划分为国内航线、国际航线和地区航线。

1. 国内航线

国内航线又称国内航班,是指飞行起点、经停点和终点都在同一国家境内的航线。通常根据飞行起点、经停点和终点所在城市的政治、文化和经济的地位与繁荣程度,国内航线又分为干线和支线。

干线是指首都北京至全国各省会城市和大城市之间的航线,形成省际或大城市之间的空中交通干道。例如:北京—上海,北京—广州,广州—上海等。一般来说,干线上的客货流量大,使用的机型运载能力较大。

支线是指大城市(一般指省会)至本地区中小城市之间的航线,主要目的是汇集或疏散客货流,辅助于干线运输。例如:上海—宜昌,南京—黄山等。

2. 国际航线

国际航线又称国际航班,是指飞行起点、经停点或终点超过一个国家的国境线的航线。例如:广州—新加坡,北京—伦敦,上海—东京。

3. 地区航线

地区航线又称地区航班,是指在中国大陆城市与香港、澳门和中国台湾之间的飞行航线。例如:厦门—台北,上海—香港,北京—澳门。

对以上介绍的民航运输生产知识的熟练掌握是从事民航客票销售工作的基础性要求。

三、民航客票销售基础知识

客票指由承运人或其代理人所填开的被称为"客票及行李票"的航空旅客运输凭证,包括运输合同条件、声明、通知以及乘机联和旅客联等内容。

(一) 客票的作用

(1) 客票是旅客和航空公司之间签署的运输契约,是承运人和旅客订立的航空运
(2) 输合同条件的初步证据,是旅客办理乘机手续、托运行李的凭证;
(3) 客票是航空公司之间及航空公司与代理人之间进行结算的依据;
(4) 客票是旅客退票时的凭证;
(5) 客票是一种有价证券。

(二) 客票的分类和构成

根据客票提供者的不同,通常把客票分为航空公司客票和中性客票两种。

1. 航空公司客票

航空公司客票(图1-2)在客票的封面上印有该票所属航空公司的名称、航徽及其代

码等标记。

图 1-2　中国南方航空公司客票封面

国内航空公司客票是由会计联、出票人联、乘机联、旅客联组成的。会计联供财务部门审核和记账，出票人联供填开客票的单位存查，乘机联供旅客在客票上所列明的指定地点之间搭乘飞机以及托运行李使用，旅客联由旅客持有，旅客在使用客票、退票和报销时必须持有旅客联。

2. 中性客票

中性客票又称为 BSP 客票(图 1-3)。BSP(英文全称：Billing and Settlement Plan，中文全称：开账与结算计划)采用统一规格标准运输凭证即中性客票，经加入中国国内 BSP 的航空公司授权，代理人直接代理这些航空公司的业务，并按照统一和简化的程序制作销售报告，实施结算和转账，由此提高代理人的销售能力和服务质量。在代理人确认之前，没有任何航空公司的标志。一旦在票证上刷了承运人识别标牌，该票证就成了该航空公司的财产。BSP 客票的封面上印有国际航协的标志及专门设计的图案。

中性客票与国内各航空公司的客票在格式上的区别主要表现在"付款栏"(仅在会计联和出票人联中有，乘机联和旅客联与此栏对应的位置为条形码)和航空公司的确认盖章栏。

图 1-3　IATA 中性客票封面

（三）客票的使用

客票是旅客运输凭证,使用时有严格的规定。

（1）客票为记名式,只限客票上所列姓名的旅客本人使用,不得转让和涂改,否则客票无效,票款不退。

（2）旅客未能出示根据承运人规定填开的包括所乘航班的乘机联和所有其他未使用的乘机联和旅客联的有效客票,无权乘机。旅客出示残缺客票或非承运人或其代理人更改的客票,也无权乘机。

（3）客票的乘机联必须按照客票上所列明的航程,从始发站开始顺序使用,如果客票的第一张乘机联未被使用,而直接使用后续的乘机联,则第一张乘机联作废,不予使用。

（4）每一乘机联上必须列明舱位等级,并在航班上定妥座位和日期后方可由承运人接受运输。

（5）旅客应在客票有效期内完成客票上列明的全部航程。

（6）含有国内航段的国际联程客票,其国内航班的乘机联可直接使用,不需换开成国内客票。

（7）旅客在我国境外购买的用国际客票填开的纯国内段的客票,应换成我国国内客票才能使用。

（8）航空公司及其代理人不得在我国境外使用国内航空运输客票进行销售。

（9）定期客票只适用于客票上列明乘机日期的航班。

（四）客票的有效期

（1）普通客票的有效期自旅行开始之日起,一年内运输有效;如果客票全部未使用,则从填开客票之日起,一年内运输有效。

（2）特殊客票的有效期,按照承运人规定的该特殊票价的有效期计算。

（3）客票有效期的计算,从旅行开始或填开客票之日的次日零时起,至有效期满之日的次日零时为止。

（五）客票的销售方式

目前客票的销售方式主要有两种。

1. 航空公司的销售部门

航空公司设在市区的和机场的销售网点。近年来由于客票销售市场竞争激烈,各销售代理在销售过程中采用暗扣销售、散客充团等各种方式来争夺客源,在一定程度上扰乱了市场,也影响了航空公司的客票销售。为了稳定市场,尽可能地提高航空公司的销售额,航空公司建立了自己的机票直销点,通过电话送票的形式获得更多更直接的客户,可以节省必须支付给代理人的3%的代理费。目前航空公司还开发网上销售网络,极大地方便了旅客,也给传统的销售方式带来了新的挑战。

2. 销售代理

销售代理企业受民航运输企业的委托,在约定的经营范围内以委托人的身份处理航空运输（客货运输）、销售及相关的业务。销售代理业的出现,使民航运输企业集中力量搞好运输服务,而把销售服务由代理企业承担,通过竞争提高服务质量,减少了大量销售方面的经费和成本,同时也扩大市场。销售代理企业则通过佣金来赢得利润。销售代理人和航空运输企业的直销点都采用类似的方式经营,唯一的优势在于销售代理人可以同时出售多家航空公司的机票,给旅客更多的选择。

我国自 1987 年开始出现航空销售代理企业,1993 年 8 月中国民航总局颁布了《民用航空销售代理业管理规定》,规定把销售代理企业分为两类:一类企业可以经营国际和地区航线的销售代理业务,要向民航总局提出申请,注册批准;二类企业只经营国内航线业务,向民航地区管理局提出申请,取得批准。

自 我 检 测

(1) 简要描述民航售票员的工作职责。
(2) 简要描述民航售票员基础知识及技能要求。
(3) 简要描述航空承运人的定义及其分类。
(4) 简要描述航班的定义及其分类。
(5) 简要描述航线的定义及其分类。
(6) 简要描述民航客票的定义及其分类。
(7) 简要描述民航客票的使用要求。

学习单元二　民航国内客票销售业务

学习目标

(1) 了解中国民航运价体系的发展情况；
(2) 掌握国内客票及行李票基础知识；
(3) 掌握纸质国内客票及行李票面的各栏内容；
(4) 掌握民航国际售票业务的基本理论知识。

学习内容

(1) 中国民航运价体系的发展演变概况；
(2) 国内客票及行李票各栏信息；
(3) 民航运输生产基础知识；
(4) 民航客票销售基础知识。

第一节　民航国内客票销售一般规定

一、中国民航运价体系概述

(一) 民航国内运价体系历史沿革

中国民航运价体系改革是中国民航市场化改革的最为重要的组成部分之一。民航运价体系改革从20世纪90年代启动，逐渐实现了由政府定价向政府指导定价的转变，运价体系改革的逐步推进，有力地促进了民航市场化改革的向前推进和行业的健康发展。

从新中国民航开航到1992年以前，由于当时民航的军事化属性，我国政府对民航国内运价实行严格的政府规制，国内航线旅客运价由国家物价局会同民航总局管理，管理的形式相对简单，实行政府定价。

进入20世纪90年代以后，我国整体处于由计划经济向市场经济的转轨期，随着国家价格改革进程的不断推进，国家分批分类逐步放开商品的定价。借鉴其他国家民航运价的管理模式，我国政府对民航国内运价采取由政府定价逐步过渡到政府指导定价的管理政策，逐渐放松对民航运价的管制。

1992年，国务院召开关于研究民航运价管理体制改革问题的会议，确定公布票价及浮动幅度，航空邮件价格由国家物价局管理；折扣票价和省区内航线公布运价以及货运价格由民航总局管理。同时允许航空公司票价可以上下浮动10%。

1996年3月1日起至今，根据《中华人民共和国民用航空法》和《中华人民共和国价格法》，国内运价管理明确为以民航总局为主，会同国家计委(现为国家发展和改革委员会,简称国家发改委)管理,管理形式为政府指导定价。国内货物运价由民航总局统一管理。

1997年7月1日起,我国实行境内和境外旅客乘坐国内航班同价政策。即境内、境外旅客在境内购票,统一执行每客公里0.75元的票价(称为B票价);在境外购票统一按公布票价每客公里0.94元(后称为A票价)执行。同年11月,民航总局推出"一种票价、多种折扣"的政策。政府规定基础票价,允许航空公司在规定幅度内自行制定符合一定限制条件的特种票价。但由于受亚洲金融危机等因素的影响,该政策的执行遇到了很多困难。经国务院批准,原国家计委、民航总局联合发文,决定自1999年2月1日起,规定各航空公司票价按国家公布价销售,不得滥用折扣。

2000年,国内航线推行收入联营,国内部分航线特种运价实行协商报批制,由共飞航空公司协商制订具体方案,报民航总局审批。自5月15日起,先期以海南联营航线为试点,实行旅游团队优惠票价;自10月1日起,放松对支线票价的管理,即对支线飞机所飞省(市、区)内航段票价,支线飞机独家经营的跨省(区、市)航段票价,实行最高限价管理,最高票价不得超过公布票价(A票价)的10%。限价内具体票价由航空公司自行确定,并报民航总局备案。除支线飞机所执行省(市、区)内航段以外,且由航空公司共同经营的航段票价,需经航空公司协商后,报民航总局审批。

2001年,民航总局决定,自3月6日起,在北京—广州、北京—深圳等7条多家经营航线上试行多级票价体系;自5月20日起,在海南联营航线上也试行多级票价体系;自11月5日起,对国内航线实施"燃油加价"政策,允许航空公司票价最大上浮15%,单程不超过150元。同时建立票价与油价联动机制,当国内航油价格变动10%时,允许航空公司票价最多可变动3%。

2002年,民航总局决定进一步完善国内航线团体票价政策,自6月10日起,对国内航线(港、澳航线除外)团体票价试行幅度管理,即团体票价最低折扣率可根据购票时限、航程性质、人数不同而有所区别。

(二)我国现行民航国内运价体系概述

我国现行的民航国内运价体系是自2004年4月20日,《民航国内航空运输价格改革方案》(以下简称《改革方案》)经国务院批准实施之后形成的。根据《改革方案》的规定,民航国内旅客运价,以当时航空运输企业在境内销售执行的各航线公布票价为基准价(平均每客公里0.75元),允许航空运输企业上浮幅度不超过基准价的25%、下浮幅度不超过基准价的45%的范围内,自行制定具体票价种类、水平、适用条件,提前30天通过航空价格信息系统上报至民航总局、国家发展和改革委员会备案,并对外公布后执行。同时,考虑到部分航线的实际情况,《改革方案》还规定,对三类特殊航线实行更加灵活的价格政策。包括:对省、自治区内,及直辖市与相邻省、自治区、直辖市之间,已经与其他替代运输方式形成竞争的短途航线,实行市场调节价,不再规定票价浮动幅度;对由航空运输企业独家经营的航线,及部分以旅游客源为主的航线,票价下浮幅度不限,以适应消费者需求,鼓励航空运输企业积极开拓市场。

此次改革的核心是使运价能够较好地适应市场,扩大企业的价格自主权。完善政府指导价,实行幅度管理;企业有限浮动,制定具体价格。主要在以下几个方面要有明显变化:

(1)解决价格比较单一的问题,企业在政府规定的浮动幅度内,建立多级票价体系,以适应多层次、多样化和不同航线、不同季节的市场需求,使更多的消费者可以选择乘坐飞机旅行。

(2) 大力减少行政审批,使企业面向市场,灵活自主地开展航空运输生产经营活动。

(3) 促进市场竞争,发挥优胜劣汰机制,促使企业降低生产经营成本,提高运输质量和效益,消费者从中得到实惠。

(4) 建立良好的航空运输市场秩序。在允许价格浮动的同时,必须实行明码实价,明折明扣。进一步明确价格监管的责任、措施和规定,使政府有关部门更加有效地做好市场监管工作。

2006年一个标志性的新闻事件,从一个侧面反映了我国国内民航运价体系的现状。低成本航空公司春秋航空因在上海—济南航线售卖1元机票而受到济南市工商局依据《价格法》开出的15万元的罚单,单纯从法理上来看,春秋航空确实有违法制,但是此事最终不了了之,一方面不光春秋航空出售超低价位机票,其他国有航空公司也有同样的情况,只是春秋航空的折扣更大,而且春秋航空的1元机票,侧重的是实际宣传效应,数量较少;另一方面,舆论对济南市工商局的压力最终导致春秋航空获得了空前的关注,此事件之后春秋航空退出了上海—济南的航线,至今仍未复航,对消费者、春秋航空和济南市来说,是三输的局面。

2009年4月20日,民航实行新的运价体系,这次运价调整引起了媒体的广泛关注。主要争论焦点在于运价调整后的运价计算方法,根据2004年《改革方案》的规定,民航国内旅客运价允许航空运输企业上浮幅度不超过基准价的25%、下浮幅度不超过基准价的45%的范围内。航空运输企业根据此规定,统一执行了先上浮、再打折确定不同等级舱位的办法,即先在基准运价上浮25%得到新的"基准运价",然后根据市场情况,确定不同折扣舱位等级运价。

2010年4月13日,中国民航局联合国家发改委,共同发布了《民航局、国家发展改革委关于民航国内航线头等舱、公务舱票价有关问题的通知》(以下简称《通知》),《通知》规定,自2010年6月1日起,民航国内航线头等舱、公务舱票价实行市场调节价,具体价格由各运输航空公司自行确定。价格种类、水平及适用条件(含头等舱和公务舱的座位数量、与经济舱的差异以及相匹配的设施设备和服务标准等),提前30日通过航空价格信息系统报民航局和国家发展和改革委备案后,向社会公布执行。

(三) 我国国内民航运价体系展望

在国内民航市场化改革和国际民航天空开放的大背景下,民航运价体系改革还需要继续推进。

进一步扩大市场调节价航线范围,直至完全放开运价管制。由于航空公司的市场定位不同,机型、航线网络、人员、资金、服务水平等导致航空运输成本也不同,扩大市场调节价航线范围,航空公司可根据自身情况建立更具针对性的多级票价体系,最终满足广大消费者的个性化需求。

与此同时,由于我国航空公司多为国家所有,冒进式地放开价格管理,在市场不景气时,有可能会重演20世纪末的机票价格战,这对于航空运输业来说,是无法承受之重。一方面逐渐放开价格管制,另一方面避免引发价格战,是未来民航运价体系设计的主要目标,《反垄断法》和《价格法》在这个领域将起到越来越重要的作用。

二、国内客票及行李票识读

客票全称为客票及行李票(Passenger Ticket and Baggage Check),是指由承运人或航空运输销售代理人根据旅客所填的订座单而填开的有价票证。客票的法律属性为承运人和旅客之间的航空运输合同。

(一)国内客票的分类

根据客票提供者的不同,通常把客票分为航空公司客票和中性客票两种,相关知识在学习单元一已经讲解。

根据客票质地的不同,通常把客票分为纸质客票和电子客票两种,相关知识介绍如下:

纸质客票分为手工客票(图2-1)和计算机自动打印客票两种,从来源上分,又可以分为航空公司本票和国际航协中性客票。目前我国国内已经实行了百分之百的电子客票,航空纸质本票已经非常少见,只在某些特殊情况下使用,国际航协中性纸质客票已经停止使用。

电子客票是指由承运人或其授权代理人销售并赋予运输权利的以电子数据形式体现的有效运输凭证,是纸质客票的电子替代产品。

根据销售渠道可将电子客票区分为以下两种类型:

(1)计算机订座系统销售的电子客票:根据计算机订座系统的不同,计算机订座系统销售的电子客票又可分为以下两种类型:航空公司订座系统(英文简称:ICS)电子客票和环球分销系统(英文简称:GDS)电子客票。

(2)互联网销售电子客票:根据使用对象的不同,互联网销售电子客票也可分为以下两种类型:B2B(英文全称:Business To Business)电子客票和B2C(英文全称:Business To Customer)电子客票。

图2-1 纸质客票及行李票票面

(二)纸质国内客票及行李票识读

1."旅客姓名"栏

按旅客身份证件和《旅客订座单》上的全名填写,旅客姓名为英文时用英文大写字母填写,当姓为双姓、中间有空格或有连接符号时,应省去空格或符号。中国旅客按中文习惯填写姓名,如是外国旅客则先填写姓,然后划上一斜线"/",斜线之后填写名或名的字首及适当的称呼,例如:先生(MR)、夫人(MRS)、小姐(MISS/MS)。

例:MR JOHN SMITH 应写成 SMITH/JOHN MR 或 SMITH/J MR。
MS NANCY TOMY – SMITH 应写成 TOMYSMITH/NANCY MS。

年满 2 周岁未满 12 周岁的儿童,在姓名后加上"CHD"。按成人全票价 10% 付费的婴儿在姓名后加上"INF(出生月年)",如:INF(MAR06)。无成人陪伴儿童,应在姓名后注明(UM 年龄),如:UM10。为其行李占用座位而付费的旅客,应在姓名后注明 CBBG 字样,并需单独填开一张客票。为其外交信袋占用座位而付费的旅客,应在其姓名后注明 DIPL 字样。为了舒适或其他目的而购买两个以上座位的旅客,应在其姓名后面注明 EXST 字样,如 SMITH/J MR EXST;当额外占用的座位超过一个时,需要在 EXST 前加注额外占用的座位数,如张三 2EXST。使用担架的旅客,应在其姓名后注明 STCR 字样。

2. "自 ~ 至 ~"(航程栏)

根据旅客航程将始发地点填入第一个"自"(FROM)栏内,然后按照旅客旅程顺序把到达地点的名称填入以下各"至"(TO)栏内。地名一律用汉字全名填写。

当一个城市有一个以上机场时,在填写城市名称后,再填写旅客乘机或到达的中文机场名。如客票填开完毕后,有多余的乘机联,应在多余乘机联的本栏内填写"VOID"字样,并将多余乘机联撕下,附在相应的财务联上,随销售日报一起上交财务部门。

3. "承运人"栏

填写各航段已经申请或订妥座位的承运人两字代码(表 2 – 1)。

表 2 – 1 大中华区主要航空公司代码图

公司中文名称	公司英文名称	两字代码	数字结算号	公司标志
中国大陆地区航空公司				
中国国际航空股份有限公司	Air China	CA	999	
中国南方航空股份有限公司	China Southern Airlines	CZ	784	
中国东方航空股份有限公司	China Eastern Airlines	MU	781	
海南航空股份有限公司	Hainan Airlines	HU	880	
深圳航空责任有限公司	Shenzhen Airlines	ZH	479	

(续)

公司中文名称	公司英文名称	两字代码	数字结算号	公司标志
厦门航空股份有限公司	Xiamen Airlines	MF	731	
上海航空股份有限公司	Shanghai Airlines	FM	774	
山东航空股份有限公司	Shandong Airlines	SC	324	
四川航空股份有限公司	Sichuan Airlines	3U	876	
春秋航空有限责任公司	Spring Airlines	9C	089	
中国联合航空股份公司	China United Airlines	KN	822	
奥凯航空有限公司	Okay Airways	BK	866	
西藏航空有限公司	Tiber Airlines	TV	088	
上海吉祥航空有限公司	Juneyao Airlines	HO	018	
成都航空有限公司	Chengdu Airlines	EU	811	

22

(续)

公司中文名称	公司英文名称	两字代码	数字结算号	公司标志
河北航空有限公司	Hebei Airlines	NS	836	
天津航空有限责任公司	Tianjin Airlines	GS	826	
昆明航空有限公司	Kunming Airlines	KY	833	
幸福航空有限责任公司	Joyair	JR	929	
大新华航空有限公司	Grand China	CN	895	
北京首都航空有限公司	Capital Airlines	JD	898	
重庆航空有限责任公司	Chongqing Airlines	OQ	878	
西部航空有限责任公司	West Air	PN	847	
云南祥鹏航空有限责任公司	Lucky Air	8L	859	

(续)

公司中文名称	公司英文名称	两字代码	数字结算号	公司标志
华夏航空公司	China Express	G5	987	
港澳台地区航空公司				
国泰航空公司	Cathay Pacific Airways	CX	160	
港龙航空公司	Hong Kong Dragon air	KA	043	
香港航空有限公司	Hong Kong Air	HX	851	
澳门航空公司	Air Macau	NX	675	
中国台湾中华航空股份有限公司	China Airlines	CI	297	
中国台湾长荣航空股份有限公司	EVA Air	BR	695	
中国台湾复兴航空运输公司	TransAsia Airways	GE	170	
华信航空有限公司	Mandarin Airlines	AE	803	
立荣航空公司	UNI Air	B7	525	

4."航班号"栏

填写已订妥或已申请座位的航班号。

5."座位等级"栏

填写按旅客要求已订妥或已申请座位的舱位代码。

6."日期"栏

填写乘机日期和月份，分别以两个阿拉伯数字表示，中间用"/"隔开，或用两个阿拉伯数字表示日期后跟英文月份的三字代码(表2-2)。

如：一月十日，10/01 或 10JAN。

表2-2　十二个月份英文简称

月份	英文简称	月份	英文简称	月份	英文简称
1月	JAN	2月	FEB	3月	MAR
4月	APR	5月	MAY	6月	JUN
7月	JUL	8月	AUG	9月	SEP
10月	OCT	11月	NOV	12月	DEC

7."时间"栏

根据订座终端显示旅客所乘航班的离站时间填写，用24小时制表示，如：0800、1830。

8."订座情况"栏

用下列代号填写出售客票时相关航段的订座情况：

OK：座位已订妥。

RQ：已经订座但未获得证实或列入候补。

NS(英文全称：NO SEAT)：不单独占用座位的婴儿。

SA：利用空余座位。

如旅客所购客票包括不定期航段，应在订座记录各栏(包括"航班号""日期""时间""订座情况")内填写"OPEN"字样，"座位等级"栏填写适用的舱位代码。如有多余乘机联，应在订座记录各栏填写 VOID 字样。

9."票价级别/客票类别"栏

本栏填写旅客所付票价类别的限定代号。经济舱儿童票价填写 YCH，经济舱婴儿票价填写 YIN。

10."客票生效日期"和"有效截止日期"栏

当填开的客票有效期为一年，且不能与其他客票连用，或所填开的客票不是根据其他客票换开时，本栏不必填写。

当所使用的票价对最短停留时间和失效期有特殊限制时，本栏必须填写，按日、月的顺序填写生效或截止日期，如：05JAN、21JUL。

11."免费行李额"栏

根据旅客所持客票的票价类别和座位等级分别填写规定的免费行李额，以公斤(kg)计填。头等舱为40kg，公务舱为30kg[①]，高端经济舱、普通舱为20kg，如40kg，30kg，20kg；按相应舱位付儿童票价的未成年旅客，同成人享有相同的免费行李额。按成人票价10%付费的婴儿，无免费行李额但可免费托运一辆可折叠婴儿车。当然，不同航空公司在不同的航线上在不同时间段的免费行李额均有所差异。

12."交运行李""件数"和"重量"栏

旅客在办理乘机手续时，由值机人员填写交运行李的总件数和总重量。

[①] 2010年"两舱"价格改革之后，国内航空公司在调整两舱价格的同时，也对两舱免费行李额做了调整，调整标准不一，具体详见各航空公司网站。

13. "票价计算"栏

填写完整的票价计算过程。一联票不需填写此栏,二联票填写相应的直达票价或分段相加票价。如:旅客购买了广州至上海、上海至北京的联程机票。其中第一段是南航的航班,票价为1280元;第二段是东航的航班,票价为1130元;在"票价计算"栏内应填写:CAN CZ SHA1280.00Y MU PEK1130.00Y TOT2410.00END 或 CAN CZ SHA1280.00Y MU PEK1130.00Y CNY2410.00END。

14. "票价"栏

填写一本或连续客票的全航程票价总额,金额前加"CNY"字样。

15. "实付等值货币"栏

以人民币支付,本栏可以不填;以旅费证(英文简称:MCO)支付或根据预付票款(英文简称:PTA)换开客票,填支付 MCO 或 PTA 的外币代码,按银行卖出价(英文简称:BSR)将人民币票价折算成所付货币的金额。

16. "税款"栏

填写税款代码和实付的货币代码、总金额,本栏的货币代码应同"实付等值货币"栏相同,如"实付等值货币"栏空白,则与"总数"栏相同。

17. "总数"栏

填写实收票款、税款的货币代码和总金额;如换开客票需补收差额,本栏填写补收的货币代码和差额,后跟"A"字样,A 表示补收。

18. "付款方式"栏

根据付款方式填写本栏,以现金或旅行支票支付填 CASH、信用卡支付填 CC、支票支付填 CHEQUE、客票换开填 TKT、旅费证支付填 MCO、预付票款通知支付填 PTA。

换开客票需补收差额时,填写原客票的付款方式和新的付款方式。如果的确填写不下,填后一个付款方式。

19. "连续客票"栏

当全航程需要使用几本客票时,必须选用联数相同、号码连续的客票。填开时,按号码顺序填开,并在每本客票的本栏内列明第一本客票的全部客票号码,然后按顺序加列其他所有客票号码中最后两个数字,每本客票的号码中间用斜线隔开。

例:填开国航三本连续客票 999－1036098860,1036098861,1036098862,在本栏填写"999－1036098860/61/62"。

20. "换开凭证"栏

填写凭以换开客票的原客票、旅费证或预付票款通知的票证号码(包括承运人的票证代号、票证序号,但不包括检查号)。

21. "原出票"栏

当客票根据原客票换开时,本栏按下列规定填写:

应在所填开的新客票本栏内填入被换开客票的全部号码、地点和出票日期以及出售该客票的空运企业或代理人的数字代码。本栏所填写的内容也作为原出票人签转权利的证明。

如在原始票证的相同栏内已有填注,应将签注的内容转抄至新开客票的本栏内。

22．"签注"栏

填写使用整本客票或某一乘机联需要特别注意的事项：

将客票的有关乘机联签转给其他承运人时，可在本栏按照签转规定加以注明，或使用签转图章。

如客票不允许签转，需在本栏内填写"不得签转"字样。

签注对客票使用者的限制规定。

签注对客票有效期的延长。

签注旅客使用优惠票价的旅行限制。

签注航班的订座情况。

团体旅客的免费行李额合并计算时，应在本栏注明"GV"代号，并在代号后面注明团体旅客的人数，如"GV16"中16为团体旅客的人数。

客票"签注"栏的背面没有复写油墨，签注的事项只适用于填写的乘机联，如涉及到全本客票，应当在各联的本栏内分别填注。

填写批准享受特殊优待票价的文件或优待证明代号，如：南航优B0008。

23．"出票日期及地点"栏

填写出票日期及地点，并由经手人在"出票人"栏内签字，加盖业务用章。盖章和签字必须清晰，易于辨认。未盖业务用章的客票一律视作无效。

24．"订座记录编号"栏

将旅客的订座记录编号填入本栏。

25．"旅游编号"栏

在填开个人或团体综合旅游票价的客票时，在本栏内填写综合旅游的正式编号，无编号可不填。

26．"填开单位"栏

印制或打印客票所属航空公司的全名称，包括中英文。

三、国内客票使用一般规定

（一）订座一般规定

（1）所有开放航班都可以接受旅客预先订座，但应规定订座的出票时限。对优惠运价可以附有限制或排除旅客预先订座的条件，如机场取票、利用空余座位等。

（2）接受订座后班期时刻如有变更，应及时通知旅客或订座单位，并对继续旅行旅客的座位予以证实。

（3）对重要旅客[①]的订座，应优先安排。

（4）不定期客票在订妥座位后才能使用，否则按候补处理。

（5）对于非自愿改变航程的旅客，在航班有可利用座位的条件下，优先订座。

（6）当旅客没有按承运人规定使用已经订妥的座位，也未告知承运人有关部门时，承运人可以视情况取消旅客所有已经订妥的续程和回程座位。

（二）客票一般规定

（1）客票是航空公司和客票所列姓名的旅客之间运输合同的初步证据。

---

① 后文有关于重要旅客的叙述。

（2）客票为记名式，只限客票上所列姓名的旅客本人使用，不得转让和修改，否则客票无效，票款不退。

（3）持纸质客票的旅客，未能出示根据航空公司规定填开的并包括所乘航班的乘机联，和所有其他未使用的乘机联和旅客联的有效客票，无权要求乘机。旅客出示残损纸质客票或非本航空公司或其销售代理人更改的客票，也无权要求乘机。当前纸质客票已经非常少见，在极少数情况下，航空公司可能会填开纸质客票给特殊的旅客。

（4）持电子客票的旅客应有一张以旅客的姓名及有效身份证件填开的有效电子客票，否则无权乘机。

（5）客票的乘机联（纸质客票）必须按照客票上所列明的航程，从始发地点开始按顺序使用。未按顺序使用的乘机联，航空公司将不予接受，电子客票虽然没有乘机联，但是也必须按照客票上所列明的航程，从始发地点开始顺序使用。

（6）旅客在我国境外购买的用于纯国内航空运输的国际客票，必须换开成国内客票后才能使用。含有国内航段的国际联程客票，其国内航段的乘机联可直接使用。

（7）每一个旅客，包括婴儿、儿童或团体旅客，都要单独持有一本客票。

（8）每一客票的乘机联必须列明舱位等级，订妥座位后方可接受运输。对未订妥座位的乘机联，航空公司或其销售代理人应按旅客的申请，根据适用的票价和所申请航班的座位可利用情况为旅客预订座位。

（9）当客票上列明的旅客不是该客票付款人时，应根据付款人要求在客票上的"签注"栏列明退票限制条件，如：退票款仅退给付款人或指定人等。

（10）应在客票有效期①内，完成所列明的全部航程。

（三）票价一般规定

（1）客票价又称票价，是指旅客由始发地机场至目的地机场的航空运输价格，不包括机场与机场之间、机场与市区之间的地面运输费用。客票价按价格水平可分为普通票价和优惠票价两大类。

（2）普通票价是指对外公布的、不受特殊条件限制的单人单程成人经济舱全额票价，以及按照各舱位等级票价的一定百分比计算头等舱、公务舱、儿童和婴儿票价。

（3）优惠票价是指不属于普通票价的其他票价。

（4）国内航空公司公布的票价，以单个成人旅客为对象，适用于直达运输。如旅客要求经停或转乘其他承运人航班或交通工具时，除航空公司另有规定外，应按实际航程分段相加计算票价。

（5）适用票价为旅客开始乘机之日适用的票价。客票售出后，如票价调整，票款不作变动。若旅客要求退还差价，处理时应先按自愿退票处理，然后另按新票价重新购票。退票时根据退票的有关规定收取退票手续费。

（6）使用优惠票价的旅客，应遵守该优惠票价规定的条件。

（7）旅客应使用人民币交付票款和费用，除与承运人另有协议外，票款一律现付。

---

① 客票有效：指普通票价的客票自旅客开始第一段旅行之日起，一年内运输有效。第一航段未使用（包括全部未使用）的客票或不定期客票（OPEN票），自客票填开之日起，一年内运输有效。如果已使用的定期客票第一航段旅行日期发生变更，有效期应按第一段的旅行实际开始日期计算，一年内运输有效。

(8) 票价以人民币 10 元为计算单位,承运人收取或支付的其他任何费用以人民币 1 元为计算单位,尾数一律四舍五入。

(9) 政府、有关当局或机场经营者、承运人因向旅客提供服务设施而征收的税款或费用包括在适用票价之内,由承运人代为收取。国内运输涉及机场建设基金和燃油附加费。机场建设基金根据干线运输和支线运输分别为人民币 50 元和免费,燃油附加费根据国际原油价格定期变化。

(四) 售票一般规定

(1) 纸质客票售票人员应凭"票证领取单"领取空白票证,与财务人员当面点清数量,核对票证号码、数量无误后,双方签字,领取的票证须妥善保管,每日清点并做好交接工作。如有遗失,应及时上报。

(2) ICS[①] 电子客票售票人员应每日检查使用虚拟打票机的当前库存票量。如发现库存票量不足当日销售时,提前凭"票证领取单",经部门领导审批签字后,向财务部门领取 ICS 电子客票票号。

(3) BSP[②] 电子客票售票人员应向国际航协申请票号,在国际航协 ASD(Air Service Desk)网站 www.iata-asd.com 中 BSP 相关文件及表格中下载《BSP 电子客票用量申请表》。

(4) 售票人员应告知旅客应提供与乘机有效身份证件信息一致的旅客姓名及身份证件信息,认真核实旅客的有效身份证件和所填的购票单,内容相互一致后,方可进行订座。旅客订座记录中的旅客姓名及身份证件信息应准确无误。

(5) 对购买优惠票价的旅客,售票人员应特别提醒旅客该类优惠票价客票的适用条件及限制。

(6) 按照旅客购票单上要求的航程、航班、乘机日期、舱位,建立完整的 PNR,将订座记录编号 PNR[③] 和其他内容填入购票单。如为重要旅客、特殊旅客订座,须在 PNR 内用 OSI 注明旅客的身份,用 SSR 注明所要求的特殊服务。

(7) 按照旅客订座记录 PNR 的内容填开或打印客票。手工填开客票要求字迹清晰、内容完整、代号规范。按客票号的顺序使用客票,填开客票后,将客票号码填入旅客购票单"客票号码"栏内。

(8) 纸质客票应将已填好或已打印好的客票会计联、出票人联及作废的乘机联撕下。将纸质客票的会计联、作废乘机联、填制或打印的销售日报和票款一并交给财务人员核查。

(9) 电子客票应根据旅客的需要,打印行程单交给旅客。

(10) 将客票交旅客时,应提醒旅客核实客票上填开的内容,如旅客姓名、航程、航班、乘机日期、时间等是否有误,以及客票的使用限制条件。

(11) 提示旅客搭乘的航班起飞时间、截止办理乘机手续的时间等,以免造成旅客误

---

① ICS:航空公司本票电子客票。

② BSP:(Billing and Settlement Plan)即开账与结算计划,是根据航空运输销售代理业发展的需要,由国际航空运输协会(IATA)建立的一套高效、可靠、统一、规范的专业化销售结算系统。其基本含义是使用统一规格的运输凭证进行销售,按照统一标准的计算机程序填制销售报告。BSP 电子客票即中性电子客票。

③ PNR(Passenger Name Record):旅客订座记录,反映了旅客的航程、航班座位占用的数量及旅客信息。

机。对购买了电子客票并打印了行程单的旅客,应告知旅客妥善保管,以便在发生退票时,凭此办理相关手续。

(五)客票变更与签转一般规定

(1)旅客购票后,如要改变航班、日期,应按照现行承运人关于其客票的适用条件及优惠票价使用相关规定办理。

(2)旅客购票后,如要求改变舱位等级或运价发生变化,在航班有可利用座位和时间允许的情况,予以办理,如从较低等级舱位变更至较高等级舱位或从较低运价改为较高运价,需向旅客收取票价价差。

(3)旅客购票后要求从较高等级舱位变更至较低等级舱位或从较高运价改为较低运价,应先将原票按自愿退票规定办理,再按变更后的舱位或运价重新购票。

(4)旅客购票后欲改变航程或乘机人,原票均按自愿退票规定办理退票,根据新航程或新乘机人姓名重新购票。

(5)承运人满足下列条件之一才有权将客票签转给其他承运人:

该承运人是填开客票的承运人;

该承运人是在要求签转的乘机联"承运人"栏中指定的承运人;

该承运人是机票"原出票(ORIGINAL ISSUE)"栏中注明的原始出票承运人。

(6)旅客自愿要求变更承运人,在符合下列全部条件下予以签转:

旅客使用的票价无签转限制。应检查客票签注栏是否注明"不得签转""NONEND"(或 NON – ENDORSABLE)、"VALID ON xx(承运人两字代码)"或"不得更改"等有关签转的限制。如有上面所述的限制,不能办理自愿签转。如在特殊情况下需要办理签转,必须取得有权签转客票的承运人的书面传真或电报授权后方可为旅客办理签转。

旅客要求变更的承运人与原承运人签有联运协议,可以相互填开或接收票证。

(7)旅客非自愿改变承运人,在征得有关承运人的同意后,办理签转手续。

(8)有权办理签转手续的部门:

承运人直属售票处和地面服务值机部门;

承运人特别授权的销售代理和地面服务代理。

(六)退票一般规定

(1)由于承运人未能按照运输合同提供运输或旅客要求自愿改变其旅行安排,对旅客未能使用的全部或部分客票,承运人应按规定办理退票。

(2)旅客要求退票,应在开始旅行之日起(客票第一航段未使用的,从填开之日起)有效期内提出且客票未被使用时,方可办理。

(3)持有纸质客票的旅客,除遗失客票的情形外,必须凭客票未使用的全部乘机联和旅客联,方可办理退票。

(4)已打印行程单的旅客,必须凭行程单办理退票。行程单遗失后要求退票的,在承运人对该行程单执行作废操作,乘客填写"航空运输电子客票行程单遗失声明"作为"国内客运退票、变更收费单"的附件,方可进行退票。

(5)承运人向客票上列明姓名的旅客本人办理退票。当客票上列明的旅客不是该客票的付款人,并且客票上已列明了退票限制条件,应按列明的退票限制条件将票款退给付款人或其指定人。

(6) 旅客退票应出示本人有效身份证件;如退票受款人不是客票上列明的旅客本人,应出示旅客及退票受款人的有效身份证件。

(7) 旅客非自愿退票,可在原购票地、航班始发地、经停地、终止旅行地的承运人售票处或引起非自愿退票事件发生地的承运人授权销售代理人办理。

(8) 旅客自愿退票,应在下列地点办理:

在出票地要求退票,只限在原购票地点办理。

在出票地以外要求退票,可由当地的承运人直属售票处或经承运人特别授权代理办理,特殊产品客票如另有退票地限制规定的除外。

持不定期客票和团体票价客票旅客自愿退票,仅限在原购票地点办理。持优惠票价客票的旅客按该优惠票价的限制办理退款。

(9) 旅客在国外购得的纯国内段机票,旅客要求退票时:

在换开成国内客票前,如旅客要求退票,须在原出票地点办理退款;但旅客在承运人驻外办事处购得的纯国内段机票,也可在承运人国内售票处申请人民币退款,如旅客要求以原付货币退款时,则由原出票地退款。

在换开成国内客票后,客票全部或部分未使用要求在国内退票时,旅客在承运人驻外办事处购得的纯国内段机票,可在承运人国内售票处申请退票。

外航在境外填开的纯国内段机票,可在原换开地点办理人民币退款,如要求以原付货币退款,填开用于退款的 MCO 给旅客回原出票地点办理退款。

第二节　民航特殊旅客及其购票规定

一、民航特殊旅客概述

民航特殊旅客是指在民航运输过程中需给予特殊礼遇或由于其身体和精神状况需要给予特殊照料,或在一定条件下才能运输的旅客。民航特殊旅客的情况比较复杂,不可能把所有运输的条件、手续和注意事项一一列举,但是如果处理稍有疏忽,极易造成不良影响或损害其他旅客利益,甚至会危及飞机安全。各有关部门在办理民航特殊旅客运输时,必须认真负责地按照各有关章节规定,根据具体情况谨慎、细致地处理。

关于民航特殊旅客的运输办法,一般由各空运企业自行制定规定。因此,凡是接受需要与其他空运企业联运的特殊旅客,必须事先取得各有关承运人的同意,并遵照各空运企业提出的要求办理。有权利办理民航特殊旅客购票的一般是承运人的直属售票处或其授权代理人。

旅客的行为、年龄、身体和精神状况不适合航空旅行,或使其他旅客感到不舒适或反感,或对其自身、其他人员、财产可能造成任何危险或伤害,承运人可以根据自己合理的判断,拒绝运输这类旅客及其行李。

特殊旅客从大的范畴上分,可以分为以下三大类:

(一)重要旅客

重要旅客主要包括省、部级(含副职)以上的负责人;各大军区级(含副职)以上的负责人;公使、大使级外交使节;由各部、委以上单位或我驻外使、领馆提出要求按重要旅客接待的客人;航空公司认为需要给予此种礼遇的旅客,包括航空公司所在城市的副市长以上负责人;航空公司各分公司或营业部可根据实际情况确定需要给予此种礼遇的旅客等。

(二) 限制运输旅客

病残旅客、婴儿及有成人陪伴儿童、无成人陪伴儿童/无成人陪伴青少年、孕妇、盲人、聋人、醉酒旅客、特殊老年旅客、犯罪嫌疑人等特殊旅客,必须在订座时提出申请,只有在符合承运人规定的条件下,经承运人预先同意并在必要时做出安排后方可接受乘机。

由于特殊旅客需要特殊的照顾和服务,可能会影响对同一航班其他旅客的服务,因此每一航班对接收的各类特殊旅客(除重要旅客外)应有数量限制。对特殊旅客接收人数的控制由航班的座位控制部门负责。

(三) 拒绝运输旅客

最近几年以来,因为航空公司拒载导致的危机事件层出不穷。航空公司出于安全原因或根据自己合理的判断,认为属下列情形之一时,有权拒绝运输旅客及其行李:

(1) 国家的有关法律、政策规定和命令禁止运输的;

(2) 旅客不遵守国家的法律、政策规定和命令或不遵守公司的规定;

(3) 旅客拒绝接受政府、机场和公司的安全检查;

(4) 旅客未能出示国家的法律、政策规定、命令、要求或旅行条件所要求的有效证件;

(5) 旅客拒绝遵守机组成员或经授权的公司工作人员发出的、执行公司制定的出口座位限制的指示;

(6) 不听从机组人员指挥;

(7) 由于身体残疾,且适合于该残障人士的唯一座位是出口座位;

(8) 属于天气或其他公司不能控制的原因,必须采取的行动;

(9) 旅客未支付适用的票价、费用和税款或未承兑其与公司或有关承运人之间的信用付款;

(10) 旅客出示的客票是非法获得或不是在出票承运人或其销售代理人处购买的,或属挂失、被盗窃、伪造或不是由承运人或其销售代理人更改的乘机联或乘机联被涂改;

(11) 出示客票的人不能证明本人即是客票上"旅客姓名"栏内列明的人;

(12) 怀孕超过9个月(36周)的孕妇;

(13) 未满14天的新生儿;

(14) 旅客的行为、年龄、精神或身体状况不适合航空旅行,或使其他旅客不舒适或反感,或对其自身或其他人员或财产可能造成任何危险或危害;

(15) 已知患严重的传染性疾病,且无法出具其已采取必要的预防措施防止传染他人的医疗证明;

(16) 承运人认为,该旅客的身体或精神条件有可能使其在没有乘务员的帮助下,无法理解或执行安全指示;

(17) 心智不健全,其行为可能对自身、机组成员或其他旅客造成危险;

(18) 有醉酒或吸毒迹象者;

(19) 是或像是中毒者;

(20) 要求静脉注射者;

(21) 有非因残疾或疾病发出的异味;

(22) 穿着打扮可能令其他旅客感到不适;

(23) 不符合旅客运输安全规定的担架旅客;

(24) 旅客可能在过境国寻求入境,或可能在飞行中销毁其证件,或者旅客不按承运人要求将旅行证件或该证件的复印件交由机组保存;

(25) 不管是否有意,做出可能危及飞机或机上乘客安全的任何行为。

二、民航特殊旅客购票规定

(一) 重要旅客购票规定

1. 重要旅客分类

(1) 最重要旅客(Very Very Important Person,VVIP),通常是指我国党和国家领导人、外国国家元首和政府首脑、外国国家议会议长和副议长、联合国秘书长。

(2) 一般重要旅客(Very Important Person,VIP),通常是指政府部长,省、自治区、直辖市人大常委会主任、省长、自治区人民政府主席、直辖市市长和相当于这一级的党、政、军负责人;外国政府部长;我国和外国政府副部长,以及相当于这一级的党、政、军负责人;我国和外国大使;国际组织(包括联合国、国际民航组织)负责人;我国和外国全国性重要群众团体负责人;两院院士。

(3) 工商界重要旅客(Commercially Important Person,CIP),通常是指工商业、经济和金融界等重要、有影响的人士。

2. 重要旅客售票要求

售票部门在接受重要旅客订座时,应要求经办人详细填写"旅客订座单",并问清其职务、级别和所需提供的特殊服务,填写"VIP旅客信息记录单"(表2-3)。征求旅客本人或其公司和接待单位的意见,如愿意向航空公司和其他有关承运人公开身份的,应在计算机定座系统的旅客订座记录(PNR)的其他服务信息(OSI)项目中注明重要旅客的身份、职务和特殊服务要求。

表2-3 VIP旅客信息记录单

××航空公司VIP旅客信息记录单	
乘机时间	年　月　日　时　分
航班号	
航线	
姓名	
职务	
等级	国家级(　) 公司级(　)
随行人员	
联系电话	
记录编号	
通知人	电话:
记录人: 　　年　月　日	

座位控制部门对重要旅客的订座要求,应优先予以保证,并及时在旅客订座记录(PNR)中予以证实或给对方拍发答复电报;重要旅客需预订联程、回程座位及其他服务时,要及时向联程、回程站或有关承运人订座。如果重要旅客所乘坐的航班有变更,要尽早通知重要旅客的接待单位,做出妥善安排。有重要旅客乘坐的航班,严禁犯罪嫌疑人、精神病患者乘坐。各部门要严格把关,并通知货运部门,严禁在该航班上装载危险物品。重要旅客乘坐其他承运人的航班,其订座手续和要求的特殊服务,应按有关承运人的规定办理。注意保密工作,对保密的重要旅客乘机动态,尽量缩小知密范围。

(二)病残旅客购票规定

1. 病残旅客分类

病残旅客是指由于身体或精神上的缺陷或疾病,自理能力不足,其行动需要他人帮助照料的旅客。如果是一名年事甚高且自理能力不足的旅客,即使该旅客没有疾病,也应作为该类特殊旅客处理,给予特殊服务。

通常而言,身体患病,精神病患者(代号 MEDA),肢体伤残,失明旅客(代号 BLND),担架旅客(代号 STCR)、轮椅旅客和需使用机上氧气设备的旅客等都属于病残旅客。其中需要轮椅的病人或伤残旅客依据保障程度可划分为以下三类:

(1)客舱轮椅旅客(代号 WCHC),此类旅客尽管能在座位上就坐,但完全不能动弹;并且前往/离开飞机或移动式休息室时需要轮椅,在上下客梯和进出客舱座位时需要背扶。此类旅客的服务起止于客舱座位。

(2)客梯轮椅旅客(代号 WCHS),此类旅客可以自己进出客舱座位,但上下客梯时需要背扶,远距离前往/离开飞机或移动式休息室时需要轮椅。此类旅客的服务起止于客梯。

(3)停机坪轮椅旅客(代号 WCHR),此类旅客能够自行上下客梯,并且在机舱内可以自己走到自己的座位上去。但远距离前往或离开飞机时,如穿越停机坪、站台或前往休息室,需要轮椅。此类旅客的服务起止于客机停机坪。

2. 病残旅客乘机条件

一般情况下,国内承运人接受病残旅客的条件主要包括:

(1)医疗证明或诊断证明书。医疗证明或诊断证明书一式三份:医疗证明或诊断证明书需由县、市级或相当于这一级的医疗单位填写旅客的病情及诊断结果,并经医生签字、医疗单位盖章。如需使用机上氧气瓶,还需注明旅客所需氧气的流量。

医疗证明或诊断证明书必须包括防止该疾病或传染病扩散所必须遵守的条件,且在航班起飞前 96 小时以内填开的方为有效,病情严重的,则应在航班起飞前 48 小时之内填开。

(2)特殊旅客(病残)乘机申请书。病残旅客需填写"特殊(病残)旅客乘机申请书"一式三份,以表明如果旅客在旅途中病情加重、死亡或给其他人造成伤害时,由申请人承担全部责任。

"特殊旅客(病残)乘机申请书"应由旅客本人签字,如本人书写困难,也可由其家属或监护人代签。

(3)病残旅客售票。为病残旅客填开客票前,应检验旅客的"医疗证明或诊断证明书"是否齐备、有效。客票填开后,"医疗证明或诊断证明书"(图 2-2)和"乘机申请书"

(图2-3)应附在客票各有关联上。

诊断证明书

1. 旅客姓名：_____ 2. 年龄：_____ 3. 性别：_____
4. 住址（或工作单位）：_____ 5. 电话：_____
6. 航程：航班号_____ 日期 ____月 ____日 自____ 至 ____
   联程：航班号_____ 日期 ____月 ____日 自____ 至 ____
7. 论断结果：_____
8. 症状、程度、予后（如系孕妇注明预产期）：_____
_____

[注]（1）上述第7、8两项内容填写，需简单、明确。
　　（2）下述表格中提供的内容，供机上服务员在飞行途中为病残旅客提供必要的服务时作为参考。

症状 \ 程度	无	轻度	中等	严重	备注
贫血					
呼吸困难					
疼痛					
血压					

9. 附注：（如有膀胱、直肠障碍或在飞行中需特殊餐食及药物医处理情况等，请予以列明）
_____

10. 需要何种乘坐姿态（将下列适用的项目用O圈起）：

乘 坐 姿 态		1. 使用机上一般坐椅　　2. 使用机上担架设备
陪 伴 人 员		院生　护士　其他人员（具体列明）　不需要
上下飞机时	轮椅	要　　不要
	担架	要　　不要
救 护 车		要　　不要

已参阅背面的参考资料，我院诊断认为：该旅客的健康条件在医学上能够适应上述航程旅行的要求，无传染疾病，无生命危险，也不造成对其他旅客的不良影响。

医师_____　　电话_____
　　签字　　　　　　　　　　　　　　医疗单位（盖章）
　　　　　　　　　　　　　　　　　　　　年　　月　　日
　　　　　　　　　　　　　　　经办人姓名：

图2-2　医疗证明书范例

中国××航空公司
特殊旅客（ ）乘机申请书

中国××航空公司_____售票服务处

　　为乘坐中国××航空公司下列航班，我愿声明如下：鉴于我个人的健康状况，在旅途中由此给本人或其他人造成身体上的损害或死亡，完全由我个人承担责任及损失，并保证不向中国××航空公司及所属工作人员或代理人要求赔偿或提出诉讼。

旅客姓名：				
住址（或单位名称）：				
航班号/日期		始发站		到达站

健康状况：
（附诊断证明书/医生证明）

　　另注：为确保旅客安全运输，旅客到达机场后需接受工作人员的检查，视其实际身体状况，我公司保留旅客到达机场后拒绝其登机的权利。

旅客签字：_____
年　　月　　日

图2-3　特殊旅客乘机申请书范例

"医疗证明或诊断证明书"：
　　一份附在出票人联上，由售票部门保存；

一份附在乘机联上,交机场值机部门;

一份附在旅客联上,交旅客留存。

同时在客票各联的"签注/限制"栏内注明:"MEDICAL CERTIFICATE ATTACHED TO THE TICKET COVER"。

"乘机申请书":

一份附在出票人联上,由出票部门留存;

一份附在乘机联上,交机场值机部门;

一份附在旅客联上,交旅客留存。

对于购买电子客票的旅客,"医疗证明或诊断证明书"和"乘机申请书"由出票部门各留存一份,其余交付给旅客,并告知旅客在办理乘机手续时交机场值机部门。

病残旅客的票价,除担架旅客按经济舱普通票价计算外,其他旅客可使用优惠票价。

(4) 病残旅客的运输人数限制。由于病残旅客需要特殊的服务和照顾,所以每一个航班载运此类旅客的数量应有限制,以免影响对其他旅客的服务。每一航班对没有陪伴人员、但需要他人协助的残疾旅客数量有一定限制(残疾人运动会等特殊期间除外)(表2-4)。

表2-4 航班病残旅客人数限制

航班座位数量	限制人数	航班座位数量	限制人数
51~100	≤2	101~200	≤4
201~400	≤6	400以上	≤8

载运残疾人数超过上述规定时,应按1:1的比例增加陪伴人员,但残疾人数最多不得超过上述规定的一倍。除特别批准外,原则上每一航班只限载运1名担架旅客,担架旅客在乘机时应至少有一名医护人员或家属陪同。如果航班上接收了担架旅客,则不再接收其他病残旅客。载运残疾人团体时,在按照5:1的比例增加陪伴人员、按照10:1的比例增加客舱乘务员配置的前提下,可以增加残疾人的乘机数量。由于残疾人团体乘机数量增加对客舱乘务员的人数配置有相应要求,因此地面服务保障部门在收运残疾人团体时,须报经运行控制部门核实。

(三) 担架旅客购票规定

担架旅客属于病残旅客范畴,但是由于其特殊性,航空公司在运输时都有特别的规定。

(1) 担架旅客的订座不得迟于航班起飞前72小时。特殊情况下,在航班起飞前72小时内的担架旅客的申请,在航班运行管理部门答复可安排的情况下,方可接收。

(2) 接受担架旅客订座时,航空公司工作人员一般应先向航班运行管理部门询问担任旅客所申请航班任务的飞机能否拆座,未得到肯定答复时,不能对旅客做出任何承诺。

(3) 担架旅客必须至少由一名医生或护理人员陪同旅行。经医生证明,病人在旅行途中不需要医务护理时,也可由其家属或监护人员陪同旅行。

(4) 担架旅客只能安排乘坐在经济舱载运,安置担架附近的空余座位,如前一排或相邻一列座位,一般不再售票。关于担架占用的座位数额(包括陪伴人员)及在机舱内的位置,应与始发站生产调度或航班运行管理部门联系。座位控制部门在为担架旅客证实或取消订座时,应及时锁定或释放机上的相邻座位数。

(5) 适用票价规定。担架旅客的票价,由担架旅客的个人票价和担架附加票价两部分组成。个人票价:按一个经济舱的公布普通票价计收,不得使用优惠票价或折扣票价(儿童折扣除外)。担架附加票价:不论安放担架需占用的座位数额多少,均按下列办法计收:对旅客使用担架的航段,加收五个成人单程经济舱普通票价(不另加收税费)。如旅客取消旅行,担架附加票价全退。陪伴人员票价根据实际乘坐的座位等级适用票价计收。担架旅客的免费行李额为120kg,陪伴人员的免费行李额则按所付票价的座位等级计算。

(四) 盲人旅客购票规定

盲人旅客属于病残旅客范畴。年满18周岁且有民事行为能力的成人旅客陪伴同行的盲人旅客可以按普通旅客接收。无成人陪伴的盲人旅客可以分为两种:

1. 有导盲犬引路的盲人旅客

(1) 盲人旅客携带导盲犬,必须在申请订座时提出,经承运人同意后,方可携带。如为联程运输,应取得有关承运人的同意后方可接受。

(2) 符合运输条件的导盲犬可以由盲人旅客免费携带并带入客舱运输,或单独装进货舱运输。

(3) 旅客必须自己能走动,有照料自己的能力,在进食时,无需他人帮助。

(4) 盲人旅客携带导盲犬应提供有关国家的动物入境或过境证明以及必要的检疫证明。盲人旅客在申请订座时,应向承运人出示此种证明。

(5) 导盲犬在运输途中受伤、生病、死亡,均由盲人旅客自行负责。

(6) 盲人旅客在客舱内携带的导盲犬需在上机前戴上口套及牵引的绳索,并应伏在盲人旅客的脚边,不得在客舱内占用座位和任意跑动。

(7) 在飞机飞行中,除可给导盲犬少量饮水外,禁止喂食。如航程较长,需要在中途喂食,应在经停站地面饲喂。饲喂的食物需由盲人旅客自备。

(8) 每一航班的客舱内只能装运一只导盲犬。盲人旅客携带的导盲犬如需放在货舱内运输,其包装要求等应按《货物运输手册》的规定办理。

2. 无成人陪伴和无导盲犬引路的盲人旅客

(1) 无成人陪伴和无导盲犬引路的盲人旅客必须自己能够走动,有照料自己的能力,在进食时,不需要其他人的帮助。

(2) 无陪伴的盲人旅客乘机,在始发站应由家属或其照料人协助办理乘机手续;在到达站,应由盲人旅客的家属或其照料人在到达地点予以迎接。

(3) 订座时,应由无陪伴的盲人旅客家属或其照料人填写一式两份特殊(无陪伴的盲人)旅客乘机申请书。

(4) 在联程运输时,应征得各有关承运人的同意。

(五) 无成人陪伴儿童购票规定

无成人陪伴儿童(代码:UM)是指年满五周岁但未满十二周岁的、没有年满18周岁且有民事行为能力的成年旅客陪伴乘机的儿童,必须办理无成人陪伴儿童运输的相关手续,航空公司方可接受运输,且多数航空公司只接收直达航班的无成人陪伴儿童运输。年龄在五周岁以下的无成人陪伴的儿童,一般不予承运。

1. 无成人陪伴儿童乘机条件

无成人陪伴儿童应由儿童的父母或监护人陪送到乘机地点,并在儿童的下机地点安排人予以迎接和照料,并提供接送人姓名、地址和联系电话。

无成人陪伴儿童的承运必须在订座时预先向始发站承运人的售票部门提出,其座位必须根据承运人的相关承运规定得到确认。

航空公司一般仅接受不换机的情况下的无成人陪伴儿童的运输。运输的全航程包括两个或两个以上航段时,不论是由同一个承运人或由不同的承运人承运,在航班经停站,应由儿童的父母或监护人安排人员予以接送和照料,并应提供接送人的姓名和联系地址、电话。

儿童的父母或监护人,在上述航班衔接站安排人接送有困难,而要求由承运人或当地雇请服务人员照料儿童时,应预先提出并经航空公司同意后,方可接受运输。

儿童父母或监护人应向承运人提供在航班到达站安排的接送人姓名、联系地址、电话,售票人员应向接送人核实后方可接受。

2. 无成人陪伴儿童售票规定

(1) 无成人陪伴儿童售票的权限一般在承运人的直属营业部,一般代理人无此权限。无成人陪伴儿童的运输应预先提出申请。当售票或订座部门接到无成人陪伴儿童的订座申请时,应请儿童的父母或监护人填写一式两份的"无成人陪伴儿童运输申请书"(图2-4)。各航班对无成人陪伴儿童申请订座或购票的人数管理由该航班的控制部门负责监控和管理。无成人陪伴儿童需另派服务员随机陪伴时,应由座位控制部门预留座位。

(2) 五周岁(含)以上至十二周岁以下的无成人陪伴儿童,票价按相应的儿童票价计收。无成人陪伴儿童的父母或监护人,如要求承运人另派服务员随机陪伴儿童旅行,应预先提出,经承运人同意后,方能接受。如需另派服务员随机陪伴时,还应加收成人普通票价50%的服务费用,通过填开"国内客运退票、变更收费单"收取。如无成人陪伴儿童在航班经停站雇用当地服务人员照料时,所需的服务费用,按该服务部门的规定收取,通过填开"国内客运退票、变更收费单"收取。

无成人陪伴儿童客票的填开,除按一般规定外,在"旅客姓名"栏内填写儿童姓名,在姓名后,应加"UM"后跟儿童年龄,如:MAO/JL UM06。将儿童父母或监护人填写的一式两份"无成人陪伴儿童运输申请书",一份由售票部门留存备查,一份订在客票上交给儿童父母或监护人,放入"无成人陪伴儿童文件袋",以备机场工作人员和机上乘务员查验。

中国××航空
CHINA AIRLINE
无成人陪伴儿童乘机申请书
UNACCOMPANIED MINOR
REQUWSTED FOR CARRIAGE-HANDLING ADVICE

至： 中国××航空公司_____售票处　　　日期
TO_____　　　DATE_____
儿童姓名NAME OF MINOR_____　　　性别SEX_____
出生年月DATE OF BIRTH_____　　　年龄AGE_____
航程 ROUTING

自 FROM	至 TO	航班号 FLT NO	等级 CLASS	日期 DATE

航站 STATION	接送人姓名 NAME OF PERSON ACCOMPANYING	地址、电话 ADDRESS AND TEL NO
始发站 ON DEPARTURE		
中途分程站 STOPOVER POINT		
中途分程站 STOPOVER POINT		
到达站 ON ARRIVAL		

儿童父母或监护人姓名、地址、电话：
PARENT/GUARLIAN-NAME, ADDRESS AND TEL NO_____

图2-4　无成人陪伴儿童申请书范例

3. 无成人陪伴儿童的运输人数限制

由于承运人对无成人陪伴儿童负有责任并需提供特殊服务和照顾，对同一航班的其他旅客会有一定的影响，所以每一航班运送的无成人陪伴儿童数量应有一定的限制。除此之外，如果航班上同时接收了数量受限制的病残旅客，原则上表中的无人陪伴儿童的限制数量应减半（减半后不足1的向下取整）。

各航空公司对本公司机型对无成人陪伴儿童的数量限制有所不同，南方航空和东方航空关于机上无成人陪伴儿童的运输人数限制如表2-5所列，其他航空公司的限制可以在其网站上查询。

表2-5 南航和东航涉及机型以及无成人陪伴儿童人数限制

航空公司	机型	限制人数	机型	限制人数	备注
南航	B777A	8	A300	8	只有经济舱接受,头等、公务舱、高端经济舱不接受无人陪伴儿童
	B777B	6	MD85/90	5	
	B737/B757	5	A330	6	
	A319/A320/A321	5	ATR72/EMB145	1	
东航	A340	5	A330	4	
	A300	4	A321/320/319	3	
	B767	4	B737	3	
	CRJ	2	EMB145	2	

（六）婴儿及有成人陪伴儿童购票规定

有成人陪伴儿童是指由同舱位的年满18周岁且有民事行为能力的成年旅客陪伴同行的旅客。票价按相应的儿童票价计收,占有座位并享有所持客票座位等级规定的免费行李额。

婴儿指旅行开始之日未年满两周岁的旅客。婴儿不单独占座位,票价按同行陪护成人所购客票同等物理舱位公布普通票价的10%计收,但每一个成人只能有一个婴儿享受这种票价,超过限额的婴儿应按相应的儿童票价计收,可单独占用座位。

儿童和婴儿的年龄指开始旅行时的实际年龄,如儿童在开始旅行时未满规定的年龄,而在旅行途中超规定的年龄,则无需补收票款。为了保证旅客的安全,出生不超过14天的婴儿不接受乘机。每一航班接收婴儿的最大数额应少于该航班机型的总排数（EMB/ERJ/ATR机型除外,仅能接受承运5名婴儿）。购买儿童客票（包括婴儿）应提供年龄的证明,如护照、出生证等。

按相应的儿童票价付费的婴儿和儿童,可享有所持客票票价等级规定的免费行李额。按成人公布普通票价10%付费的婴儿,按重量计算免费行李额时,有10kg免费行李额,并允许免费携带一辆折叠式婴儿推车或一个摇篮,国内航班不接受机上婴儿摇篮的申请。按件数计算免费行李额时,只能有一件托运行李,其三边之和不得超过115cm,并允许免费携带一辆折叠式婴儿车或推车（尺寸不得超过指定的储藏空间容积）。

（七）孕妇旅客购票规定

1. 孕妇旅客乘机条件

由于在高空飞行时,空气中氧气成分相对减少、气压降低,因此孕妇运输需要有一定的限制条件。

（1）怀孕32周或不足32周的孕妇乘机,除医生诊断不适宜乘机者外,可按一般旅客运输。

（2）怀孕超过32周的孕妇乘机,一般不予接受,如有特殊情况,怀孕超过32周、不足36周的孕妇乘机,应提供包括下列内容的医生诊断证明:旅客姓名、年龄、怀孕时间、旅行的航程和日期、是否适宜乘机、在机上是否需要提供其他特殊照料等。上述医疗证明或诊断证明书,应在旅客乘机前72小时内填开,并经县级（含）以上的医院盖章和该院医生签字方能生效。

（3）怀孕超过9个月（36周），预产期在4周以内，或预产期不确定但已知为多胎分娩或预计有分娩并发症者，不予接受运输。

2. 孕妇旅客售票规定

办理怀孕32周以上至36周的孕妇旅客预约前，应先填写一式三份的"特殊旅客（孕妇）乘机申请书"（格式与病残旅客的"申请书"相同），并按上述接受条件检查"医疗证明或诊断证明书"。经检查符合运输条件后，方能办理订座手续。接受承运的孕妇旅客订座应优先办理。孕妇旅客可以使用优惠票价。

（八）精神病人购票规定

最近几年，出现了数次因为旅客精神问题而导致的旅客与航空公司之间的纠纷。航空公司一般都规定如下：

（1）国内航空公司原则上不承运精神病人，特别是在发病期间的精神病人；

（2）精神病人家属向本公司提出运输申请时，在获得航空公司认可的医院或医务人员认为病人病情稳定且在采取一定医疗措施后宜乘机旅行的情况下，可以予以承运；

（3）精神病人运输必须要有能控制病人的人员（三倍于病人）陪同；

（4）如病人在起飞前须服用镇静剂，则航程必须在镇静剂作用有效期内完成；

（5）每个航班可同机承运3名（含）以下的精神病人；

（6）在国务委员、副总理以上重要旅客乘坐的航班上，严禁搭载精神病患者；

（7）票价仅适用于普通票价。

（九）其他类型特殊旅客购票规定

特殊旅客除上述特殊旅客之外，国内航空公司在航空运输过程中还会将以下旅客视作特殊旅客：无成人陪伴青少年、送返离家出走少儿；有占用客舱座位的自理行李、商业信袋、外交信袋的运输/额外占座等需求的旅客；酒精、毒品、麻醉品旅客；犯罪嫌疑人；警卫人员；传染病人；需要特殊餐食的旅客等。

在这些特殊旅客的运输中，航空公司均有相应的运输规定，但是总结一点，所有特殊旅客的运输必须事先获得航空公司的同意才能购票和登机。最近几年以来，海航拒载截肢少女事件和国航拒载弱智儿童事件的发生均是在特殊旅客运输过程中产生的运输事故，如果旅客购票时能提前告知航空公司，类似的悲剧就不会发生。

第三节 民航电子客票销售业务

一、民航电子客票基础知识

民航电子客票（E-Ticket，以下简称"电子客票"）是普通纸质机票的替代产品，旅客购票后仅凭有效身份证件直接到机场办理乘机手续即可成行，实现"无票乘机"。

电子客票实际是普通纸质机票的电子影像。纸质机票将相关信息打印在专门的机票上，而电子客票则将票面信息存储在系统中。由于电子客票将原有纸制机票上的信息全部保存在系统中，因此电子客票只是"无纸"而不是"无票"，完全不同于无乘机联登机。

电子客票是民航产品销售电子商务市场化的最佳产品，最大限度摆脱了物流配送环节，使广大旅客体验到便捷支付、即刻拿货的消费过程，满足其电子商务的消费心理。电子客票的出现顺应了信息时代的市场需求，已成为航空旅行电子商务化的重要标准之一。

电子客票作为世界上最先进的机票形式,依托现代信息技术,实现无纸化、电子化的订票、付款和办理乘机手续等全过程,给旅客带来诸多便利的同时降低了航空公司的运营成本。

(一) 电子客票发展历程

1994年,美国西南航空推出第一张电子客票[①],之后的十几年时间里,电子客票迅速成为了航空电子商务的焦点,并在2007年全面替代了纸质客票,成为了全球航空运输的行业标准运输凭证。

2000年中国南方航空公司推出第一张电子客票,比起国外先进国家晚了近7年。由于顺应信息化社会的市场需求,中国民航的电子客票一出现,就成为一场新潮流席卷国内各大航空公司。

2003年,国内三大航空公司之一的中国国际航空股份有限公司(Air China Limited,简称"国航")率先投产了中国民航信息技术股份有限公司(简称"中航信")开发的电子客票系统。中国南方航空股份有限公司(China Southern Airlines Company Limited,简称"南航")、中国东方航空股份有限公司(China Eastern Airlines Corporation Limited,简称"东航")等也相继与中航信合作推广电子客票系统,自此中国民航电子客票建设的局面得以全面打开。2004年9月1日,海南航空公司在国内率先推出BSP电子客票,从2006年底电子客票全面实施以来,机票代理行业发生了一系列的巨变。而这种巨变是随着电子商务在机票行业产业链的深入而产生的。2009前开始的近3年间,机票销售的网上交易量及在线支付量的增幅年均都超过300%,呈几何倍数迅猛增长,这是传统行业的营销手段完全不可想象和比拟的。

2011年12月21日,中国民航信息集团公司宣布:借助中航信的技术推动,中国最先成为全球航空电子客票普及率100%的国家。按照2013年中国民航旅客运量3亿人次的预估计算,100%电子客票的实现,为中国民航年节约成本预计可达60亿元人民币。

(二) 中国电子客票发展大事记

2000年3月,中国南方航空率先推出国内第一张电子客票(本票电子客票);

2004年,国航、南航、东航三大航空公司均建立了自己的电子机票系统,并未加入BSP电子机票系统中;

2004年9月1日,海南航空公司开始使用中国第一张BSP电子客票(中性电子客票);

2004年9月底,东航推出首张个人电子客票(B2C);

2004年9月,游易航空旅行网上线销售出第一张国航电子机票;

2005年1月,国航、东航正式加入BSP电子机票系统,10月31日,南航也加入了BSP电子机票系统;

2006年6月,电子客票行程单作为全国统一报销凭证,正式启用;

2006年10月,国航率先停止发售纸质票,全面推进电子客票;

2007年底,全球实现100% BSP电子客票;

2008年5月9日,中国BSP办公室停止发放所有BSP纸质客票;

2008年6月1日零点起,国内所有国际航协认可代理人均不允许再销售BSP纸质

---

① 另有资料认为最早推出电子客票的是美国VALUEJET航空,时间在1993年。

客票。

二、民航电子客票识读

（一）民航电子客票票面识读

通过订座系统出票的电子客票票面图如图2-5所示。下面从第一行开始，逐行介绍电子客票票面的基本信息及其含义。

```
>DETR:TN/784-2237766138,AIR/CZ
ISSUED BY: CHINA SOUTHERN AIRLINES    ORG/DST:.CAN/LHW              BSP-D
E/R:不得签转,变更退票收费
TOUR CODE:
PASSENGER:詹**
EXCH:                                 CONJ TKT:
O FM:1CAN CZ    3205 Z 28AUG 0835 OK Z3EEC100   28AUG2/28AUG2 20K OPEN FOR USE
         RL:HYVT6S  /MEFCW9CA
   TO: LHW
FC: 28AUG12CAN CZ LHW950.00CNY950.00END
FARE:          CNY  950.00 FOP:CASH
TAX:           CNY  50.00CN OI:
TAX:           CNY100.00YQ
TOTAL:         CNY 1100.00 TKTN: 784-2237766138
```

图2-5 电子客票票面

（1）DETR:TN/784-2237766138,AIR/CZ:通过电子客票票号提取电子客票票面信息。DETR是订座系统提取指令；TN是电子客票号Ticket NO.的缩写；784-2237766138是电子客票号，共13位，前三位是航公司代码，例如784代表南航，999代表国航，781代表东航等；AIR/CZ是承运人两字代码，例如CZ代表南航，CA代表国航，MU代表东航等。

（2）ISSUED BY:CHINA SOUTHERN AIRLINES:出票人是中国南方航空公司。

ORG/DST:CAN/LHW,航程始发站和目的站是广州和兰州。ORG/DST是Original和Destination的缩写，CAN/LHW是起讫点的三字代码。

BSP-D：BSP中性国内客票。与之对应的还有另外三种：BSP-I、ARL-D和ARL-I，分别代表BSP中性国际客票、航空公司国内本票和航空公司国际本票。

（3）E/R:不得签转,变更退票收费。

签转和限制信息，E/R:Endorsements/Restrictions的缩写，表示签注或限制。

（4）TOUR CODE:旅游编号。

（5）PASSENGER:旅客姓名。

（6）EXCH:换开凭证，即如果该客票是由其他有价凭证换开，如旅费证（MCO）、预付票款通知（PTA）或其他客票，则在此标注；CONJ TKT:连续客票。

（7）FM:1CAN CZ 3205 Z 28AUG 0835 OK Z3EEC100 28AUG2/28AUG2 20K OPEN FOR USE:此行为航段信息行，主要包含如下对应信息：自广州、南航承运、航班号是3205、座位等级是Z、航班日期是8月28日、航班时刻为早上8点35分、座位已订妥、客票级别为Z3EEC100、8月28日当天有效、免费行李额为20kg、客票有效未使用。

客票状态栏，除OPEN FOR USE外，还有若干种客票状态（表2-6）。

表2-6　电子客票状态释义

客票状态	释义
OPEN FOR USE	客票有效未使用
REFUNDED	已退票
USED/FLOWN	客票已使用
PRINTED	换开纸票
EXCHANGED	已部分使用或换开纸票
SUSPENDED	客票挂起
CHECKED IN	已办理值机
VOID	客票作废
LIFT/BOARDED	旅客已登机

（8）RL:HYVT6S/MEFCW9CA,订座记录编号。HYVT6S:航空公司订座系统（ICS）订座记录编号,MEFCW9CA:代理人分销系统（CRS）订座记录编号。

（9）TO:LHW,航段目的站（兰州）。

（10）FC:28AUG12CAN CZ LHW950.00CNY950.00END.运价计算栏。

（11）FARE：　　　CNY950.00

　　TAX：　　　　CNY50.00CN

　　TAX：　　　　CNY100.00YQ

　　TOTAL：　　　CNY1100.00

此栏是总价计算栏,包括票价950.00元,两项税费,包括机场建设费（CN）[①]和燃油附加费（YQ）共计1100.00元。

（12）FOP:CASH　　　付款方式:现金。

　　OI　　　　　　　原客票号（常见于换开客票的情况）。

　　TKTN:784-2237766138　　电子客票号。

机票票款的付款方式除上述现金付款之外,还有如下几种常见付款方式（表2-7）。

表2-7　机票付款栏代码释义

代码	释义
CASH	现金
CHQ	支票
CC	信用卡
TKT	客票换开
MCO	旅费证
PTA	预付票款通知

---

① 机场建设费（CN）:机场建设费是为筹集机场建设经费而设立的。机场的修建在早期有民航和地方两种渠道,为了保证地方的投资回报,这一制度就一直保留下来。2012年4月,财政部公布新的《民航发展基金征收使用管理暂行办法》,规定机场建设费由民航发展基金取代。

(二) 航空运输电子客票行程单识读

国内民航实现100%电子客票后,机票已经变成一个在航空公司订座系统中的一个无形的电子文件,对于旅客来说,有形可见的部分只有航空运输电子客票行程单(简称"行程单"),行程单在使用之初,票面信息的打印上沿用了原来纸质客票的内容和风格,相对较为专业,普通旅客识读存在困难,为了改变这一现状,从2011年12月1日起,国内电子客票行程单做了部分改进,将部分内容改为中文显示,改进后的内容格式相对大众化,普通旅客能够轻易识读。目前使用的电子客票行程单样式如图2-6所示。

图2-6 电子客票行程单

针对新版电子客票行程单,仅作如下说明:

(1) 旅客姓名下面的HZQH6S:旅客订座记录编号。

(2) T2武汉:这是本次电子客票行程单改版的一个变化,针对多候机楼机场,特意标注出发或到达机场的候机楼编号,T即为Terminal,候机楼的缩写,T2即为2号航站楼。

(3) 承运人栏和航班号栏:由之前的SC 4933,改为山航SC4933,对于普通旅客来说,没有民航运输专业知识,很难判断SC 4933是山东航空公司的航班。

(4) 日期栏:由之前的英文缩写表示,改为常见的阿拉伯数字表示,之前的表示是01SEP12,对于英文基础较差的旅客来说,改进后就不会出现日期错误和混淆。

(5) 时间栏:由之前的民航常用的24小时制改为常见的时间表示方法,之前的表示是1735。

(6) 其余项的表示没有变化,相关内容的识读信息可以从前文所述电子客票票面识读中获得。

(三) 电子客票行程单的使用

实行100%电子客票后,国家税务总局和中国民用航空局于2008年5月19日联合发布了《航空运输电子客票行程单管理办法(暂行)》,下面就该《管理办法》要点做如下简单概述[①]。

从性质上来说,电子客票行程单是税务发票,由国家税务总局授权中国民用航空局负责全国"行程单"的印制、领购、发放、开具、保管和缴销等管理工作。

公共航空运输企业和航空运输销售代理企业在旅客购票时,应使用统一的打印软件开具"行程单",不得手写或使用其他软件套打;打印项目、内容应与电子客票销售数据内容一致,不得重复打印,并应告知旅客"行程单"的验真途径。"行程单"遗失不补。

旅客发生退票或其他变更导致票价金额与原客票不符时,若已打印"行程单",应将原"行程单"收回,方能为其办理有关手续。

旅客电子客票行程单遗失不补,旅客退票时若发生遗失,需要填开电子客票行程单遗失声明(图2-7)。

航空运输电子客票行程单遗失声明(范本)

特别提醒:
(1) 本声明仅在销售机构决定为旅客退票之后使用,使用时销售机构必须首先将该行程单在行程单打印插件里面执行作废操作;
(2) 本声明仅用于由于旅客的原因造成电子客票行程单丢失或者损毁而无法回收的情况;
(3) 本表填写后与平时作废的行程单一同保存,待次年3月份回收时统一上交。

航空运输电子客票行程单遗失声明			
旅客姓名		旅客联系电话	
旅客身份证号			
旅客工作单位		工作单位联系电话	
预订航班号		电子客票号	
行程单印刷序号			
行程单填开单位名称			
行程单填开单位office			
情况说明:			
旅客签字: 经办人签字: (销售单位公章)			

图2-7 航空运输电子客票行程单遗失声明

---

① 《航空运输电子客票行程单管理办法(暂行)》详细内容见国家税务总局网站:http://www.gov.cn/gongbao/content/2008/content_1157921.htm。

三、民航电子客票退改签业务

（一）民航电子客票退票业务

根据引起退票原因的不同，分为自愿退票、非自愿退票和旅客因病退票三种，适用退票费率也是有所差别的（因为各个航空公司规定有所差异，此处以民航局客规为依据进行讲解）。

1. 自愿退票

自愿退票是指旅客由于本人原因，未能按照运输合同（旅客客票）完成全部或部分航空运输，在客票有效期内要求退票。

关于自愿退票计费的规定，在《中国民用航空旅客、行李国内运输规则》中规定如下：

（1）在航班规定离站时间24小时（含）以前，收取客票价5%的退票费。

（2）在航班规定离站时间前24小时以内至2小时（含）以前，收取客票价10%的退票费。

（3）在航班规定离站时间前2小时以内，收取客票价20%的退票费。

（4）在航班规定离站时间以后，收取客票价50%的误机费。

（5）特殊旅客或特种机票免收退票费，情况如下：革命伤残军人要求退票，免收退票费；按全价10%付费的婴儿票，免收退票费；儿童票退票与成人一致；持不定期客票的旅客要求退票，免收退票费。

（6）对于联程、中途分程或来回程客票的退票，按上述规定分别收取各航段的退票费（分段计收）。

（7）旅客在航班经停地自动终止旅行，该航班的客票即告失效，未使用航段的票款不退。

（8）优惠票价，各航空公司退票规定不相同。

在实际的退票工作中，各航空公司又根据自身的销售战略提出了一些额外的规定。以下列举一份国内某大型航空公司退票的具体规定：

××航空公司退票费收取规定

（1）按正常票价90%（含）以上计费的客票，收取客票价5%的退票费；按正常票价80%（含）~89%计费的客票，收取客票价10%的退票费；按正常票价55%（含）~79%计费的客票，收取客票价20%的退票费；按正常票价55%以下计费的客票（军残、警残优惠票除外），收取客票价50%的退票费。

（2）因公致残的现役军人及因公致残的人民警察在航班规定离站时间前要求退票，收取客票价20%的退票费；在航班规定离站时间后要求退票，收取客票价50%的退票费。

（3）持不定期客票的旅客要求退票，免收退票费（收取20元/本工本费）。持由定期更改为不定期客票的旅客要求退票，按客票票面列明的订座舱位对应的退票规定收取退票费。

（4）除上述三条规定外，承运人未做特别规定的，根据中国民用航空总局令第49号《中国民航空公旅客、行李国内运输规则》的规定办理。

（5）持联程、来回程客票的旅客要求退票，根据承运人有关业务规定按本条第1款或第4款的规定收取各航段的退票费。

（6）持婴儿客票的旅客要求退票，免收退票费。

（7）退票时间的计算，应以旅客所购票上填明的航班规定离站时间为准。

以上资料仅供参考,各航空公司具体退票工作实施要遵照各公司的《国内客运销售业务手册》要求。

2. 非自愿退票

非自愿退票是指由于天气、航行、机务或承运人其他原因引起航班取消、提前、延误、航程改变、衔接错失或承运人不能提供座位,旅客要求退票。

关于非自愿退票计费在《中国民用航空旅客、行李国内运输规则》中规定如下:

(1)在航班始发站,退还旅客所付的全部票款。

(2)在航班经停站,退还未使用航段的票款,但所退金额不得超过原付票款金额。

(3)航班如在非规定的航站降落,取消当日飞行,旅客要求退票,应退还由降落站至到达站的票款,但不得超过原付票款金额,不收取退票费;如旅客所付票价为折扣票价,应按相同折扣率计退票款。

(4)联程旅客由于上述原因在航班经停站或联程站停止旅行,也应按照相同的折扣率退还未使用航段的票款。

3. 旅客因病退票

旅客因病退票是指旅客因个人身体健康原因未能全部或部分完成机票中所列明的航程,旅客提出退票。

旅客因病退票在《中国民用航空旅客、行李国内运输规则》中规定如下:

(1)旅客购票后,因病不能旅行要求退票,必须在航班规定离站时间前提出并提供县级(含)以上医疗单位的证明原件(包括诊断书原件、病历和旅客不能乘机的证明)。如因病情突然发生,或在航班经停站临时发生病情,一时无法取得医疗单位证明,也必须经承运人认可后才能办理。

(2)旅客因病退票,在航班始发站提出,退还全部票款;在航班经停站提出,退还的票款金额为旅客所付票价减去已使用航段相同折扣率的票价金额,但所退金额不得超过原付票款金额。

(3)旅客的同行人员要求退票,必须与患病旅客同时提出,也按上述规定办理,否则一律按自愿退票处理。

(二)民航电子客票变更业务

民航电子客票变更是指旅客购买定期客票后出于个人原因或航空公司安排失误而要求变更乘机日期、航班、航程、座位级别或更换乘机人。

1. 客票变更工作的一般规定

客票变更是旅客享有的基本权利,各相关承运人的营业部、售票处及销售代理人应根据实际情况积极予以办理,不得擅自拒绝旅客的客票变更要求。要求变更的客票必须在客票有效期内,逾期的无效客票不得变更;要求变更的客票不得违反票价限制条件,如承运人提供的较低折扣的机票往往都附加"不得签转""不得变更"等限制条款,客票的变更工作一定要遵循限制条款。

变更的处理因变更的原因不同而有所差别,通常把变更分为两类来处理,即自愿变更和非自愿变更。

自愿变更是指旅客购票后,因旅客自身原因而主动向承运人提出改变原机票上所列明的航班、日期等要求称为自愿变更,应按下列规定办理:

（1）旅客购买正常票价的客票后，如要改变航班、日期，必须在原定航班停止办理乘机手续前提出并予以免费办理；如在停止办理乘机手续后提出，并且决定继续乘坐原承运人的后续航班，可予以免费办理，但仅限一次，如旅客要求再次变更，每次应支付票价5%的手续费。若旅客要求变更的航班和日期是在原承运人航班没有可利用座位或旅客不同意由原承运人安排航班和日期的情况下，则按自愿退票办理。

（2）旅客购票后要求把原有舱位更改至较高等级舱位，在航班座位和时间均允许的情况下，应积极予以办理，并补收原票价与较高等级舱位票价的差额。

（3）旅客购票后要求更改至较低等级舱位，应先将原票按自愿退票规定办理，再按变更后的舱位重新购票。

（4）旅客购票后要求变更承运人，处理办法参见签转规定。

（5）旅客购票后欲改变航程或乘机人，原票均按自愿退票规定办理退票，根据新航程或新乘机人姓名重新购票。

（6）持特种票价客票的旅客要求改变航班、日期，应遵守该特种票价规定的条件。

非自愿变更是指旅客购票后，由于天气、空中交通管制、飞机机务故障、承运人调度失误等无法控制或不能预见的原因以致航班取消、提前、延误、航程改变、衔接错失或不能提供旅客原已证实的座位，旅客要求变更航班、日期等为非自愿变更；通常航空公司应当考虑旅客的合理需要并采取以下措施：

（1）为旅客优先安排有可利用座位的本承运人的后续航班。

（2）征得旅客及有关承运人的同意后，办理签转手续。

（3）若由承运人原因造成的变更，承运人有义务安排航班将旅客运达目的地或中途分程地点，票款、逾重行李费和其他服务费用的差额多退少不补。

（4）由于承运人原因，造成旅客舱位等级变更时，票款的差额多退少不补。如：头等舱改为普通舱，应退还票价差额；普通舱改为头等舱，不再收取差额。

2. 客票变更工作程序

航班、日期变更的处理程序：旅客购票后，如需要变更乘机日期、航班，售票人员按照旅客所提的要求，查看航班订座情况，如有座位，应提取原订座的记录并做相应的更改，原PNR订座记录编号不变。如原PNR已取消，则重新订座。

舱位变更的处理程序：旅客购票后，如在航班起飞前在地面提出自愿变更至相同航程较高等级舱位时，按照旅客所提的要求，查看订座情况，如有座位，应提取原订座的记录做相应的更改，原PNR编号不变。办理舱位变更、补收票价差额，可以用填开"退票、误机、变更收费单"或换开客票的方式补收舱位差额。

（三）民航电子客票签转业务

航空公司的客票是旅客乘坐客票上所表明承运人航班的凭证，简言之客票不能在各承运人之间任意交换使用，只能允许在满足一定条件下进行相关的运输和签转。客票签转就是改变原有客票的承运人，按照签转的原因不同可以分为两类：旅客自愿签转、旅客非自愿签转，它们的规定和操作程序也有所不同。

1. 旅客自愿签转

旅客自愿签转是指由于旅客自身的原因，向原承运人提出改变承运人的要求。在办理旅客自愿签转业务时，工作人员必须首先判断客票是否满足以下自愿签转条件：

（1）旅客使用的票价无签转限制条款；

（2）旅客客票未改变过航班、日期；

（3）旅客在原航班规定离站时间24小时（含）之前提出更改要求；

（4）旅客要求变更的承运人必须与原承运人签有联运协议，可以进行相互填开或接收票证、票款结算等业务活动。

同时满足了以上自愿签转条件后，原承运人的相关部门有义务为旅客积极免费办理相关的签转业务。凡是不满足上述规定，如旅客坚持要求改变承运人，一律按照自愿退票相关规定和程序办理。

2. 旅客非自愿签转

旅客非自愿签转是指由于航班延误、天气恶劣、飞机故障等非旅客主观原因，旅客向原承运人提出改变承运人的要求。原承运人有责任和义务保障旅客及时到达原客票表明的目的地，应积极协调相关部门尽快协助旅客处理，在征得有关承运人的同意后，办理签转手续。由于原承运人原因造成的旅客非自愿签转，票款的差额多退少不补。

除此之外，一些特殊票价客票的签转在没有特殊规定外，其签转规定和处理与正常票价客票相同。

第四节　民航国内客票销售渠道

一、售票处销售渠道介绍

售票处销售渠道是指由航空公司或者其授权的销售代理人在固定的对公众开放的营业场所从事客票销售及相关服务的客票销售方式。售票处销售渠道最早可以追溯到中国民航成立之初，中国民航在各民航机场所在城市市区开设民航售票处（图2-8），这在当时也是唯一的机票销售渠道。随着民航机票步入电子化时代，适合原有纸质机票进行国内客票销售的售票处受到了巨大的挑战，售票处销售渠道的销售份额不断降低。特别是民航机票采用电子客票后，航空公司和代理人都由"线下业务"转型升级为"线上业务"，纷纷裁撤作为"线下业务"的典型代表售票处销售渠道。

图2-8　售票处内景

售票处销售渠道虽然略显"过时",但凭借其固有优势还是现在不可或缺的销售方式。售票处的最大特点是可以为消费者提供"面对面"的服务,这是其他销售渠道所不具备的。"面对面"服务的真实感会留给消费者全方位的服务体验,这种体验将有助于提高销售方对消费者的吸引力,吸引其再次来购票。售票处同时也是航空公司和销售代理人展示自身形象和实力的最佳平台,对其整体形象的提升有重要促进作用。航空公司直属售票处通常处理"线上"无法涵盖或者交易成本较高的业务,这部分个性化很强的业务是无法用其他方式来有效解决的。因此,售票处销售渠道无法被完全取代。代理人售票处的呈现形式日渐发生着变化。由传统只经营机票销售业务的单一售票处形式,向可以同时满足消费者机票销售、酒店预订、旅游分销、汽车租赁、签证代办、商务考察、邮轮旅游等"一站式"差旅服务需求的综合产品销售渠道转变。

二、呼叫中心销售渠道介绍

呼叫中心销售渠道最初形成于航空公司的电话客服中心,随着20世纪90年代固定电话和21世纪前十年移动电话在中国的日益普及,航空公司纷纷推出了电话服务平台,为购票旅客提供各种信息和业务办理服务。由于销售流程的逐渐简化、支付方式的轻松便捷,航空公司开始意识到呼叫中心是可以成为其重要销售渠道的。特别是电子客票的全面推行,使航空公司跨过销售代理层面直接将客票销售给终端消费者成为可能。在航空公司加大"直销"领域投入的大背景下,呼叫中心销售渠道成为了其关注的重点。目前,呼叫中心(图2-9)除了国内、国际机票销售外,被航空公司赋予了客票退改签、新产品促销、常旅客服务等更加全面的功能。

图2-9 呼叫中心内景

不单单是航空公司重视呼叫中心渠道,机票销售代理更是依靠该渠道。作为中国在线旅行代理商的携程旅行网,在通过发会员卡积累目标客户的同时,积极构建其呼叫中心。目前,携程在江苏南通建立了近2万个座席的呼叫中心,全国各地的机票业务、订房业务都可以经呼叫中心以及IT后台统一处理,机票的出票时间和价格、酒店的预约时间和价格,甚至员工的服务质量也都能得到监控。呼叫中心销售是目前机票销售领域中重要的渠道之一。

三、互联网销售渠道介绍

互联网销售渠道是民航机票电子化后的必然产物。以互联网技术为代表的信息技术的快速发展改变着世界传统经济模式,当航空客票销售邂逅信息技术就产生了航空电子商务这一新型的渠道模式,也就是互联网销售渠道。从纸质客票到电子客票,从计算机订座系统(CRS)到全球分销系统(GDS),从机票销售总代理(GSA)到机票竞价平台,这都是信息技术带给机票销售领域的环境改变。目前,基于电子客票工具利用互联网技术形成了一系列航空客票销售模式。

(一)以航空公司为代表的B2B、B2C直销模式

电子客票可以在互联网上被轻松地完成预订、支付、出票、值机等各环节,而且极大地降低了航空公司的销售成本。我国各大航空公司广泛认识到直销对其可持续发展的重要战略意义,纷纷不断加大在互联网销售渠道的投资力度,通过升级改造硬件、增加广告投放、整合组织机构、加大促销力度等方式不断提升直销在销售总量中的份额。截止到2012年底,我国航空公司国内机票销售中航空公司的直销比例首次超过机票代理的分销比例,直销比例的增加在今后一段时间还将持续。

(二)以携程、艺龙等为代表的OTA分销模式

要分析中国在线销售代理分销模式,不得不提携程旅行网。从分析携程模式入手探析OTA分销渠道。携程定位于旅游业的电子商务公司,历经十多年的不断实践和探索最终发现:通过保证信息在各地酒店、航空公司和消费者之间顺畅地流通,完成全国范围内的酒店和机票产品预订来获取代理销售佣金的商业模式,即"携程模式"。在携程出现之前提供酒店和机票预订服务的公司都是区域性的,没有哪家公司能在全国范围内订酒店和机票,且没有一家公司能做到全天候服务。这种分散的服务方式让质量控制难以执行。携程正是找到了这一产业缝隙,并将其与互联网结合,才获得今天的成功。如今的携程扮演着航空公司和酒店的分销商的角色,它建立了庞大的酒店及机票产品供需方数据库,能做到一只手掌控全国范围内上千万的会员,另一只手向酒店和航空公司获取更低的折扣,自己则从中获取佣金。全国各地的机票业务、订房业务都可以经携程呼叫中心以及IT后台统一处理,机票的出票时间和价格、酒店的预约时间和价格,甚至员工的服务质量也都能得到监控。六西格玛管理使携程能将客人打给呼叫中心电话的等待时间控制在国际通行的20秒以内,将接听比例从80%提高到90%以上,将服务客户的电话时长缩减到今天的150秒左右。而且,由于携程整合的是信息层面的资源,使其可以几乎零成本地加入新的航线、酒店产品的预订。

(三)以票盟、51BOOK等为代表的竞价平台模式

现在国内主流竞价平台大概有十多家,各个平台的产品和营销模式都很相近。首先,吸引全国各地区大型代理企业上线作为供应商,由供应商提供查询订座配置接口,并且提供销售代理费政策;其次,广泛吸引全国代理企业,以及为数更多的上线采购商;最后,平台通过"支付宝"等在线支付工具,完成供应商和采购商的结算、出票全过程。对于航空公司、消费者、代理企业,竞价平台的优劣势十分明显,分析如下:

1. 竞价平台对于航空公司的优劣势分析

优势:加快航空公司机票销售的速度,但航空公司在某时段、某航段的载运能力是有

限的,这一优势带给航空公司的利润增加并不十分明显。

劣势:首先,代理费用增加。通过全国各地区大型代理企业在"平台"上提供的优厚代理费率,事实上让全国的中小代理都享受到航空公司的出港地代理费政策,这直接导致了航空公司代理费用的增加。其次,竞价平台的快速发展,实际上对航空公司大力推进的网站直销带来巨大冲击,特别是航空公司网站针对代理企业的B2B直销。

2. 竞价平台对于消费者的优劣势分析

优势:竞价平台从表面上可以为消费者提供价格更低的机票,但是消费者风险较大。

劣势:首先,虚假行程单严重侵害了消费者利益。由于采购商和供应商往往不在一个城市,互不相识且大多数采购商为不正规代理人,所以大多数竞价平台操作的基本规则是供应商不提供电子客票行程单。其次,旅客购买机票的售后服务的缺失。竞价平台销售的机票大多是销售单位和填开单位不一致的情况,因此如果旅客购买了机票,在航班起飞、延误提示方面,在签转退票方面,都得不到应有的服务,出现问题以后,由于无法知道准确的代理企业信息,没有办法进行投诉,往往只能自行承担损失。

3. 竞价平台对于代理人的优劣势分析

优势:对一些大型代理企业而言,通过竞价平台销售,可以在较短时间内快速扩张规模,完成航空公司销售任务和比例,以获取更好的代理费政策。对一些中小代理企业来说,竞价平台上大型代理企业投放的代理费政策往往比航空公司给其自身的要优厚的多,客观上帮助其提高了利润水平。

劣势:首先,造成代理企业间的无序恶性竞争。为了获取更好的代理政策和返点,完成航空公司规定的任务量和比例,不少代理企业将航空公司给予的代理政策全部放在竞价平台上,有的甚至将还没有拿到手的奖励也放出去,以此吸引采购商进行采购。代理企业一方面为了抢占市场份额,获取更高的代理费点数而放弃利润;另一方面,为了生存发展,保住现有的高代理费水平,又去追求更高的市场份额满足航空公司的要求,这已经成为部分代理企业的一个死循环。其次,削弱了正规代理企业的竞争力和服务水平。机票竞价平台给那些内部管理水平不高、市场营销能力不强的代理企业提供了便利通道,只要敢于放高返点政策,全国的票代都会帮你来卖票,往往在短时间内造成销售额突飞猛进的情形。这就导致代理企业没有把精力放在企业经营管理,拓展客户渠道,以服务来吸引客户的市场营销管理上,造成企业经营管理和服务水平的严重下降。最后,代理企业面临着巨大的违约风险。对供应商代理企业来说,面向全国的竞价平台销售能帮助其快速获取市场份额,但是无法保证其采购商对消费的销售行为的正规性,因而被消费者投诉到相关管理部门,面临着较大的政策风险。

(四)以去哪儿网、酷讯网等为代表的垂直搜索引擎模式

垂直搜索引擎是针对电子商务的专业化采购产品而设计的,其主要功能是采集、整理和挖掘海量的在线商品信息和商家信息,向消费者在线提供精准的挑选商品和选择商家等功能。例如:把不同家网站的相同产品综合比较,包括价格比较和用户客观评论比较,最终得到性价比最高的产品。网络爬虫技术是实现垂直搜索比价的关键,框架技术的应用为系统提供了一个灵活、清晰、可伸缩、易维护的体系结构。比价关键因素是指对消费者进行购物比价时具有指导意义的关键因素,主要包括商品价格、商品质量、商家信誉、服务质量等。

去哪儿网和酷讯网就是机票销售领域知名的垂直搜索引擎,消费者进入其界面,输入出发和到达城市、出行时间,进行有针对性的搜索,系统就会按照消费者的自定义排序,将相关搜索结果进行呈现。消费者选择好符合自己需求的机票后,通过网页跳转,进入机票真实销售商的网站,完成相关购票操作。

四、移动终端销售模式介绍

截止到 2012 年,全球移动互联网用户首次超过 PC 互联网用户。不难预测:机票销售现在的主流是互联网销售渠道,未来的主流是移动终端销售。机票同酒店、邮轮、旅游、会展、租车等综合旅游类其他细分市场产品相比,是业内公认的最容易被标准化的产品。随着众多航空机票销售应用软件的上线,腾讯微信产品的功能日益强大,移动终端给机票销售线上交易模式提供了全新的承接载体。曾有业内人士指出:机票信息可以完整地呈现在智能手机的一页屏幕上,这注定了它终究要通过智能手机销售的未来趋势。随着移动互联网技术的日臻完善,用户通过智能手机购买机票将成为移动电子商务最容易实现的在线应用项目。

自 我 检 测

(1) 简要描述我国民航运价的发展历史。
(2) 能识别纸质国内客票票面信息。
(3) 简要描述国内客票使用的一般规定。
(4) 简要描述特殊旅客的定义及其分类。
(5) 简要描述无成人陪伴儿童购票规定。
(6) 能识别电子国内客票票面信息。
(7) 简要描述国内客票销售渠道及其各自特征。

学习单元三　国际客票销售业务

学习目标

（1）熟练掌握国际航空区划知识；
（2）熟悉应用航程类型及方向性代号的定义判断国际航程信息；
（3）掌握承运人运价的选择及货币转换规则；
（4）熟练掌握单程、来回程、环程的普通运价票价计算；
（5）了解国际客票使用的相关知识；
（6）能识读国际电子客票票面；
（7）了解国际客票涉及的税费知识；
（8）了解国际客票特殊运价的计算步骤。

学习内容

（1）民航国际客票销售基础知识；
（2）民航国际客票普通运价计算步骤；
（3）民航国际客票出票知识；
（4）民航国际客票特殊运价计算步骤。

第一节　国际客票销售基础知识

一、国际航空区划

为了制定国际航空运输中运价的计算规则，国际航空运输协会（IATA）把世界划分为三个区域及一些航空次区。这样划分出的区域称为"国际航协航空区划"（IATA Traffic Conference Areas）（图 3-1）。IATA 区域和次区的概念非常重要，是学习国际客票销售知识的基础，要特别注意熟练掌握。

（一）IATA 三个区域的定义

1. IATA 一区（Area 1 或 TC1）

All of the North and South American Continents and the islands adjacent thereto, Greenland, Bermuda, the West Indies and the Islands of the Caribbean Sea, the Hawaiian Islands (including Midway and Palmyra). 即南北美洲大陆及其邻近的岛屿，格陵兰、百慕大、西印度群岛及加勒比海群岛，夏威夷群岛（包括中途岛和棕榈岛）。

一区由南北美洲大陆及其邻近岛屿组成。美洲大陆东临大西洋，西濒太平洋。大洋天堑阻隔了美洲和其他大洲之间的陆路交通，只有通过海洋运输和航空运输来实现与其他各州之间的交通联系。

北美是世界航空运输最发达的地区之一。全美有近700个民用机场,每年运输了接近全世界运输量一半的旅客。北美许多的航空公司在世界的航空公司中占有重要的地位。而中美、南美的一些国家,虽然经济上不是十分发达,但由于其地理位置的特殊性,航空运输是其主要的交通工具。如南美,地处安第斯山脉与亚马逊河流域,主要交通工具是水路与航空。特别是南美的一些内陆国家,类似玻利维亚等国,四面不临海,国际运输必须通过智利、巴拉圭或阿根廷等国,国际交通运输方面非常受限。

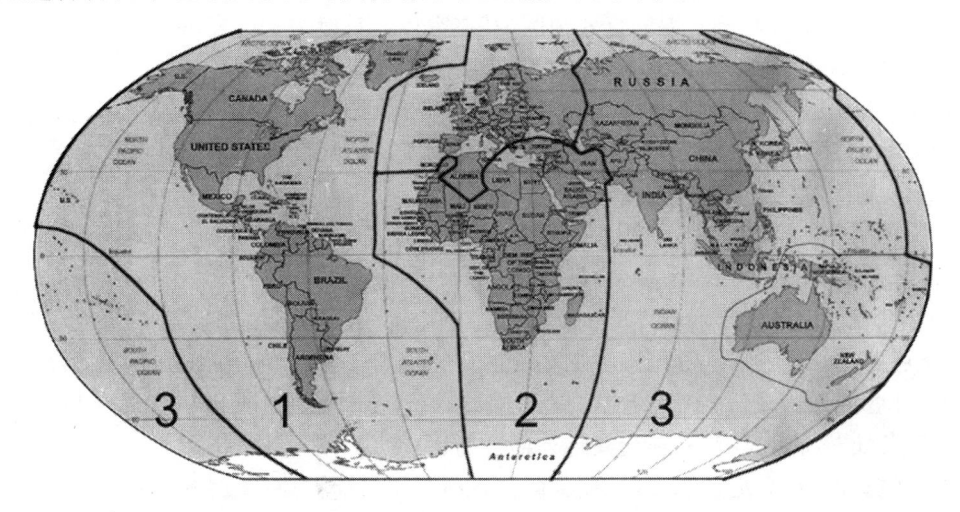

图3-1 国际航协航空区划示意图

2. IATA 二区(Area 2 或 TC2)

Europe (as defined below), Africa and the islands adjacent thereto, Ascension Island and that part of Asia west of Ural mountains, including Iran and the Middle East. 即欧洲(包括俄罗斯联邦的欧洲部分)和邻近的岛屿、冰岛、亚速尔群岛,非洲及其临近的岛屿,阿松申岛以及亚洲的一部分,即伊朗以西(包括伊朗)。

二区的欧洲、非洲、中东地区在政治、经济、种族、宗教、发展历史等方面有着较大的差异,在航空运输的发展水平上,也很不平衡。

欧洲一直是航空运输的发达地区。其定期航班完成的运输周转量仅次于北美,而不定期的航班业务也很发达,其业务量与定期航班相当。但是,基于航空资源的不足,机场容量、航路使用等已经接近饱和的状态,因此,欧洲和北美洲一样,都存在航空运输发展速度减慢的趋势,它们在世界航空运输中所占的比重将比过去有所下降。高速列车、高速公路等地面交通方式将在其洲内运输中受到高度重视。

中东是连接欧亚大陆的必经之地,有优越的地理位置和丰富的石油资源,航空运输比较发达。中东是世界文化的发源地之一,伊斯兰教的圣地也在此。这一带面积虽小,但航线分布密集,航空运输业务量较大。

非洲地域辽阔、物产丰富、人口较多。非洲在殖民时期留下的铁路系统较为发达,但是不能适应非洲现有的经济网络,急需投资改造。在南非,20世纪70年代后建成的高速公路非常发达。但是航空运输方面,非洲仍属于比较落后的地区之一。

3. IATA 三区(Area 3 或 TC3)

Asia and the islands adjacent thereto except the portion included in Area 2; the East Indies, Australia; New Zealand and the islands of the pacific Ocean except those included in Area 1. 即伊朗以东的亚洲部分及其邻近的岛屿,东印度群岛,澳大利亚,新西兰及其邻近的岛屿,太平洋岛屿中除去属于一区的部分。

三区主要包括亚太地区,除20世纪日本、新加坡、中国台湾、香港"亚洲四小龙"外,加上澳大利亚、新西兰等国家经济比较发达之外,这一地区绝大多数国家为发展中国家。但是亚太地区是未来经济发展的重要地区,其航空运输具有很大的发展潜力。

(二) IATA 次区的定义

1. IATA 一区中的次区(IATA Aare1-Sub Areas)

(1)北美(North America)次分区的国家及地区包括:加拿大、墨西哥、美国、法属圣皮埃尔和密克隆岛。

(2)中美(Central America)次分区的国家包括:伯利兹、哥斯达黎加、萨尔瓦多、危地马拉、洪都拉斯、尼加拉瓜。

(3)加勒比地区(Caribbean Area)次分区的国家及地区包括:巴哈马、百慕大、加勒比群岛、圭亚那、法属圭亚那、苏里南。加勒比群岛指:安圭拉、安提瓜和巴布达、阿鲁巴、巴巴多斯、开曼群岛、古巴、多米尼加、多米尼加共和国、格林纳达、瓜德罗普岛、海地、牙买加、马考、英属蒙特塞拉特岛、荷属安地列斯群岛、圣基茨—尼维斯、圣卢西亚、英属圣文森特和格林纳达岛、特立尼达和多巴哥、英属特克斯和凯科斯群岛、英属维尔京群岛。

(4)南美(South America)次分区的国家及地区包括:阿根廷、玻利维亚、巴西、智利、哥伦比亚、厄瓜多尔、法属圭亚那、圭亚那、巴拿马、巴拉圭、秘鲁、苏里南、乌拉圭、委内瑞拉。

2. IATA 一区的第二类次区(The second classification of TC1 sub-areas)

(1)北大西洋地区(North Atlantic sub-area)次分区的国家及地区包括:加拿大、格陵兰岛、墨西哥和美国(包括阿拉斯加、夏威夷、波多黎各和美属维尔京群岛)。

(2)大西洋中部地区(Mid Atlantic sub-area)次分区的国家及地区包括:加勒比海地区、中美、南美和巴拿马运河区域,不包括阿根廷、巴西、智利、巴拉圭和乌拉圭。

(3)南大西洋地区(South Atlantic sub-area)次分区的国家包括:阿根廷、巴西、智利、巴拉圭和乌拉圭,简称 ABCPU。

3. IATA 二区中的次区(IATA Area2-Sub Areas)

(1)欧洲(Europe)次分区的国家及地区包括:阿尔巴尼亚、阿尔及利亚、安道尔、亚美尼亚、奥地利、阿塞拜疆、白俄罗斯、比利时、保加利亚、克罗地亚、塞浦路斯、捷克共和国、丹麦、爱沙尼亚、芬兰、法国、格鲁吉亚、德国、直布罗陀、希腊、匈牙利、冰岛、爱尔兰、意大利、拉托维亚、列支敦士登、立陶宛、卢森堡、马其顿、马耳他、摩尔多瓦、摩纳哥、摩洛哥、荷兰、挪威、波兰、葡萄牙、罗马尼亚、俄罗斯联邦(乌拉尔山以西)、圣·马利诺、斯洛伐克共和国、斯洛文尼亚、西班牙、瑞典、瑞士、突尼斯、土耳其、乌克兰、英国、南斯拉夫。

(2)中东(Middle East)次分区的国家包括:巴林、埃及、伊朗、伊拉克、以色列、约旦、科威特、黎巴嫩、阿曼、卡塔尔、沙特阿拉伯、苏丹、叙利亚、阿拉伯联合酋长国(由阿布扎比、阿治曼、迪拜、富查伊拉、哈伊马角、沙迦及乌姆盖万等组成)、也门。

(3) 非洲(Africa)次分区的国家及地区包括：中非、东非、印度洋群岛、利比亚、南非和西非。其中中非是指马拉维、赞比亚、津巴布韦。东非是指布隆迪、吉布提、厄立特里亚、埃塞俄比亚、肯尼亚、卢旺达、索马里、坦桑尼亚和乌干达。印度洋群岛是指科摩罗、马达加斯加、毛里求斯、马约特、留尼汪岛和塞舌尔群岛。南非是指博茨瓦纳、莱索托、莫桑比克、南非、纳米比亚、斯威士兰和乌姆塔塔。西非是指安哥拉、贝宁、布基那法索、喀麦隆、佛得角、中非共和国、乍得、刚果人民共和国、科特迪瓦、刚果、赤道几内亚、加蓬、冈比亚、加纳、几内亚、几内亚比绍、利比里亚、马里、毛里坦尼亚、尼日尔、尼日利亚、圣多美和普林西比、塞内加尔、塞拉利昂、多哥。

4. IATA 三区中的次区(IATA AREA3-Sub Areas)

(1) 南亚次大陆(South Asian Sub-area, SASC)次分区的国家包括：阿富汗、孟加拉国、不丹、印度(包括安达曼群岛)、马尔代夫、尼泊尔、巴基斯坦、斯里兰卡。

(2) 东南亚(South East Asia Sub-area, SEA)次分区的国家及地区包括：文莱达鲁萨兰国、柬埔寨、中国、中国台湾、圣诞岛、关岛、香港、印度尼西亚、哈萨克斯坦、吉尔吉斯斯坦、老挝、澳门、马来西亚、马绍尔群岛、密克罗尼西亚(包括加罗林群岛中除去帕劳群岛部分)、蒙古、缅甸、北马里亚纳群岛(包括除关岛外的马里亚纳群岛)、帕劳、菲律宾、俄罗斯联邦(乌拉尔山以东)、新加坡、塔吉克斯坦、泰国、土库曼斯坦、乌兹别克斯坦、越南。

(3) 西南太平洋(South West Pacific Sub-area, SWP)次分区的国家及地区包括：美属萨摩亚、澳大利亚、库克群岛、斐济群岛、法属波利尼西亚、基里巴斯、瑙鲁、新喀里多尼亚、萨摩亚、所罗门群岛、汤加、图瓦卢、瓦努阿图、瓦利斯和富图纳群岛。

(4) 日本/朝鲜(Japan, Korea Sub-area)次分区的国家包括：日本、朝鲜和韩国。

IATA 所定义的次区(Sub-areas)，有一些地方与地理上所定义的内容不同，在今后计算运价时，规定中所指的区域均以 IATA 定义的区域为准。例如：IATA 所定义的欧洲不但包括地理上的欧洲还包括下列的一些国家、地区及岛屿。三个非洲国家：摩洛哥、阿尔及利亚和突尼西亚。亚速尔群岛、马德拉岛和加那利群岛。亚洲的亚美尼亚、阿塞拜疆、土耳其、塞浦路斯。又如：尽管在地理上埃及和苏丹属非洲大陆，但是在这里被划为 IATA 的中东次区。而位于地理位置上中东的塞浦路斯，则属于 IATA 定义二区的欧洲次区。

(三) 国际航协的其他一些定义

(1) 东盟(东南亚国家联盟 ASEAN Countries)国家包括：文莱、印度尼西亚、老挝、马来西亚、缅甸、菲律宾、新加坡、泰国、越南。

(2) 波罗的海(Baltic States)国家包括：爱沙尼亚、拉脱维亚、立陶宛。

(3) Benelux 联盟国家包括：比利时、荷兰、卢森堡。

(4) 欧洲航空共同体 ECAA 国家包括：奥地利、比利时、塞浦路斯、捷克、丹麦、爱沙尼亚、芬兰、法国、德国、希腊、匈牙利、冰岛、爱尔兰、意大利、拉托维亚、列支敦士登、立陶宛、卢森堡、马耳他、荷兰、挪威、波兰、葡萄牙、斯洛伐克、斯洛文尼亚、西班牙、瑞典和英国。

(5) 欧洲经济与货币联盟(European Economic and Monetary Union, EMU)国家包括：阿尔巴尼亚、奥地利、比利时、波斯尼亚和黑塞哥维那、保加利亚、克罗地亚、芬兰、法国、摩纳哥、德国、希腊、爱尔兰、意大利、卢森堡、马其顿、摩尔多瓦、荷兰、葡萄牙、罗马尼亚、塞尔维亚、斯洛文尼亚、西班牙。

（6）海湾地区国家包括：巴林、阿曼、卡塔尔、阿拉伯联合酋长国。

（7）伊比利亚半岛国家包括：直布罗陀、葡萄牙（包括亚速尔群岛和马德拉群岛）、西班牙（包括巴利阿里群岛和卡那利群岛）。

（8）印度洋岛屿国家包括：科摩罗、马达加斯加、毛里求斯、马约特岛、留尼汪、塞舌尔。

（9）斯堪的那维亚（Scandinavia）国家包括：丹麦、挪威、瑞典，但不包括格陵兰。

（10）英国（联合王国）（United Kingdom）国家包括：英格兰、威尔士、苏格兰、马恩岛、北爱尔兰和海峡群岛。

（11）美利坚合众国（United States of America）除特别指明外，美国包括：五十个州、哥伦比亚特区、波多黎各、维尔京群岛、美属萨摩亚、坎顿岛、关岛、中途岛和威克岛。

（12）美国领地（U.S. Territories）指美国在国外的领土，包括波多黎各，美属维尔京群岛、美属萨摩亚、加罗林群岛、关岛、马里亚纳群岛、马绍尔群岛。

（13）西海岸口岸城市（West Coast Gatways）包括：洛杉矶、波特兰、旧金山、西雅图、瓦石、温哥华。注：对于去/从西南太平洋地区和去/从 IATA 一区的运输，则波特兰不被看作是西海岸的门户。

二、国际航程类型

掌握国际航程类型在国际客票运价计算中起着举足轻重的作用，因此要求每一位工作人员对这一基本概念必须了如指掌，以便工作的正常进行。航程（Journey）是指在旅客客票中标明的旅客从始发点直至目的站的整个旅程。相对于国内旅客运输来说，国际旅客运输必须考虑航程类型，由于地球是一个球体，从同样的一个始发站前往同样一个目的站，可以有多种旅行方向，不同旅行方向的运价和里程截然不同。

（一）直达航程和非直达航程

国际航程的类型按照航程中有无中间转机点，可以分为直达航程（Direct Route）和非直达航程（Indirect Route）。

1. 直达航程

直达航程是指两点间（单程或来回程）没有转机点的航程。例如：单程 BJS－LON（图 3－2）。

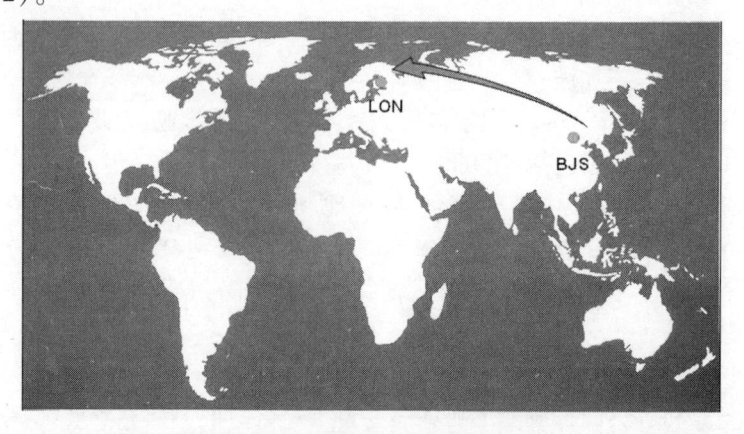

图 3－2 单程（直达航程）示意图

来回程:HKG – PAR – HKG(图3 – 3)。

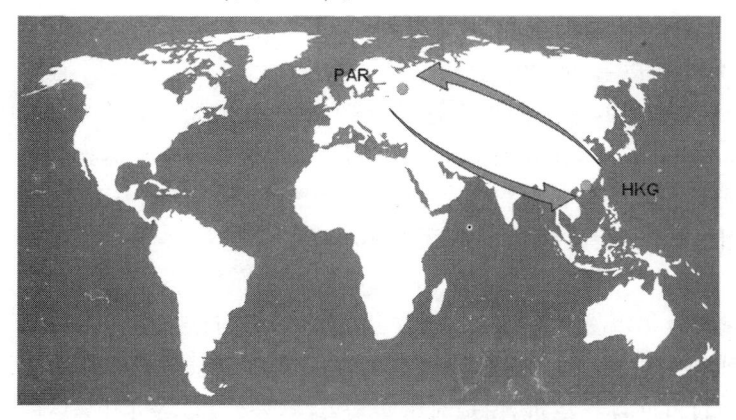

图3 – 3　来回程(直达航程)示意图

直达航程中,可以有经停点,也可以没有经停点。在有经停的航班中,旅客只在经停点做短暂停留,整个航程中使用同一个航班号。大多数情况下,乘坐同一架飞机,也有不少情况下,通过航空公司之间的代码共享,旅客在转机点换飞机继续前往目的地,在这个过程中一般无需提取托运行李,整个航程中使用同一张机票、同一个登机牌和同一个行李牌。

2. 非直达航程

非直达航程也称联程运输,是指在航程中有中间转机点的航程。例如:非直达航程 CAN – MNL – SYD(图3 – 4)。

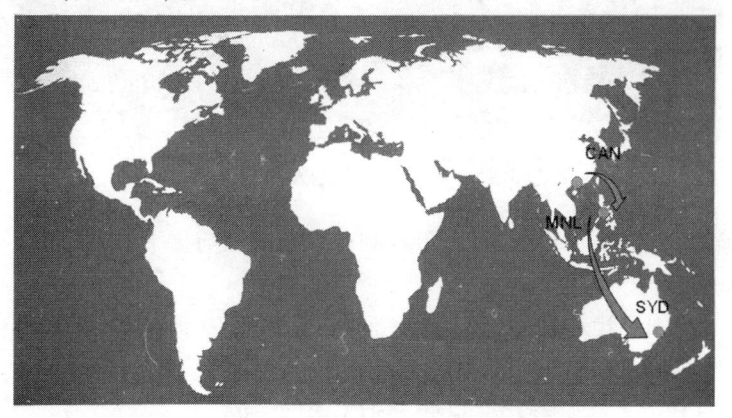

图3 – 4　非直达航程示意图

按照国际航空旅客运价计算规则,非直达航程可以联程出票,在满足里程制运价计算规则要求的前提下,运价计算优先使用两点间的直达运价,例如 CAN – MNL – SYD 航程,优先使用 CAN – SYD 间的直达运价。

非直达航程相对于直达航程,对于旅客而言意味着旅行时间的增加,但也往往会带来票价优惠和其他方面的好处。旅客选择非直达航程一般有以下三种情况:

(1) 在始发站和目的站之间没有直达航班可供选择,旅客只能选择中转航班才能到达目的地,前往国外的二线中小城市或前往经济较为落后国家的航班,这种情况非常常见。

（2）在始发站和目的站之间有直达航班，但是旅客要求在中间某地做逗留，停留一定的时间，要求24小时以上，叫做中途分程。

（3）在始发站和目的站之间有直达航班，但是直达航班不符合旅客的要求，例如日期、舱位、承运人、时间等，但这种情况最常见的是票价因素致使旅客选择非直达航班。

（二）四种国际航程基本类型

按照航程的路径，航程可以分为四种基本类型。

1. 单程

单程(One Way Trips, OW)是指从起点出发做单一方向旅行到达终点，不构成完整的来回程、环程或其他使用1/2RT运价的缺口程的航程。单程一般使用两点间的单程运价，按照实际旅行方向计算运价，但是对于回到运输始发国的运价计算区应按从始发国出发的方向计算运价[1]。

使用普通运价[2]的单程有两种情况：

（1）从一点出发，但是不回到运输始发国。例如：SHA – BKK – CAI（图3 – 5）。

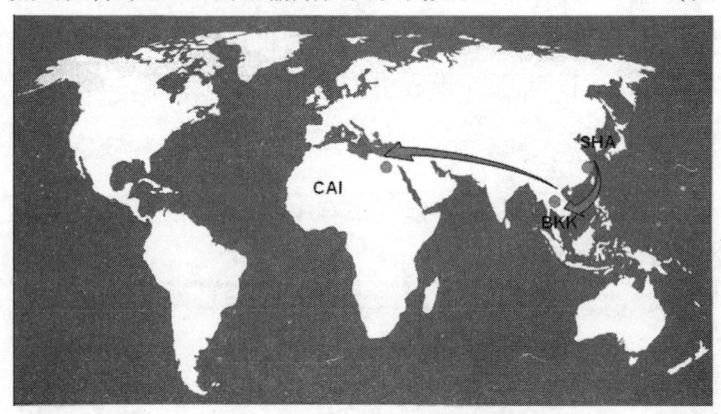

图3 – 5　不回到运输始发国的单程

不回到运输始发国的单程，在符合里程制计算原则的前提下，可以使用 SHA – CAI 的单程直达运价。

（2）航程最终回到运输始发国，但是在整个航程中存在地面运输段(Surface Sector)，并且地面运输段两端不在同一个国家[3]。

例如：SHA – PAR –（地面段）– LON – SHA（图3 – 6）。

本例中，航程终点站在运输始发国内，但是在航程中出现了不在一国境内的地面运输段，所以全航程运价应该是 SHA – PAR 和 SHA – LON 的运价之和，其中航程 LON – SHA

---

[1] 始发国运价原则：对于回到运输始发国的运价计算区应按从始发国出发的方向计算运价，即适用运价的方向与旅行方向相反。运输始发国(Country of Commencement of Transportation, COC)，即航程中第一个国际航班始发地的所属国家。

[2] 普通运价，即 Normal Fare，相对于特殊运价(Special Fare)。

[3] 一国原则：根据国际航协的规定，在国际航空运输中，美国和加拿大，斯堪的纳维亚半岛三国（挪威、瑞典、丹麦）均视作一个国家。某些特殊规则中，例如欧洲国家、东盟国家、日韩等也有可能被视作一个国家看待。

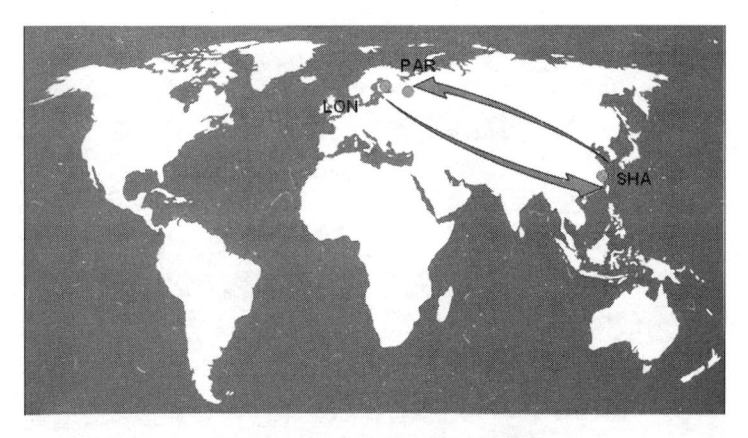

图 3－6　回到运输始发国的单程

的运价方向应与旅行方向相反①。

2. 来回程

来回程(Round Trips,RT)是指旅行从始发站出发经某一点折返再回到始发站,并且全航程采用航空运输。来回程运价计算的主要特征是:全程仅有去程和回程两个运价计算区组成,并且去程和回程均使用相同的从始发点到折返点方向的相同等级的 1/2RT 运价。来回程通常有两种情形:

(1) 去程和回程经由相同的路线,并且去程和回程使用相同的从始点到折返点方向的普通 1/2RT 运价。例如:SYX－MOW(图 3－7)。

(2) 去程和回程经由不同的路线,但去程和回程均可以使用相同的从始发点到折返点的普通 1/2RT 运价。例如:PVG－KHI－CAI－X/KHI－PVG(图 3－8)。

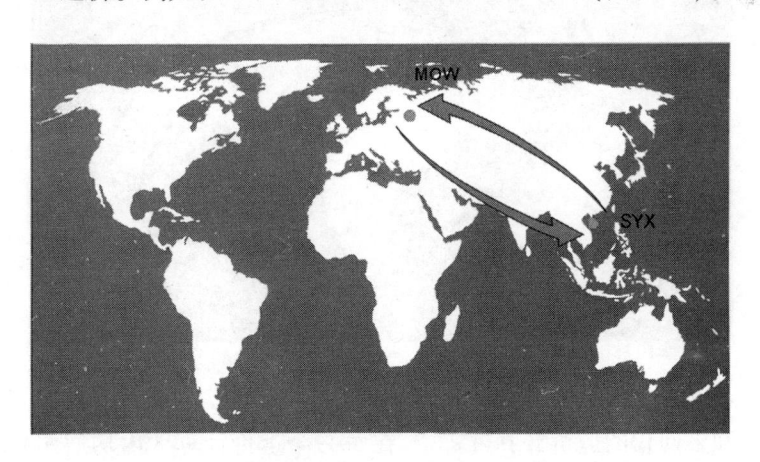

图 3－7　来回程(情形 1)

除以上情况之外,还有一种情况,也被视作来回程,即去程和回程路线一致,但因使用了不同的舱位等级、不同的季节性运价、不同的周末工作日运价、不同承运人运价等导致去程和回程的运价不等,仍然可以视作来回程。

---

① 始发国运价原则。

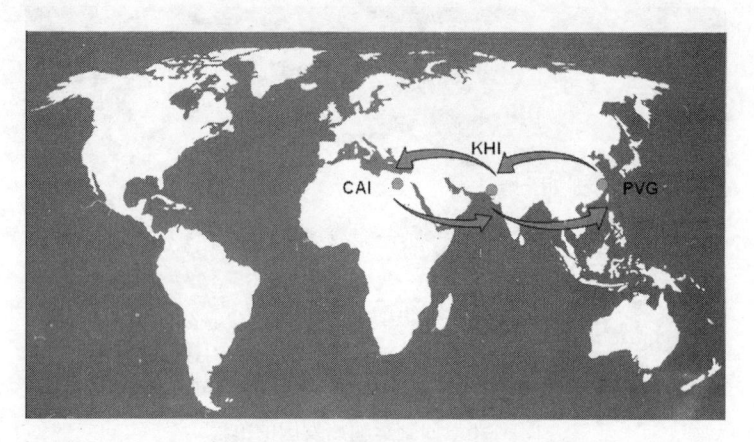

图 3-8 来回程(情形 2)

3. 环程

环程(Circle Trips,CT)是指旅行从一点出发,经过一条连续、环形的空中航线,最后又回到原始发点的航程,整个航程可以由两个或两个以上的的运价区间组成,但是不包括来回程所定义的航程。

环程全航程使用 1/2RT 运价,除回到运输始发国的运价计算区之外,其他的运价计算区均使用与旅行方向相同的运价。

与来回程相比,环程有以下不同点:首先,环程可以有两个以上的运价计算区;其次,去程和回程具有不同的运价。例如:BJS - LON - LIS - MNL - BJS(图 3-9)。

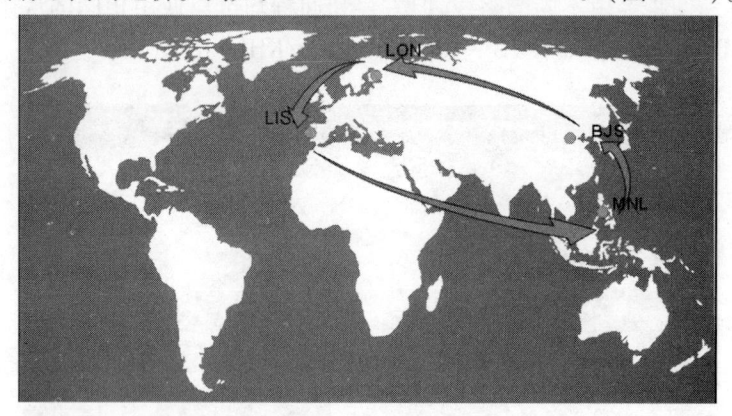

图 3-9 环程

以上环程和来回程的运价计算过程中,在每一个运价计算区内均适用相应的里程制运价计算规则[1],且很多回到始发站的航程,往往在计算过程中才能区分其是环程还是来回程[2]。

4. 普通运价缺口程

普通运价缺口程(Normal Fare Open Jaw,NOJ)是指旅客从一国出发,最后又回到运输

---

[1] 里程制运价计算规则内容详见本章第二节,普通运价基础知识部分。
[2] 详细介绍在本章第二节,来回程和环程运价计算部分。

始发国使用普通运价的航程,全程仅有去程和回程两个国际运价计算区组成,并且在始发国和/或折返国存在一个国内缺口①。

缺口程的去程和回程均使用 1/2RT 运价,且回程运价方向与旅行方向相反,采用从运输始发国出发的方向。根据缺口所在的位置,缺口程可以分为以下三种情况:

(1) 始发国单缺口,例如 SFO – RIO – WAS。
(2) 折返国单缺口,例如 LON – ISB –(地面运输)– KHI – LON。
(3) 双缺口,例如 CAN – SYD –(地面运输)– BNE – BJS。

缺口程(图 3 – 10)从左至右,依次是始发国单缺口、折返国单缺口和双缺口。

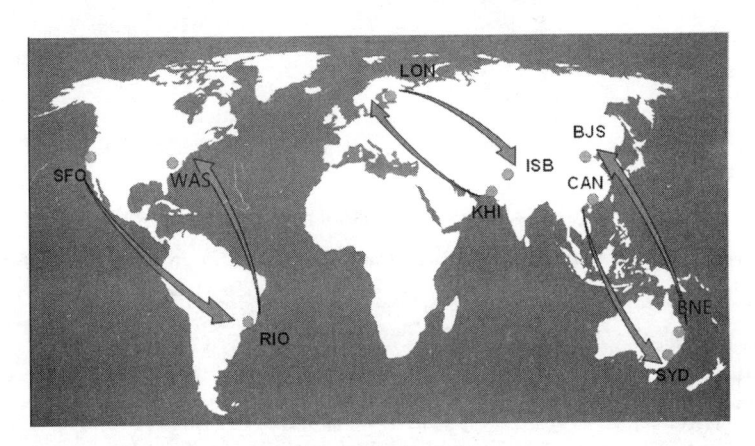

图 3 – 10 缺口程

三、国际运输方向性代号

(一) 国际运输方向性代号的概念

由于地球是一个球体,从一点前往另外一点的旅行,可以有多种方向均可以到达目的地,但是不同的旅行方向,会有相应不同的航行距离,进而有不同的航行时间和票价,因此在国际旅行中,一个重要的问题是要确定旅行的方向。例如:从中国北京到巴西里约热内卢可经由以下几种方式到达:

(1) BJS –(via Pacific)– RIO;
(2) BJS – JNB –(via south Atlantic)– RIO;
(3) BJS – PAR –(via Atlantic)– RIO

上述三种航程均可以到达目的地,且均可以采用北京至里约热内卢的直达运价,但是由于采用了不同的航行方向,同级别运价仍然不同。在运价表中,国际航空运输协会(IATA)给不同的旅行方向规定了相应的代码,该代码称为两字方向代码(Two – Letter Direction Codes)或称为全球方向指示码(Global Indicator,GI)。

(二) 国际航程方向性代号解析

(1) 西半球航线代码为 WH(Western Hemisphere)。国际航协的定义为:Within Area 1 (Western Hemisphere),即适用于一区(西半球)之内的航线。

例如:WAS – MEX – RIO(图 3 – 11),全航程均在一区之内。

---

① 使用缺口程时,注意一国原则,且越来越多的缺口程运价适用规则允许在始发国和/或折返国存在国际缺口。

65

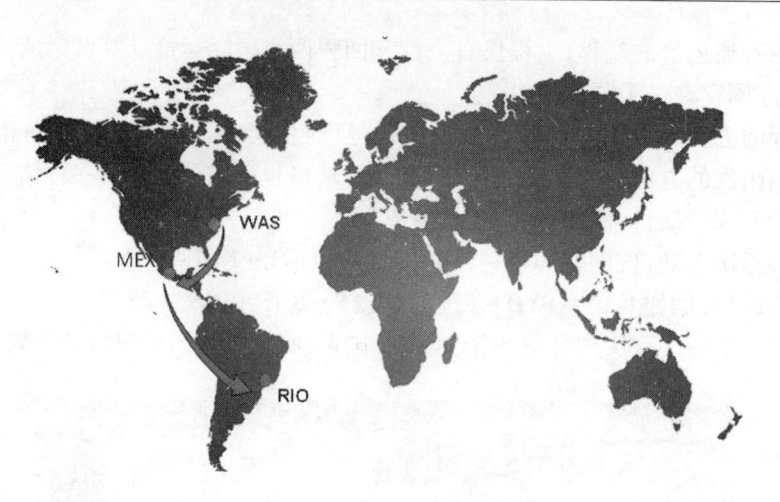

图 3 - 11　西半球航线

（2）东半球航线代码为 EH（Eastern Hemisphere）。国际航协的定义为：Between Area 2 and Area 3 via Eastern Hemisphere（other than FE/RU/TS），within Area 2 or within Area 3，即适用于二区和三区之间经过东半球，除 FE/RU/TS① 之外的航线，也包括全航程在二区或者三区境内的航线。

例如：ZRH - JNB（图 3 - 12），全航程在二区之内；BJS - MNL - SYD（图 3 - 12），全航程在三区之内；HKG - KHI - OSL（图 3 - 12），全航程在二区和三区之间。

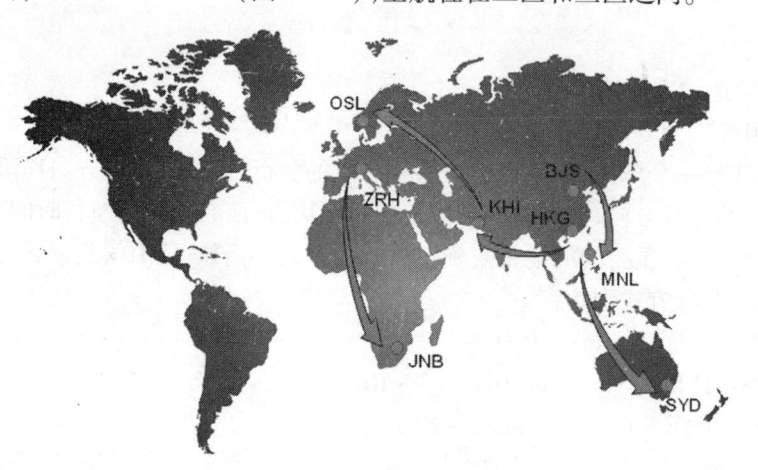

图 3 - 12　东半球航线

（3）大西洋航线代码为 AT（Atlantic）。国际航协的定义为：Between Area 1 and Area 2/Area 3 via the Atlantic（other than SA），即适用于航程在一区和二区之间，经过大西洋的航线，包括航程在一区和三区之间，经过大西洋的航线（除 SA 航线②）。

例如：WAW - LON - WAS（图 3 - 13），航程在一区和二区之间，经过大西洋；BJS - ROM - MIA（图 3 - 13），航程在一区和三区之间，经过大西洋。

---

① FE/RU/TS：远东航线/俄罗斯航线/西伯利亚航线，后文有述。
② SA：南大西洋航线，后文有述。

图 3-13　大西洋航线

（4）太平洋航线代码为 PA（Pacific）。国际航协的定义为：between Area 3 and Area 1 via Pacific (other than between SW P and South America via North America and North Central Pacific; and other than PN)，即航程在三区和一区之间，经过太平洋旅行的航线（除西南太平洋和南美洲经过北美和中北太平洋航线，以及 PN 航线①）。

例如：SZX – ANC – CHI（图 3-14），航程在中国（三区）和美国（一区）之间，经过太平洋。

图 3-14　太平洋航线

（5）大西洋和太平洋航线代码为 AP（Atlantic and Pacific）。国际航协的定义为：Between Area 2 and Area 3 via the Atlantic and the Pacific，即适用于二区和三区之间的航线，航程中既经过大西洋，又经过太平洋（经过一区）的航线。

例如：BJS – TYO – HNL – NYC – PAR（图 3-15），从三区出发，经过一区，到达二区，整个航程中既经过了太平洋，又经过了大西洋。

---

① PN 航线：太平洋经北美航线，后文有述。

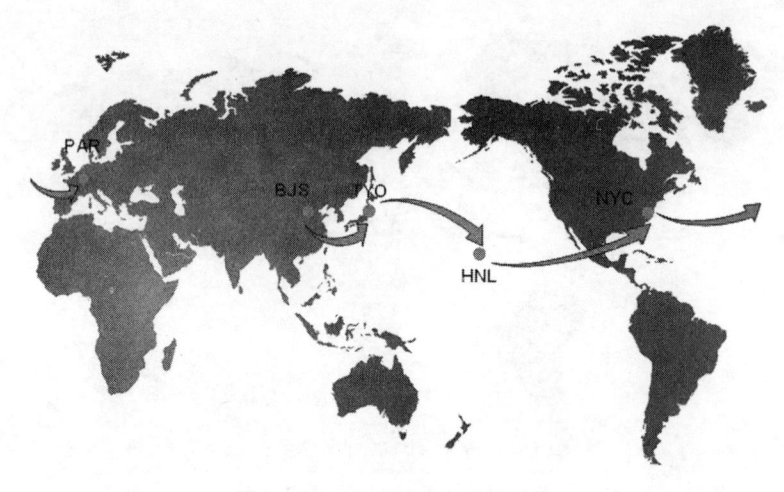

图 3 - 15　大西洋和太平洋航线

（6）南大西洋航线代码为 SA(South Atlantic)。国际航协的定义为：Between Argentina/Brazil/Chile/Paraguay/Uruguay and South East Asia via the Atlantic and only via point(s) in Central Africa, Southern Africa, Indian Ocean Islands or via direct services，即适用于南大西洋次区①和东南亚次区②之间经过大西洋的直达航班，或者经过中非、南非或印度洋岛屿③的点，但不经过除中非、南非或印度洋岛屿以外的二区的点的航班。

例如：SAO - JNB - HKG（图 3 - 16），航程从南大西洋次区出发，经过南非，到达东南亚次区，或者航班不在约翰内斯堡停降，飞经南非，直达东南亚次区。

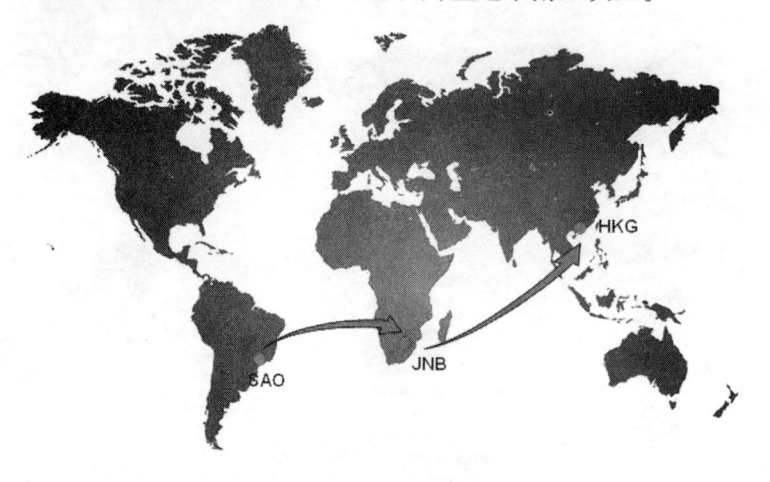

图 3 - 16　南大西洋航线

（7）太平洋经北美航线代码为 PN(Pacific via North America)④。国际航协的定义为：Between South America and South West Pacific via North America but not via North and Cen-

---
① 南大西洋次区：一区中的次区，包括五个国家，分别为阿根廷、巴西、智利、巴拉圭和乌拉圭，简称 ABCPU。
② 东南亚次区：三区中的次区，中国大陆、香港、澳门和中国台湾均位于该次区。
③ 中非、南非和印度洋岛屿：均是二区中非洲次区的小区。
④ 本目中所引用的术语，包括中美洲、南美洲、北美洲、西南太平洋等，均指所在大区中的次区。

tral Pacific,即适用于南美洲与西南太平洋次区之间的经过北美洲但是不经过中北太平洋的航程。

例如:SYD – SFO – BUE(图 3 – 17),航程从西南太平洋次区出发,经过北美洲,前往南美洲。

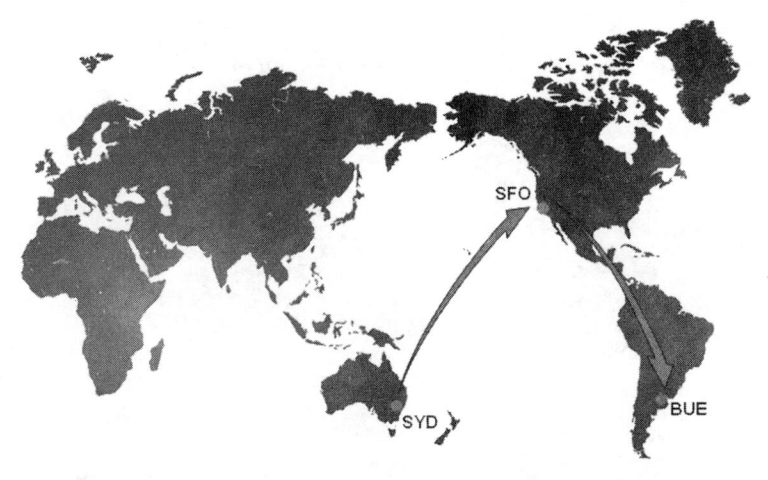

图 3 – 17 太平洋经北美航线

(8) 西伯利亚航线代码为 TS(Trans Siberia)。国际航协的定义为:Between Area 2 and Area 3 (Trans Siberian route) with a sector having nonsto Pservice between Europe and Japan/Korea (other than FE/RU),即适用于二区和三区之间,在欧洲和日韩[1]之间有不经停航段的航线(除 FE/RU[2] 航线外)。

例如:SEL – PAR – MAD(图 3 – 18),航程始发站在三区,终点站在二区,并且有欧洲和日韩之间不经停的航段(SEL – PAR),符合西伯利亚航线的条件。

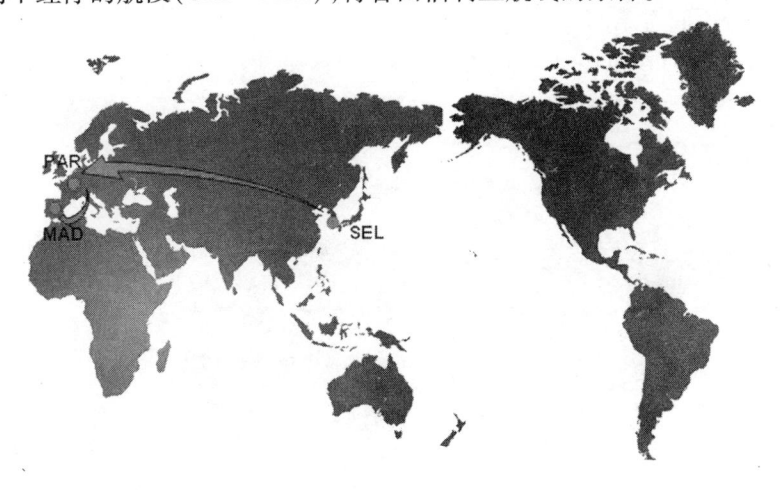

图 3 – 18 西伯利亚航线

---

[1] 日韩次区,包括日本、韩国和朝鲜三个国家。
[2] FE/RU:远东航线/俄罗斯航线,后文有述。

(9) 远东航线代码为 FE(Far East)。国际航协的定义为:Between Russia (in Europe)/Ukraine and Area 3 with nonsto Pservice between Russia (in Europe)/Ukraine and Area 3 other than Japan/Korea,即适用于俄罗斯的欧洲部分/乌克兰和三区之间,在俄罗斯的欧洲部分/乌克兰和三区之间(日韩次区之外)之间不经停的航线。

例如:HKG – BJS – MOW(图 3 – 19),航程始点位于三区(非日韩次区),终点位于俄罗斯的欧洲部分,且有不经过西伯利亚的航线(BJS – MOW)。

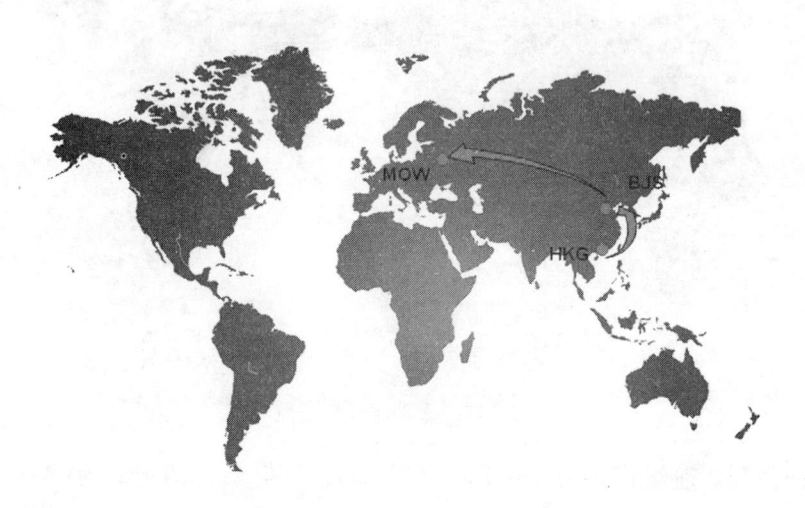

图 3 – 19　远东航线

(10) 俄罗斯航线代码为 RU(Russia)。国际航协的定义为:Between Russia (in Europe) and Area 3 with nonsto Pservice between Russia (in Europe) and Japan/Korea; not via another country(ies) in Europe,即适用于三区和俄罗斯的欧洲部分之间,在日韩次区和俄罗斯的欧洲部分之间有不经停的航线。

例如:SYD – TYO – MOW(图 3 – 20),该航程始发站在三区,终点站在俄罗斯的欧洲部分,且有日韩次区和俄罗斯的欧洲部分之间的不经停航线(TYO – MOW)。

图 3 – 20　俄罗斯航线

西伯利亚航线、远东航线和俄罗斯航线三种航线极为类似,仅存在细微差别,非常容易混淆,且三种航线又与东半球航线非常类似,四种航线的区分可以按照以上顺序进行。

四、指定承运人运价的选择规则

在运价选择时,指定承运人运价优先于公布直达运价使用,即如果在某个运价计算区内有指定承运人运价,那么使用指定承运人运价而不使用公布直达运价。在国际航空运输中,多数情况下是通过国际联程运输来实现的,在联程运输中涉及到多个承运人,选择承运人运价时应遵循如下原则:

(1)如果有跨大洋(太平洋和大西洋)航段,则跨大洋航段的承运人运价和运价规则适用于整个运价区间,对于 AP 航线来说,跨大西洋的承运人为指定承运人。

例如:ATL – DL – YMQ – AC – GVA – LX – AMM – RJ – DEL。

YMQ – AC – GVA 是跨洋航段,则 AC 是指定承运人,计算全航程运价时,若有 ATL – DEL 的公布直达运价,也有 ATL – DEL 的指定 AC 的承运人运价,则选择后者作为全航程运价计算的基础。

(2)如果没有跨大洋航段,则跨 IATA 大区航段的承运人运价及其运价规则适用于整个运价区间。

例如:LON – BA – DEL – AI – HKG。

伦敦是二区,德里和香港是三区,则 LON – DEL 的承运人 BA 是全航程的指定承运人。

(3)对于整个航程都在欧洲境内的运价区间,选择第一个国际航段和实际承运里程最大的航段承运人,运价较低者作为指定承运人,其运价及运价规则适用于整个运价区间。

例如:LON – BA(123M) – MAD – IB(256M) – ATH,LON – ATH 运价 BA 为 NUC326.12、IB 为 NUC309.10。按照规则,整个航程选择 IB 作为指定承运人。

(4)如果没有跨洋,没有跨 IATA 大区航段的情况下,选择跨次分区的承运人作为指定承运人。如果还在一个次分区内,选择实际承运里程最大的承运人作为指定承运人。

例如:PEK – CA – SEL – KE – TYO,整个航程选择 CA 作为指定承运人。PEK – CA(1209M) – MNL – SQ(786M) – SIN,整个航程选择 CA 作为指定承运人。

五、货币转换规则

(一)国际运价的表示及货币兑换

全球共约 200 个国家和地区,绝大多数国家开通了国际航线,且这些国家使用的货币千差万别,大多数本国货币币值稳定的国家在国际航线运价以本国货币表示,还有一些经济欠发达国家,由于本国货币通胀严重,币值极其不稳定,往往采用美元等"世界货币"作为国际客票支付货币。除此之外,世界还有很多国家的货币并不能实现自由兑换,所有的这些现实情况都给国际航空运输的运价计算和运费支付带来困难,为了解决以上问题,国际航协制定了一整套解决方案,在 PAT(Passenger Air Tariff)运价表示中,运价均以始发国当地货币运价 LCF(Local Currency Fare)和中性货币单位 NUC(Neutral Unit of Construction)两种价格符号表示。下面分别介绍当地货币运价和中性货币单位及其之间的兑换关系。

1. 当地货币运价

在国际航线上,尤其是在联运的国际航线上,不仅会有多个不同国家的承运人参与市场,还大量存在经停几个不同国家的情况出现,若各国承运人都选择其本国货币公布和计算运价,其运价的表达和换算就会出现繁琐和混乱。为了便于协商制订运价,国际航空运输中通常以运输始发国货币作为制订和公布运价的基础货币,对应的国际运价称为当地货币运价。

如前所述,在币值不稳定的国家和地区,航空运输中,尤其是国际航空运输中往往采用美元等"世界货币"作为运价公布的货币。

2. 中性货币单位

在国际运价中,按照国际航协制定的里程制运价计算规则计算非直达航程运价时,经常需要对不同航段的运价进行比较组合,由此当涉及多个国家或地区的当地货币时,不同的货币单位很难进行比较或加减。为了解决这个问题,便于构成和计算国际运价,国际航协制定了统一的以美元为基础建立的货币计算单位,称为中性货币单位(NUC),其"币值"与美元等值,并且同时规定中性货币单位保留到小数点之后两位,两位之后的小数位直接舍掉的进位规则。

在国际航协公布的直达运价中,所有两点的直达运价均是以当地货币和中性货币单位运价同时公布。例如:2012年5.11版的PAT-Worldwide Fares中,SHA-HKG的单程普通经济舱全额票价是CNY2170、NUC280.24,HKG-HNL的单程商务舱全额票价是HKD10290、NUC1316.60,两段使用中性货币单位货币(NUC)就可以方便地进行计算。

3. 国际航协货币兑换率

中性货币单位和当地货币运价可以进行双向兑换,相应的兑换比率称为IROE(IATA Rate of Exchange)。它是IATA清算所(IATA Clearing House,ICH)定期公布的当地货币和NUC的比价,每三个月更新一次,从而使得运价的兑换有章可循,并在某阶段内保持相对的稳定性。取每季度第二个月份15日前连续五天内的美元兑换当地货币的平均外汇中间价,作为下一季度的货币兑换率并在当月公布。国际航协每年公布四种新的货币兑换率,即在每个季度开始时使用一个新的货币兑换率。当某国货币币值的波动超过6%时,国际航协会随时更新该国的货币兑换率,以便和该货币的实际币值一致,并且在下月1日开始实施。

在当前的国际经济形势下,尤其发生了是美国次贷危机和金融经济危机,以及其后续的欧洲债务危机的情况下,世界各国货币与美元的比价经常发生变动,货币兑换率也几乎每三个月总会随之发生变动。因此,即使当地货币运价在一定期间内保持不变,受货币兑换率的影响,中性货币运价仍会发生变化。

4. 当地货币运价与中性货币运价之间的兑换

货币兑换率是当地货币运价与中性货币运价之间兑换的媒介,其兑换关系如下:

NUC = LCF/IROE   公式(1)

LCF = NUC × IROE   公式(2)

其中公式(2)是国际运价计算过程中最为常用的公式。

(二) IATA兑换率表的查阅

在PAT-Worldwide Fares 4.1中,国际航协公布了全球所有国家在国际航空运输中所使用货币(大多为本国货币)与中间运价单位的兑换率,并给出了该当地货币的进位规则。

能熟练、正确阅读和使用国际航协兑换率(表3-1)是重要的技能,下面做简要介绍。

表3-1 国际航协兑换率样表

IATA Rates of Exchange ①
(IROE)

NOTE:
The ROE used to convert NUC into the currency of the country of commencement of transportation shall be that in effect on the date of ticket issuance. ②

To calculate fares, rates or charges in currencies listed below:		③	Multiply NUC fare rate/ charge by the following rate of exchange:	And round up the resulting amount to the next higher unit as listed below:			
Country (+ local currency acceptance limited) ④	Currency Name ⑤	ISO Codes Alpha Numeric ⑥	From NUC ⑦	Rounding Units Local Curr. Fares	⑧ Other Charges	Decimal Units	Notes
	Afghanistan	US Dollar	USD 840	1.000000	1	0.1	2	5
+	Afghanistan	Afghani	AFN 971	49.500000	1	1	0	2, 8
	Albania	euro	EUR 978	0.802525	1	0.01	2	
+	Albania	Lek	ALL 008	NA	1	1	0	22
+	Algeria	Algerian Dinar	DZD 012	72.159000	10	1	0	
	American Samoa	US Dollar	USD 840	1.000000	1	0.1	2	5
	Angola	US Dollar	USD 840	1.000000	1	0.1	2	5
+	Angola	Kwanza	AOA 973	89.202650	1	1	2	2, 8
	Anguilla	US Dollar	USD 840	1.000000	1	0.1	2	5
	Anguilla	East Caribbean Dollar	XCD 951	2.700000	1	0.1	2	2
	Antigua Barbuda	US Dollar	USD 840	1.000000	1	0.1	2	5
	Antigua Barbuda	East Caribbean Dollar	XCD 951	2.700000	1	0.1	2	2
	Argentina	US Dollar	USD 840	1.000000	1	0.1	2	5
+	Argentina	Argentine Peso	ARS 032	2.907400	1	0.1	2	1, 2, 5, 8
	Armenia	US Dollar	USD 840	1.000000	1	0.1	2	5
+	Armenia	Armenian Dram	AMD 051	463.500000	1	1	0	2, 8
	Aruba	Aruban Guilder	AWG 533	1.790000	1	1	0	
	Australia	Australian Dollar	AUD 036	1.301754	1	0.1	2	8, 17
	Austria	euro	EUR 978	0.802525	1	0.01	2	8
	Azerbaijan	US Dollar	USD 840	1.000000	1	0.1	2	5
+	Azerbaijan	Azerbaijanian Manat	AZM 031	4604.500000	1	0.1	2	2, 8
	Bahamas	US Dollar	USD 840	1.000000	1	0.1	2	5
	Bahamas	Bahamian Dollar	BSD 044	NA	1	0.1	2	2
	Bahrain	Bahraini Dinar	BHD 048	0.376100	1	1	0	
	Bangladesh	US Dollar	USD 840	1.000000	1	0.1	2	5
+	Bangladesh	Taka	BDT 050	65.698000	1	1	0	2
	Barbados	US Dollar	USD 840	1.000000	1	0.1	2	5
+	Barbados	Barbados Dollar	BBD 052	NA	1	0.1	2	2
	Belarus	US Dollar	USD 840	1.000000	1	0.1	2	5
+	Belarus	Belarussian Ruble	BYR 974	2153.500000	10	10	0	2, 4, 8
	Belgium	euro	EUR 978	0.802525	1	0.01	2	8
	Belize	US Dollar	USD 840	1.000000	1	0.1	2	5
+	Belize	Belize Dollar	BZD 084	2.000000	1	0.1	2	2
	Benin	CFA Franc	XOF 952	526.421739	100	100	0	
	Bermuda	US Dollar	USD 840	1.000000	1	0.1	2	5
	Bermuda	Bermudian Dollar	BMD 060	1.000000	1	0.1	2	2,5
	Bhutan	Ngultrum	BTN 064	43.856500	1	1	0	
	Bolivia	US Dollar	USD 840	1.000000	1	0.1	2	5
+	Bolivia	Boliviano	BOB 068	8.052500	1	1	0	1, 2, 8
	Bosnia and Herzegovina	euro	EUR 978	0.802525	1	0.01	2	
+	Bosnia and Herzegovina	Convertible Mark	BAM 977	NA	1	1	0	22
	Botswana	Pula	BWP 072	5.340521	1	0.1	2	

国际航协兑换率表包含的主要信息(表3-1)如下所示:

① IATA Rates of Exchange(IROE):国际航协兑换率。

② NOTE:The ROE used to convert NUC into the currency of the country of commencement of transportation shall be that in effect on the date of ticket issuance. 该兑换率适用将 NUC 运价转换成运输始发国货币,以出票时间为准。

③ 该栏是④~⑨的总结性概述信息。

④ 国家名称,以国家英文首字母排序。"+"表示该国本国货币使用受限。

⑤ 该国的官方货币的英文名称。

⑥ 货币国际标准代号,分为字母代号和数字代号。货币字母代号的前两位为国家代号,第三位是该国货币名称的缩写。

⑦ IROE 兑换率,即 NUC 与当地货币的兑换关系。

⑧ 货币进位法。Local Curr. Fare:票价的进位规定;Other Charges:其他收费的进位的规定,主要适合于税款、逾重行李费等运价以外费用的进位规定;Decimal Units:货币显示法,即小数点之后保留的位数,以保留两位的情况居多;Notes:注解,为正确判读、计算当地货币进位的关键。

另外,通常注释列(Notes)的内容是有关四舍五入的,对应的当地货币尾数取舍按四舍五入的规则,其他注释号没有描述尾数的取舍,则认为是余额进位的规则。到目前为止,几乎所有其他研究者所著民航国际客票销售教材在这里有叙述缺陷,均漏掉注释4,不了解注释4的内容,就会对美国境内始发的航程,做出错误的进位操作。

注释4:Rounding of fares and other charges shall be to the nearest rounding unit except US tax charges shall be rounded to the nearest 0.01. 除美国的税应该四舍五入保留到0.01之外,其他的票价和各种费用应四舍五入保留到相应的进位单元。美国的货币进位规则如表3-2所列。

表3-2 美国的货币进位规则

Currency Name	ISO Code	Form NUC	Rounding units			
			Local Curr. Fare	Other Charges	Decimal Units	Notes
US Dollar	USD	1.000000	1	0.1	2	4
美元	USD	1.000000	票价保留到个位	其他收费保留到0.1	小数点之后保留2位有效数字	注释4

可见,不了解注释4的内容,会造成操作错误。几种常见的国际货币的进位规则总结如表3-3所列。

表3-3 几种常见国际货币的进位规则

货币	代号	与NUC的兑换率①	票价进位	税费进位	有效数字	注释	符号
人民币	CNY	7.645920	10	1	0		H10
美元	USD	1.000000	1	0.1	2	4	N1
欧元	EUR	0.802525	1	0.01	2	8	H1
英镑	GBP	0.503812	1	0.1	2	5,8	N1
澳元	AUD	1.301754	1	0.1	2	8,17	H1
日元	JPY	121.551000	100	10	0	7,8	H100

---

① 由于IROE值处于变动之中,本书中所有涉及到的IROE只可以作为练习之用。

（三）货币转换与进位

1. 当地货币运价转换成中性货币单位运价

当地货币运价与中性货币单位运价之间的转化,基于前述公式(1)和公式(2)。

在已知当地货币运价的情况下,使用公式(1):NUC = LCF/IROE

将取得的中性货币单位运价值,从小数点之后的第三位开始,全部舍掉,保留小数点之后两位有效数字即可。

例①:将澳大利亚元(AUD)3401.84 转换成用 NUC 表示的运价。

NUC = LCF/IROE = 3401.84/1.301754 = 2613.2741

将 NUC 值保留两位有效数字,从第三位开始全部舍掉得到结果为:NUC2613.27。

2. 当地货币进位规则

当地货币进位规则较为复杂。一般在运价计算过程中,得出以中性货币运价表示的运价之后,要将中性货币运价通过公式(2)转换成当地货币表示的运价,在这个过程中最为重要的是当地货币值尾数的取舍。

目前计算当地货币的进位方法有两种,即:

(1) 余额进位法又称全进位法(Full Adjustment)。按照兑换率表中规定的舍入单位,计算结果的尾数只要不是 0,就进到更高的一位,英文为 HIGHER,用 H 表示。

尾数按余额进位处理的货币主要有人民币、澳元、日元等。如果要求进位的进位单位为 1、5、10 等,应将当地货币的票价尾数取到小数点的后一位,舍去其余部分,检查该数字,即百分位之后的尾数舍去,若从其保留位数的后一位起、到十分位的各位上不全为 0,则余数应进位;若全为 0,则不进位。

例:人民币(国际标准代码:CNY)的进位规则为余额进位,最小单位为 10 元,表示为 H10,且小数点之后不要求保留有效数字,例如:CNY1234.5678,取 CNY1240。

例:澳元(国际标准代码:AUD)的进位规则为余额进位,最小单位为 1 元,表示为 H1,小数点之后要求保留两位有效数字,例如:AUD1234.1567,取 AUD1235.00,若为 AUD1234.0567,取 AUD1234.00。

例:日元(国际标准代码:JPY)的进位规则为余额进位,最小单位为 100 元,表示为 H100,且小数点之后不要求保留有效数字,例如 JPY1234 56.789,进位后的数字为 JPY123500。

例:泰国货币(国际标准代码:THB)进位规则为 5 进制,即不到 5 的小数应进位至 5,超过 5 的数字进到整 10 位数,表示为 H5,且小数点之后不要求保留有效数字,例如 THB1234.56,进位后的数字为 THB1235,若为 THB1235.67,则进位后的数字为 THB1240。

(2) 四舍五入法又称半进位法(Half Adjustment)。英文表示为 NEAREST,即进到最接近的小数位,用 N 表示。尾数按四舍五入处理的货币主要有美元,若其保留位数的后一位大于等于 5 则进位,小于 5 则舍去。

例:美元 USD 的进位规则为四舍五入,最小单位为 1 元,表示为 N1,要求保留小数点之后两位有效数字,例如 USD1234.56,进位后为 USD1235.00,若为 USD1234.46,进位后

---

① 本节中的例题,需要进行货币转换的,转换规则和 IROE 的值,均可以在图 3-23 中获取。

为 USD1234.00。

3. 中性货币运价向当地货币运价的转换

在进行国际运价计算的过程中，最终需要将计算所得的 NUC 运价，通过公式(2)转换成实际的始发国当地货币运价。

例：将 NUC306.68 转换成澳大利亚元(AUD)。

LCF = NUC × IROE = 306.68 × 1.301754 = 399.221

澳大利亚元的进位规则为 H1，要求保留两位有效数字，因此进位后的 LCF 为：AUD400.00。

例：一张从中国出发的某国际客票票价为 NUC1000.00，旅客用人民币元付款，计算票款。

LCF = NUC × IROE = 1000.00 × 7.645920 = 7645.920

人民币的进位规则为 H10，小数点后不要求保留有效数字，因此进位后的 LCF 为 CNY7650。

（四）不同国家货币之间转换

在国际客票销售中，不光需要考虑当地货币和中性货币单位的转换，而且很多情况下还涉及到不同国家之间的货币转换问题。例如：在很多国家对于国际航班的进出港旅客有各种各样名目繁多的税费要求，这些税费均是以当地货币为单位来表示，在销售客票时需要以当日的外汇买卖价格将其转换成本国货币。

货币之间转换率是由外汇交易市场上买卖双方的交易决定的(表3-4)。银行作为金融机构，代理顾客用现钞在外汇交易市场上进行交易。货币转换的主要比率是现钞的银行卖出价(Bankers' Selling Rate, BSR)和现钞银行买入价(Bankers' Buying Rate, BBR)。

表3-4 某日人民币对主要币种兑换率报价[①]

币种	交易单位	中间价	现钞买入价	现钞卖出价
美元(USD)	100	635.8	628.81	637.71
港币(HKD)	100	81.96	81.22	82.12
欧元(EUR)	100	781.46	753.72	784.59
英镑(GBP)	100	997.57	962.16	1001.56
日元(JPY)	100	8.13	7.84	8.16

人民币是中华人民共和国境内唯一合法流通使用的货币，且人民币只是在经常项目下可兑换，所以售票业务人员不能接受旅客用外币支付的票款，即使是按照银行兑换率进行兑换。

初学者经常在使用 BSR 和 BBR 时出现混淆，作为国际客票销售来说，我们需要用的是银行卖出价，简言之，需要拿人民币去银行购买外币。

第二节 国际客票普通运价计算

一、普通运价基础知识

普通运价是国际航空运输的基础性运价，国际航协制定了一整套规则来规范运价

[①] 数据来源：中国人民银行官网。

计算。

（一）公布直达运价

公布直达运价（Published Through Fare）是指全球范围内公布的两点之间的直达运价，包括普通运价（Normal Fare）和特殊运价（Special Fare），全球范围内的公布直达运价可以从 PAT 手册的全球运价（Worldwide Fare）一册中查阅。具体查阅方法如公布直达运价表（表 3-5）所列。

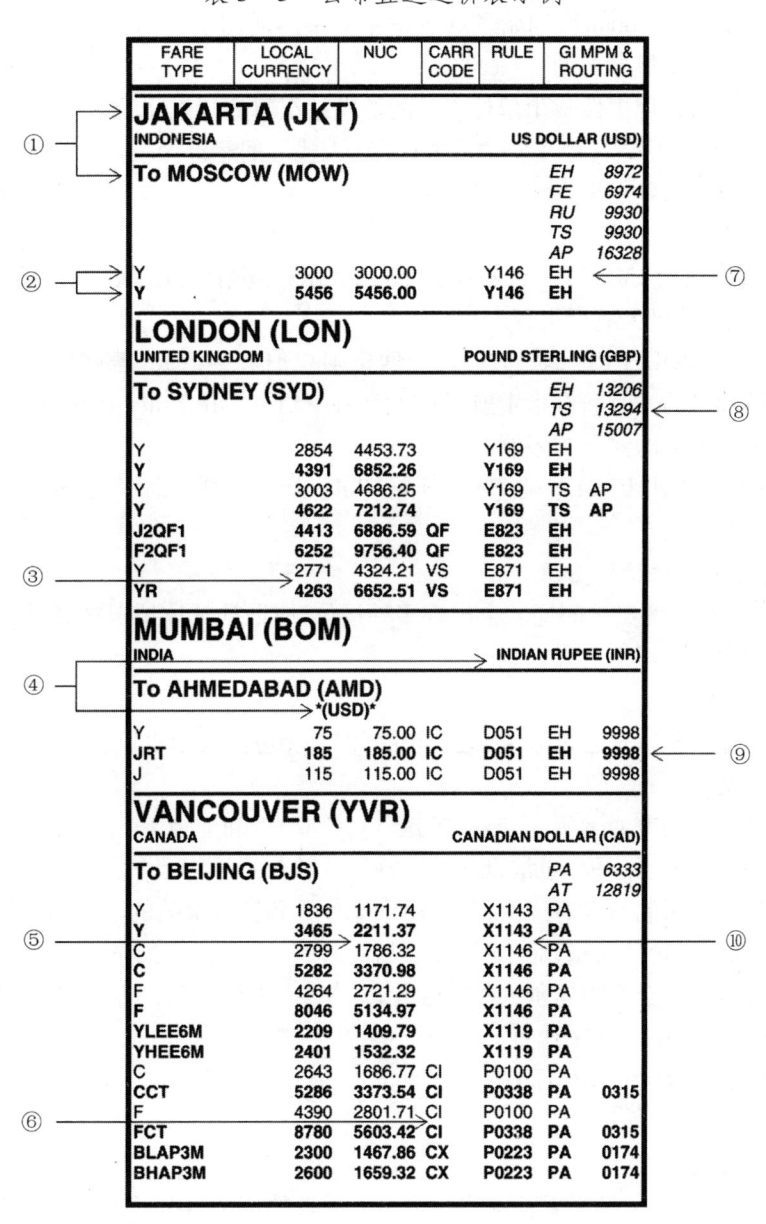

表 3-5　公布直达运价表示例

FARE TYPE	LOCAL CURRENCY	NUC	CARR CODE	RULE	GI MPM & ROUTING
JAKARTA (JKT) INDONESIA					US DOLLAR (USD)
To MOSCOW (MOW)					EH 8972
					FE 6974
					RU 9930
					TS 9930
					AP 16328
Y	3000	3000.00		Y146	EH
Y	5456	5456.00		Y146	EH
LONDON (LON) UNITED KINGDOM					POUND STERLING (GBP)
To SYDNEY (SYD)					EH 13206
					TS 13294
					AP 15007
Y	2854	4453.73		Y169	EH
Y	4391	6852.26		Y169	EH
Y	3003	4686.25		Y169	TS AP
Y	4622	7212.74		Y169	TS AP
J2QF1	4413	6886.59	QF	E823	EH
F2QF1	6252	9756.40	QF	E823	EH
Y	2771	4324.21	VS	E871	EH
YR	4263	6652.51	VS	E871	EH
MUMBAI (BOM) INDIA					INDIAN RUPEE (INR)
To AHMEDABAD (AMD) *(USD)*					
Y	75	75.00	IC	D051	EH 9998
JRT	185	185.00	IC	D051	EH 9998
J	115	115.00	IC	D051	EH 9998
VANCOUVER (YVR) CANADA					CANADIAN DOLLAR (CAD)
To BEIJING (BJS)					PA 6333
					AT 12819
Y	1836	1171.74		X1143	PA
Y	3465	2211.37		X1143	PA
C	2799	1786.32		X1146	PA
C	5282	3370.98		X1146	PA
F	4264	2721.29		X1146	PA
F	8046	5134.97		X1146	PA
YLEE6M	2209	1409.79		X1119	PA
YHEE6M	2401	1532.32		X1119	PA
C	2643	1686.77	CI	P0100	PA
CCT	5286	3373.54	CI	P0338	PA 0315
F	4390	2801.71	CI	P0100	PA
FCT	8780	5603.42	CI	P0338	PA 0315
BLAP3M	2300	1467.86	CX	P0223	PA 0174
BHAP3M	2600	1659.32	CX	P0223	PA 0174

① 始发站和目的站。公布直达运价是从始发站前往目的站的运价，国际运价和国内运价最大的区别是，国际运价是有方向的，JFT - MOW 的运价和 MOW - JFT 的运价，往往

不相同。JAKARTA（JKT）是始发站的英文全称和三字代码，INDONESIA 是 JAKARTA（JKT）所在的国家，US DOLLAR（USD）是该国国际客运运价所使用的货币，US DOLLAR 是美元，USD 是美元的货币代号。

② 运价等级（FARE TYPE）。细体字表示单程运价，粗体字表示来回程运价。在普通运价中，若没有来回程运价公布，可以使用二倍的单程运价来代替。

③ 当地货币运价（LOCAL CURRENCY），是用当地货币表示的始发站至目的站之间的运价。

④ 例外情况（Exception），当始发站所适用货币不适用于目的站的情况下，所使用的相应货币标注在两个星号之间。

⑤ NUC 运价，是用中性货币单位表示的始发站至目的站之间的运价。

⑥ 承运人代号（CARR CODE），标注了承运人代号的运价为指定承运人运价，若没有标注，则为行业运价，各承运人均可以使用。

⑦ 国际运输方向性代号（GI），表示该运价所适用的具体航行方向。

⑧ 最大允许里程（MPM）[①]，以英里为单位，表示始发站和目的站之间，适用相应的 GI 的情况下，所允许的最大航行里程。

⑨ 航程代码（ROUTING），航程代号，由四位阿拉伯数字组成，若该栏有内容，则表示相应的始发站和目的站时间有指定航程[②]内容，在 PAT－Fare Rules 运价规则手册的指定航程表中给出了相应的要求和限制。

⑩ 运价适用规则（RULE），在 PAT－Fare Rules 运价规则手册中能查找到相应代号的具体内容。

（二）公布直达运价的选用

在 PAT 手册中，两点之间通常会出现多种运价，应根据具体情况选择其中一种，选择运价的方法需要综合考虑各种因素。

1. 运价等级

普通运价相对于特殊运价来说，运价较高，但是相应的限制也比较少。普通运价还可以分为以下两类：

（1）不受限制的普通运价，主要以 Y 或 Y1、C 或 C1 和 F 或 F1 表示；

（2）受限制的普通运价，通常以 Y2、C2、F2 等来表示。

对普通运价的限制通常有三个方面：对中途分程和转机次数的限制；对适用的季节性运价和周中/周末运价的限制；对承运人的限制。

在运价等级栏还会标明运价的季节性代码，如 L（淡季），S（平季），H（旺季）；周末工作日代码，如 W（周末），X（工作日）；夜航代码，N；特殊运价代码，如 EE（个人短期游览运价），PX（现购游览运价），AP（预先购买的游览运价）；有效期，例如 30（30 天），3M（三个月）等。

2. 承运人运价选择

在运价等级选择时，还需要注意有关承运人运价的选择。按照国际航空运输规则，如

[①] 最大允许里程（MPM），里程制运价计算系统的关键概念，后文有述。

[②] 指定航程（Specified Routing），后文有述。

果航程运价上既有公布直达运价,又有指定承运人运价,则优先适用指定承运人运价。在国际联程运输时,一个航程的多个航段可能由多个不同的承运人共同完成,这时应选择主承运人,并适用该主承运人的指定承运人运价。

3. 运价规则

运价规则在运价选择中起着关键性作用,尤其是对于 Y2 等受限制的普通运价和所有的特殊运价来说,运价规则的使用对于票价的适用至关重要。

运价规则有两种,分别是适用于特殊运价的标准运输条件 SC100 和适用于普通运价的标准运输条件 SC101,本节只介绍适用于普通运价的标准运输条件 SC101,如图 3-21 所示。

为了便于理解,本书将标准运输条件 SC101 对应译成中文如下:

第一部分标准条件(A 部分),第二部分除非特定运价条件另有支配性说明,下列限定条件和一般规则适用(B 部分)。

0) 运价的适用

 A)1) 适用

  见运价决议

  2) 运价

  表明在运价决议的附件中

  3) 旅客费用

  允许

 B)1) 旅行种类

  参见一般规则 2.7

  单程、来回程、环程、缺口程

  2) 旅客费用

  参见一般规则 8.4

1) 资格

 A) 没有要求

  例外:无成人陪伴婴儿:不符合条件.

2) 日期/时间

 A) 没有限制

  承运人运价适用规则除外:平日或周末运价适用的旅行期间

  平日:星期一、星期二、星期三、星期四

  周末:星期五、星期六、星期日

 B) 平日/周末运价的适用

  每一运价区间的第一个国际段的出发日期决定适用的运价

  承运人运价规则例外:由各运价区间跨大西洋或跨太平洋的日期决定运价区间适用的运价

3) 季节性

 A) 没有限制

 B) 季节性运价的适用

SC101 - Standard Condition for Normal Fares (based on IATA Resolution 101)

Part 1	Standard Condition (Definitions are in General Rule 1.2)	Part 2	the following Governing Conditions and General Rules always apply unless specifically overridden in the fare rule

0)	**APPLICATION**
	A) 1) Application
	    see the fare rule
	  2) Fares
	    shown in the fares pages
	  3) Passenger Expenses
	    permitted
			B) 1) Types of Trip
			    General Rule 2.7
			    one way, round trip, circle trip, open jaw
			  2) Passenger Expenses
			    General Rule 8.4

1)	**ELIGIBILITY** A) no requirements Exception: unaccompanied infant: not eligible		

2)	**DAY/TIME**
	A) no restrictions
	    Carrier Fares Rules Exception: midweek and weekend periods
	    midweek: Mon, Tue, Wed, Thu
	    weekend: Fri, Sat, Sun
			B) Midweek/Weekend Application
			    the day of departure on the first international sector of each fare component determines the applicable fare
			    Carrier Fares Rule Exception: transatlantic/transpacific midweek/weekend fares: the date of departure on each transatlantic/transpacific sector determines the applicable fare

3)	**SEASONALITY**
	A) no restrictions
			B) Seasonal Application
			    the date of departure on the first international sector of each fare component determines the applicable fare
			    Carrier Fares Rules Exception: transatlantic/transpacific seasonal fares: the date of departure on the outbound transatlantic/transpacific sector determines the applicable fare for the entire pricing unit

4)	**FLIGHT APPLICATION** A) no restrictions Carrier Fares Rules Exception: travel is restricted to services of carriers listed in Paragraph 0) Application		B) General Rule 2.4
5)	**RESERVATIONS AND TICKETING** A) no restrictions		
6)	**MINIMUM STAY** A) no requirement		
7)	**MAXIMUM STAY** A) no requirement		
8)	**STOPOVERS** A) unlimited permitted		B) General Rule 2.1.9
9)	**TRANSFERS** A) unlimited permitted		B) 1) General Rule 2.1.10 2) if there are limitations on the number of transfers: each stopover uses one of the transfers permitted

10)	**CONSTRUCTIONS AND COMBINATIONS**
	A) 1) Constructions
	    unspecified through fares may be established by construction with applicable add-ons
	  2) Combinations
	    permitted
			B) 1) Constructions
			    General Rule 2.5.6.1

11)	**BLACKOUT DATES** A) no restrictions		
12)	**SURCHARGES** A) no requirements		
13)	**ACCOMPANIED TRAVEL** A) no requirements		
14)	**TRAVEL RESTRICTIONS** A) no restrictions		

15)	**SALES RESTRICTIONS**
	A) 1) Advertising and Sales
	    no restrictions
	  2) Extension of Validity
	    as provided in General Rule
			B) 1) Advertising and Sales
			    a) sales shall include the issuance of tickets, miscellaneous charges orders (MCOs), multiple purpose documents (MPDs) and prepaid ticket advices (PTAs)
			    b) advertising: any limitations on advertising shall not preclude the quoting of such fares in company tariffs, system timetables and air guides
			  2) Extension of Validity
			    General Rules 15.5.1 and 15.5.2

16)	**PENALTIES**
	A) no restrictions
			B) 1) Cancellation, No-Show, Upgrading
			    General Rule 9.3
			  2) Rebooking and Rerouting
			    a) voluntary: General Rule 15.11, 15.7, 15.8 and provisions for rebooking and rerouting in case of illness
			    b) involuntary: General Rule 15.11 and 15.9

17)	**HIGHER INTERMEDIATE POINT AND MILEAGE EXCEPTIONS** A) specific exceptions are shown in the fare rule		B) General Rules 2.9 and 2.4.2
18)	**TICKET ENDORSEMENTS** A) no restrictions		

19)	**CHILDREN AND INFANT DISCOUNTS**
	A) 1) Children
	    a) accompanied children aged 2-11 years: charge 75% of applicable adult fare
	    b) unaccompanied children aged 2-11 years: charge 100% of applicable adult fare
	  2) Infant
	    a) accompanied infant
	      i) no seat: charge 10% of applicable adult fare
	      ii) booked seat: charge 75% of applicable adult fare
	    b) unaccompanied infant: not permitted
			B) General Rule 6.2

20)	**TOUR CONDUCTOR DISCOUNTS** A) permitted		B) General Rule 6.6
21)	**AGENT DISCOUNTS** A) permitted		

22)	**OTHER DISCOUNTS/SECONDARY FARE APPLICATIONS**
	A) 1) Fares
	    specific requirements are shown in the fare rule
	  2) Eligibility
	    specific requirements are shown in the fare rule
	  3) Documentation
	    specific requirements are shown in the fare rule
	  4) Accompanied Travel
	    specific requirements are shown in the fare rule		

23)	not used		
24)	not used		
25)	not used		
26)	**GROUPS** A) no requirements		
27)	**TOURS** A) no requirements		B) General Rule 18
28)	not used		
29)	**DEPOSITS** A) no requirements		

图 3-21 标准运输条件 SC101

每一运价区间的第一个国际段的出发日期决定适用的运价
承运人运价规则例外:由去程跨大西洋或跨太平洋的日期决定整个计价单元适用的运价
 4）航班适用条件
  A）没有限制
   承运人运价规则例外:旅行受0)运价适用性中的条件限制
  B）见一般规则2.4
 5）订座和出票
  A）没有限制
 6）最短停留期限
  A）没有要求
 7）最长停留期限
  A）没有要求
 8）中途分程
  A）无限许可
  B）参见一般规则2.1.9
 9）转机
  A）无限许可
  B）参见一般规则2.1.10
   如果对转机次数有限制,则每一次中途分程均应算作一次转机
 10）构成和组合
  A)1）构成
   非指定直达运价可以使用该运价与比例附加值构成
  2）组合
   允许
  B)1）构成
   参见一般规则2.5.6.1
 11）锁定日期
  A）没有限制
 12）附加费
  A）没有要求
 13）相伴旅行
  A）没有要求
 14）旅行限制
  A）没有限制
 15）销售限制
  A）1）广告和销售
   没有限制
   2）有效期的延长

服从一般规则的条件
B）1）广告和销售
　　a）销售包括发售客票、旅费证、多用途票证和预付票款通知
　　b）广告：任何有关广告的限制不妨碍在公司运价表、系统时刻表和航空指南中公布该运价
　2）有效期的延长
　参见一般规则15.5.1和15.5.2
16）罚金
　A）没有限制
　B）1）取消、误机、升舱
　　参见一般规则9.3
　　2）改变订座和改变航程
　　　a）自愿：一般规则15.11、15.7、15.8，以及在患病情况下改变订座和改变航程的条款适用
　　　b）非自愿：一般规则15.11和15.9
17）中间较高点和里程例外
　A）特定的例外情况将在该运价规则中说明
　B）参见一般规则2.9和2.4.2
18）客票签转
　A）没有限制
19）儿童和婴儿折扣
　A）1）儿童
　　　a）有成人同行的2～11岁儿童：收取成人适用运价的75%
　　　b）无成人陪伴儿童：
　　　2～7岁：收取成人适用运价的100%
　　　8～11岁：收取成人适用运价的75%
　　2）婴儿
　　　a）和成人同行的
　　　无座：收取成人适用运价的10%
　　　占座：收取成人适用运价的75%
　　　b）无成人陪伴婴儿：不允许
　B）见一般规则6.2
20）导游折扣
　A）允许
　B）参见一般规则6.6
21）代理人折扣
　A）允许
22）其他折扣/第二水平运价的使用
　A）1）运价

特定要求将在该运价规则中说明

 2）资格

  特定要求将在该运价规则中说明

 3）文件

  特定要求将在该运价规则中说明

 4）陪伴旅行

  特定要求将在该运价规则中说明

23）–25）无

26）团体

 A）没有要求

27）旅游

 A）没有要求

 B）一般规则18

28）无

29）保证金

 A）没有要求

除了标准条件外，每个运价的使用要符合运价规定的要求，下面以Y296（图3–22）为例介绍运价规则的使用方法。

```
Y296   RESTRICTED ECONOMY CLASS FARES              ⇒SC101
       FROM PHILIPPINES TO JAPAN, KOREA (REP. OF)
0)   APPLICATION
     A) 1) Application
           restricted economy class one way, round, turnaround, open jaw trip
           normal fares
           from Philippines to Japan, Korea (Rep. of)
8)   STOPOVERS
     A) not permitted
9)   TRANSFERS
     A) one way fare or half round trip fare: one permitted
```

图3–22 运价规则Y296

观察运价规则Y296，可以得到以下结论：

（1）该运价规则适用于从菲律宾到日本/韩国去的受限的经济舱运价。

（2）该运价规则中只有第0）、8）和9）项，其余项缺省，即使是在列出的0）、8）和9）项中，也有很多子项省略。在该规则的右上角箭头指向SC101，其含义是，除该规则中列明的项和子项外，其余缺省的项与标准运输条件SC101相同，换言之，在规则中列出的条款，只是与标准运输条件SC101不同的条款。

（3）在该航程中不允许出现中途分程点，但是允许在单程或环程的一半中出现一个转机点。

根据以上规则，可以得知：

MNL–JP–TYO、MNL–KE–X/SEL–KE–TYO、MNL–JP–TYO–JP–MNL是符合MNL–TYO的Y2运价适用规则，但是航程MNL–KE–SEL–JP–TYO不符合MNL–TYO的Y2运价适用规则，在规则Y296中不允许出现中途分程点。

二、指定航程运价计算方法

(一) 指定航程的概念

除了点到点的直达航程外,计算非直达航程运价通常需考虑最大允许里程和实际航行里程,并进行中间较高点检查,由此得出的两点间的联程运价称为里程制运价。但对于某些非直达航程,其起讫点、经由点均符合一定的条件,则可以直接使用运价构成点间的直达运价,无需考虑里程和较高点,这样的航程称为指定航程(Specified Routings)。

(二) 指定航程表识读

指定航程表公布于一般规则手册的 2.4.5 节,其结构表示如表 3-6 所列。

表 3-6 三区内的指定航程表

Between	And	Via
Adelaide	Jakarta	Sydney/Melbourne
Beijing	Nagasaki	Shanghai
Beijing	Osaka	Shanghai – Nagasaki (Note 3)
Beijing	Tokyo	Shanghai – Nagasaki – Osaka (Note 2)
Calculator	Hong Kong SAR/Taipei	Bangkok
Delhi	Tokyo	Bangkok
Fukuoka	Beijing	Shanghai
Faisalabad、Karachi、Islamabad、Lahore、Mutan、Peshwar	Tokyo/Osaka/Nagoya	Bangkok – Manlla
Hong Kong SAR	Kuala Lumber	Kota Kinabalu/Manlla
Hong Kong SAR	Singapore	Manlla
Karachi	Hong Kong SAR	Manlla (Note 4)
Karachi	Seoul	Bangkok/Manlla – Tokyo
Kathmandu	Hong Kong SAR	Bangkok
Lahore	Colombo	Karachi
Sapporo	Seoul	Fukuoka/ Nagoya/ Osaka/ Tokyo
Shanghai	Osaka	Nagasaki
Shanghai	Tokyo	Nagasaki/ Osaka (Note 1)
Taipei	Kota Kinabalu	Hong Kong SAR
Tokyo	Beijing	Dalian

NOTES:
1 Only one stopover shall be permitted at Nagasaki/ Osaka
2 Only one stopover shall be permitted at Shanghai/Nagasaki/ Osaka
3 Only one stopover shall be permitted at Shanghai/Nagasaki
4 Fare to be at KHI – MNL or MNL – KHI level as applicable

(1) 该表按起讫点的 IATA 运价区域划分,例如:表中适用于运价区间的端点均在三区内的航程。

(2) 表中的第一和第二栏表明该运价区间的起点和终点(Between/And);第三栏表明允许出现在该区间中的指定经由点(Via)。

(3) 当两个或两个以上的城市(或区域)被一条斜线"/"分开时,可以经由其中的一个城市,即斜线表示"or",例如表中,Sydney/Melbourne,即 Sydney 或者 Melbourne 之意。

(4) 当两个城市被一条短横线"-"分开时,表明该航程必须经由上述两个城市或其中一个城市,即横线表示"and/or",例如表中,Shanghai - Nagasaki,即同时经过 Shanghai 和 Nagasaki 或者二者经过其一。

(5) 使用指定航程表时,经由点可以省略,但是不能增加。

(6) 使用指定航程表时,经由点顺序不可改变,例如:

BJS - X/SHA - X/NGS - OSA - TYO,符合指定航程条件,但是如下航程则不符合:

BJS - X/NGS - X/SHA - OSA - TYO。

(7) 指定航程表可以正向使用,也可以反向使用,例如:

FUK - SHA - BJS 和 BJS - SHA - FUK 均符合指定航程条件。

(8) 使用指定航程表时,还应该注意注释条件,例如:

BJS - X/SHA - X/NGS - OSA - TYO,满足指定航程条件,但是如下航程则不满足指定航程条件:BJS - SHA - NGS - OSA - TYO(注释2:在上海、名古屋和大阪三个城市中,只有一个中途分程点被允许)。

(三) 指定航程运价计算

例:Journey KHI PK BKK TG MNL NH　TYO　　Fare Type:Y

TPM　　　　　　2039　　　1364　　　1879

　　　　　　　OW NUC　　RULEs　　MPM

KHITYO　　　1148. 27　　　Y277　　EH5185

IROE　60. 848000　　H(10,0) PKR

Fare Construction

　　FCP　　　KHITYO(NH - YY)

　　NUC　　　Y OW(EH) NUC1148. 27

　　RULE　　Y277/SR

　　AF　　　NUC1148. 27

　　IROE　　×60. 848000

　　LCF　　　PKR69869. 9 (H10)——PKR69870

Fare Calculation Box:

6JUN13KHI PK BKK TG MNL NH TYO1148. 27NUC1148. 27END ROE60. 848000

三、非直达航程运价计算基础

针对非直达航程的运价计算,国际航协制定了标准的运价计算步骤,虽然航程千差万别,但是计算过程完全一致。一般的非直达航程通常采用里程制的方法来解决,国际航协制定的里程制运价计算标准步骤如表3-7所列。

表3-7 里程制运价计算标准步骤

步骤	缩写	释义	说明
1	FCP	Fare Construction Points 运价组合点	确定运价区间及其起讫点（运价构成点）
2	NUC	Neutral Unit of Construction 中性货币单位	确定上述运价构成点间的用NUC表示的直达运价（直达公布运价或比例运价）
3	RULE	Rules or Conditions 运价适用规则/限制条件	检查上述直达运价是否满足适用条件，或是否为指定航程运价
4	MPM	Maximum Permitted Mileage 最大允许里程	确定上述运价构成点间的最大允许里程
5	TPM	Ticketed Point Mileage 开票点里程	计算该运价区间各段开票点里程之和
6	EMA	Extra Mileage Allowance 额外里程优惠	检查该运价区间是否有里程优惠（如有，则从MPM中减去EMA）
7	EMS	Excess Mileage Surcharge 超里程附加	当TPM(-EMA)大于MPM时，计算超里程附加收费的百分比
8	HIP	Higher Intermediate Points 中间较高点	按照运价规则指定的范围，检查该运价区间是否有较高点
9	RULE	Rules or Conditions 运价适用规则/条件	检查上述较高点运价是否满足其适用条件
10	AF	Applicable Fare 适用的运价	考虑里程和较高点，构成该运价区间的里程制运价
11	CHECK	Minimum Check 最低限额运价检查	对各种航程或次航程应进行各种最低限额运价检查（如BHC、CTM、COM、CPM、DMC等）
12	TOTAL	Total Fare 运价总额	根据步骤1至11，计算全航程的NUC运价
13	ROE	Rates of Exchange IATA兑换率	确定该航程的始发国货币的IATA兑换率
14	LCF	Local Currency Fare 当地货币运价	计算全航程的始发国货币运价(NUC×ROE)

在表3-7里程制运价计算标准步骤中，前三个步骤上文已经讲述，下面从步骤4开始对里程制计算过程中关键的几个概念进行阐述。

（一）最大允许里程

最大允许里程(Maximum Permitted Mileage，MPM)是指非直达航程使用航程从始发站到终点站的直达运价时，所允许旅行的最大航程距离（单位：英里）。最大允许里程一般是两点之间最短运营里程(SOM)的120%左右。

如前文所述，同一个城市对之间的运价与航向方向有关，航行的方向决定了旅客的实际旅行里程。最大允许里程在两点间直达航行旅程的基础上，增加适当里程余度。作为旅客在非直达旅行时可以适用直达运价的最大限额，当旅客的实际旅程没有超过最大允许里程时，可以直接适用从始点到终点的直达公布运价作为运价计算的基础；当旅客实际旅行旅程超过了最大允许里程，旅客需要为多旅行的里程支付相应的附加费用。特别需要强调的是，欲确定一个航程的最大允许里程，必须先确定该航程的航程方向性代号（GI），即最大允许里程是有方向性的。

例如：伦敦（LON）—悉尼（SYD）经济舱单程有两种运价，2854 英镑，对应的航程方向性代号为 EH，最大允许里程为 13206 英里；3003 英镑，对应的航程方向性代号为 TS 和 AP，最大允许里程分别是 13294 英里和 15007 英里。

（二）实际里程

实际里程也称为开票点里程（Ticketed Point Mileages，TPM），是指在客票的航程栏中列明的航程中所有的连续的两个开票点（包括始发站、终点站和转机点）之间的实际航段里程。与最大允许里程不同，实际里程是没有方向性的。

开票点里程可以在 PAT 的一般规则手册中 TPM 表中查阅，如表 3-8 所列。在计算航程 TPM 时，只需要把每一个航段的 TPM 加总求和即可。

表 3-8 实际里程（TPM）表

BETWEEN/AND		TPM	GI
BEIJING			CN
Amsterdam	NL	4864	EH
Bangkok	TH	2057	EH
Moscow	RU	3600	FE
New York NY	US	6817	PA
Paris	FR	5086	EH
Seoul	KR	568	EH
Tokyo	JP	1313	EH

（三）简单里程制运价计算

例：Journey　AKL　NZ　X/ADL　QF　X/SIN　SU　MOW　Fare Type：Y
TPM　　　　　　2039　　　　3359　　　　5234
　　　　　　　OW NUC　　RULEs　　MPM
AKLMOW　　5872.20　　Y169　　FE12111
IROE 1.463335 H（1,2）NZD
Fare Construction
　FCP　　　AKLMOW（SU—YY）
　NUC　　　Y OW（FE）NUC5872.20
　RULE　　Y169
　MPM　　　FE12111
　TPM　　　10632

EMA	NA
EMS	M
HIP	NIL
RULE	NIL
AF	NUC 5872.20
CHECK	NA
TOTAL	NUC5872.20
IROE	×1.463335
LCF	NZD8592.99（H1,2）NZD8593.00

Fare Calculation Box：

5JUN13AKL NZ X/ADL QF X/SIN SU MOW M5872.20NUC5872.20END ROE1.463335

四、额外里程优惠

额外里程优惠(Extra Mileage Allowance,EMA)，也称为实际里程附减(TPM Deduction)，是指航程经过某些特定的路线或地点出现实际里程总和大于最大允许里程时，可按规定给予里程优惠，即可将优惠的里程数额从 TPM 总和之中减去，然后再和 MPM 比较，进行超里程附加的检查与计算，这种方法可以降低超里程附加额。一个运价区间内，只能享受一次里程优惠。

额外里程优惠在运价计算过程中，要将实际里程的总数和最大允许里程相比较，如果实际里程大于最大允许里程，则检查航程是否满足里程优惠表中所列明的条件(若实际开票点里程小于最大允许里程，则不考虑额外里程优惠情况)，如果符合，则在实际里程的基础上进行优惠里程附减，附减之后新的 TPM 与 MPM 比较，再进行里程制运价计算其余步骤。

EMA 的出票代号是"E"，"E"后面紧接指定经过点的城市代号。如航路中并无指定的经停点，就用 XXX 表示所经过的任何点。

在 PAT《一般规则》手册中列有"超里程优惠"表。该表按 IATA 区域分类，即按运价区间的起讫点所在区域查找。与三区有关的常用的额外里程优惠表如表3-9所列。

表3-9 与三区有关的 EMA 表

Between	And	Via	TPM Dedution
Europe	Australia	Harare – Johannesburg	518
Europe	South Asian Subcontinent	via both Mumbai and Delhi	700
Europe	Mumbai	Delhi	700
Europe	Delhi	Mumbai	700
Middle East	TC3(except South West Pacific)	Via both Mumbai and Delhi or via both Islamabad and Karachi	700
Middle East	Mumbai	Delhi	700
Middle East	Delhi	Mumbai	700
Middle East	Karachi	Islamabad	700
Middle East	Islamabad	Karachi	700
Between	And	Via	TPM Dedution
USA(except Hawaii)/Canada	Area 3	Hawaii – for North/Central Pacific fares only	800

额外里程优惠表中规定了能够享受超里程优惠的航程的起讫点(Between/And)、经由点(Via)和里程优惠额(TPM Deduction)。例如：在中东(Middle East)和西南太平洋次区之外的三区(TC3(except South West Pacific))之间，同时经过孟买和德里或者同时经过伊斯兰堡和卡拉奇，就可以享受700英里的超里程优惠。

使用超里程优惠时，应注意以下问题：

(1) 当两个或两个以上的城市(或区域)被一条斜线"/"分开时，可以经由其中的一个城市(或区域)，即斜线表示"or"。例如：USA(except Hawaii)/Canada，即为USA(except Hawaii)或者Canada之意。

(2) 当两个城市被一条短横线"-"分开时，表明该航程必须经由上述两个城市或其中一个城市，即横线表示"and/or"。例如：Harare - Johannesburg，即为同时经过Harare和Johannesburg，或者Harare和Johannesburg二者经过其一。

(3) 当两个城市用"both/and"连接时，表明航程必须同时经由上述两个城市，例如：both Mumbai and Delhi，即为要求航程必须同时经过孟买和德里才能享受里程优惠。

(4) 在超里程优惠的情况下，航程可以增加其他的点，但不能省略任何指定经由点，这一点是超里程优惠和后文要叙述的指定航程[①]的显著不同。

(5) 如没有特别说明，在指定的经由点也可以是航程的起点或终点，例如：CAI - AMM - BOM - DEL - SIN，属于中东和三区(西南太平洋之外)之间，同时经过孟买和德里，享受700英里的超里程优惠，如果航程换成CAI - AMM - BOM - DEL，仍然可以享受700英里的超里程优惠。

(6) 在同一航程(或运价区间中)，仅允许一次里程附减优惠。

(7) 对于跨大洋或西半球内(一、二区间/一、三区间/一区内)的航程，有大量指定承运人的特殊情况。因此，在使用EMA时，不仅要考虑航程的起讫点和经由点，还要考虑对指定承运人的要求。

(8) 使用超里程优惠表时，应注意某些脚注中的使用限制，例如：经由点是否是中途分程点的限制等。

(9) 涉及超里程优惠的运价计算

例：Journey DXB　PK　ISB　PK　KHI　CA　BJS　Fare Type：Y
　　TPM　　　　　1213　　　701　　　3024
　　　　　　　　OW NUC　　RULEs　MPM
　　DXBBJS　1576.81　　Y205　　EH4362
　　　　IROE 3.671950 H(10,0) AED
Fare Construction
FCP　　　　DXBBJS(PK - YY)
NUC　　　　Y OW(EH) NUC1576.81
RULE　　　Y205
MPM　　　EH4362
TPM　　　　4938

---

① 指定航程(Specified Routing)，后文有述。

EMA	E/ISBKHI – 700	
EMS	M	
HIP	NIL	
AF	NUC1576.81	
CHECK	NA	
TOTAL	NUC1576.81	
IROE	×3.671950	
LCF	AED5789.97(H10)——AED5790	

Fare Calculation Box：

6JUN13DXB PK E/ISB PK E/KHI CA BJS M1576.81NUC1576.81END ROE3.671950

五、超里程附加

当非直达航程的各客票点之间的里程之和超过该运价区间的最大允许里程时，该航程称为超里程航程。根据国际航协里程制运价计算规则，可在FCP对应的直达运价基础上，根据里程超额的比例加收超里程附加费（Excess Mileage Surcharges，EMS），允许超出的最大限度为25%。如超过应采用分段相加最低组合的方法计算票价。超里程附加值具体的计算方法如下：

$$\frac{\sum \text{TPM}(-\text{EMA})}{\text{MPM}}$$

即航程所有航段TPM之和，如果航程存在EMA，则减去，除以航程的最大允许里程，所得数字保留五位有效数字，其余数字舍掉，观察结果，确定相应的超里程附加额（表3 – 10）。

表3 – 10 超里程附加额

如果结果大于	小于等于	运价至少在直达运价基础上附加的额度
1.00	1.05	5%
1.05	1.10	10%
1.10	1.15	15%
1.15	1.20	20%
1.20	1.25	25%
超过1.25		最低组合运价

例如：从OSL(奥斯陆) – GVA(日内瓦)，航程如下：

OSL		
CPH	OSL – CPH	TPM314
FRA	CPH – FRA	TPM422
PAR	FRA – PAR	TPM289
GVA	PAR – GVA	TPM250
TPM 合计：		1275
MPM：	OSL – GVA	1173

1275/1173＝1.08695，处于大于1.05小于1.10的区间，则运价至少应该在OSL－GVA公布直达运价的基础上附加10%。

下面举例说明涉及超里程附加的运价计算。

例：Journey SYD   EY   X/AUH   EY   JNB   BA   LON   Fare Type：C

    TPM   7492   3909   5640

                    OW NUC   RULEs   MPM

    SYDLON   6930.93   Y169   EH13220

IROE 1.287127 H（1,2）AUD

Fare Construction

FCP	SYDLON（EY-YY）
NUC	C OW（EH）NUC6930.93
RULE	Y169
MPM	EH13220
TPM	17041
EMA	E/JNB －518
EMS	25M
HIP	NIL
AF	NUC8663.66
CHECK	NA
TOTAL	NUC8663.66
IROE	×1.287127
LCF	AUD 11151.2（H1）——AUD11152.00

Fare Calculation Box：

6JUN13SYD EY X/AUH EY E/JNB BA LON25M8663.66NUC8663.66END ROE1.287127

六、中间较高点运价

国际联程运输中，由于种种原因大量存在如下情况：从始发站开始到航程中间的某点，或者航程中的某一点到终点站，或者航程中的某两点之间的直达运价比从始点到终点的直达运价还要高，这种情况下，仍然使用从始发站开始到终点站的公布直达运价显然不合适，为了解决这一问题国际航协运价计算规则中专门做了规范，这个较高的运价称为中间较高点运价

（一）中间较高点的定义

中间较高点（Higher Intermediate Point，HIP）是指涉及该点的运价大于公布直达运价的点。其规则是里程制规则的一部分，它是一个对运价区间的检查。这种检查保证了从票价区间的始发站到终点站的中性运价数额不低于同一票价区间内任一始发站和中途分程点之间、中途分程点和终点站之间或中途分程点之间的直达NUC运价。所要进行比较的中性运价数额一定是属于同一票价等级或服务等级的。

（二）中间较高点检查步骤

首先，中间较高点检查仅适用于航程中的"中途分程点"，而不检查非中途分程点，即

在航程中加了 X/ 的点。中间较高点可以分为以下三种类型：

（1）航程始发站到任一中途分程点的直达运价高于航程始发站到终点站的直达运价，即始发站中间较高点，简写为 O – HIP。

（2）航程中的一个中途分程点到另一个中途分程点的直达运价高于航程始发站到终点站的直达运价，即中间点中间较高点，简写为 I – HIP。

（3）中途分程点到运价区间的终点站的直达运价高于航程始发站到终点站的直达运价，即终点站中间较高点，简写为 D – HIP。

例如：航程 BJS – TYO – MOW – X/FRA – LON。

应该检查的城市对包括：BJSTYO/BJSMOW/TYOMOW/TYOLON/MOWLON，其中，如果 BJSTYO/BJSMOW 的运价高于 BJSLON 的运价，则会产生 O – HIP，如果 TYOMOW 的运价高于 BJSLON 的运价，则会产生 I – HIP，如果 TYOLON/MOWLON 的运价高于 BJSLON 的运价，则会产生 D – HIP，FRA 是非中途分程点，不参与 HIP 检查。

（三）中间较高点检查要点

（1）如果在一个航程中有多个中间较高点，做 HIP 检查时应选用运价最高的 HIP 作为整个航程检查时用的中间较高点。

（2）如果在一个航程中，既有中间较高点 HIP，又有超里程附加 EMS，那么，超里程附加部分应附加到 HIP 运价上，作为整个航程的运价。

（四）涉及中间较高点的运价计算

例：Journey MAD IB AMS KL X/TYO JL HKG   Fare Type：Y
    TPM   909   6007   1822
            OW NUC   RULEs   MPM
  MADAMS   1307.77   Z002
  MADHKG   5617.12   Y146   TS10340
  AMSHKG   6507.37   Y146   TS9870
  IROE 0.761600 H(1,2) EUR

Fare Construction

FCP	MADHKG(KL – YY)
NUC	Y OW(TS) NUC5617.12
RULE	Y146
MPM	TS10340
TPM	8738
EMA	NIL
EMS	M
HIP	AMSHKG(KL – YY) Y OW(TS) NUC6507.35
RULE	Y146
AF	NUC6507.35
CHECK	NIL
TOTAL	NUC6507.35
IROE	×0.761600
LCF	EUR4955.99(H1)EUR4956.00

Fare Calculation Box：

6JUN13MAD IB AMS KL X/TYO JL HKG M AMSHKG6507.35NUC6507.35END ROE0.761600

七、单程运价计算方法

单程运价计算是较为简单的运价计算,是来回程、环程、儿童和婴儿运价计算的基础。在单程运价中,会全面用到里程制运价计算的理论基础,掌握了单程运价,也就基本掌握了国际航协里程制运价计算的步骤和规则。

（一）单程回拽检查概念

单程回拽检查(One Way Backhaul Check,BHC)是指在非直达航程中,对运价区间内具有从始发站至任一中途分程点的运价,是否有高于该区间的始发站到终点站的直达运价的检查。单程回拽检查仅在使用单程运价时适用。

（二）单程回拽检查步骤

找出自始发站到中途分程点的 NUC 运价中最高的 O－HIP 运价,并将这一运价与 FCP 点对应的始发站到终点站的 NUC 运价进行比较。如果选用的 O－HIP 运价高于 FCP 点所对应的从始发站到终点站的 NUC 运价,则需要进行单程回拽检查,计算出单程最低限额,并最终确定单程回拽检查差额(存在较高的 O－HIP 时,一定能得出单程最低收费,但不一定存在回拽差额)。

单程回拽检查的步骤如下：

```
  HI   NUC（自始发站到中途分程点的最大的 O－HIP 运价）
- LO   NUC（自始发站到终点站的运价）
= BHD      （回拽差额）
+ HI   NUC（自始发站到中途分程点的最大的 O－HIP 运价）
= OWM      （单程最低收费,又称回拽最低限额运价 BHM）
```

得出单程最低收费后,将 OWM 和 AF 进行比较：

如果 OWM＞AF,则计算单程回拽差额(Plus－P),客票填开代号为"P";

如果 OWM＜AF,则没有单程回拽差额,运价仍然使用 AF 运价。

（三）涉及单程回拽检查的运价计算

例：Journey MRU　MK　BOM　MH　KUL　TG　BKK　　Fare Type：Y

　　　　TPM　　　2919　　　　2240　　　　754

　　　　　　　　OW NUC　　　　RULEs　　　　MPM

MRUBOM　　　417.43　　　　　Y010

MRUKUL　　　851.97　　　　　Y010

MRUBKK　　　751.84　　　　　Y010　　　　　EH5755

IROE　32.460000　H(5,0) MUR

Fare Construction

FCP　　　　MRUBKK(MK－YY)

NUC　　　　Y OW(EH) NUC751.84

RULE　　　 Y010

MPM　　　　EH5755

TPM	5913
EMA	NIL
EMS	5M
HIP	MRUKUL(MK－YY) Y OW(EH) NUC851.97
AF	NUC894.56
CHECK	BHC
HI	MRUKUL NUC851.97
－LO	MRUBKK NUC751.84
＝BHD	NUC100.13
＋HI	MRUKUL NUC851.97
＝OWM	NUC952.10
OWM＞AF	P＝57.54
TOTAL	NUC952.10
IROE	×32.460000
LCF	MUR30905.166(H5)——MUR30910

Fare Calculation Box：

6JUN13MRU MK BOM MH KUL TG BKK5M MRUKUL894.56 PMRUKUL MRUBKK57.54NUC952.10END ROE32.460000

在单程运价计算中，有以下几个要点需特别注意：

(1) 确定航程方向性代号(GI)，这是确定航程最大允许里程(MPM)和运价的基础。

(2) 确定航程是否为指定航程，若航程符合指定航程的条件，则可以用始点到终点的直达运价来代替运价计算。

(3) 确定航程是否存在超里程优惠，如果符合超里程优惠的条件，则从TPM中扣除优惠里程。

(4) 计算超里程附加，在实际学习中，虽然这个计算很简单，但是也往往是初学者容易出错的地方。

(5) 做中间较高点检查。首先，非中途分程点不参与中间较高点检查。其次中间较高点和超里程附加同时存在，则应在中间较高点运价的基础上进行附加。

(6) 如果全航程存在O－HIP，一定要注意做全航程运价的单程回拽检查。

八、来回程运价计算方法

来回程(Round Trip,RT)是指旅行由一点出发，经某一折返点(Turnaround Point)，然后又回到始发站，并且全程使用航空运输的航程。不论其去程和回程的旅行路线是否相同，它仅含两个运价区间并且使用相同的1/2来回程运价，即1/2RT运价，这两点也是来回程区别的主要标志。

(一) 来回程运价计算规则

(1) 来回程的去程和回程区间均应使用从始发点到折返点方向计算的1/2RT运价[①]；

[①] 始发国运价原则。

（2）在去程和回程中，如果是非直达的运价区间，则里程运价的计算规则适用，包括中间较高点（HIP）检查，但是不包括单程回拽（BHC）检查；

（3）一般情况下，如果去程和回程的FCP点所对应的城市对没有公布RT运价，可以用OW运价代替1/2RT运价；

（4）对来回程运价通常无需进行最低限额检查①。

（二）涉及来回程的运价计算

例：Journey　BJS　LH　X/FRA　LH　LON　BA　BJS　Fare Type：Y
　　　TPM　　　　4840　　　　　396　　　5053

	RT NUC	RULEs	MPM
BJSFRA	4624.75	Y146	EH7029
BJSLON	5431.91	Y146	EH7474
FRALON	1169.90	Z002	

IROE　7.743120　H(10,0)　CNY

Fare Construction

	OUTBOUND	INBOUND
FCP	BJSLON(LH-YY)	BJSLON(BA-YY)
NUC	Y 1/2RT(EH)NUC2715.95	Y 1/2RT(EH)NUC2715.95
RULE	Y146	Y146
MPM	EH7474	POINT
TPM	5236	TO
EMA	NA	POINT
EMS	M	-
HIP	NIL	-
AF	NUC2715.95	NUC2715.95
SUBTOTAL	RT NUC5431.90	
CHECK	CTM NA	
TOTAL	NUC5431.90	
IROE	×7.743120	
LCF	CNY42059.85(H10)-CNY42060	

Fare Calculation Box：

6JUN13BJS LH X/FRA LH LON M 2715.95BA BJS M 2715.95NUC5431.90END ROE7.743120

九、环程运价计算方法

环程（Circle Trip，CT）是指旅行从一点出发，经一条环形、连续的航空路线，最后又回到始发站的航程。环程可以有两个以上的运价区间组成，针对初学者，我们只涉及由两个运价区间组成时环程案例。此外，在环程运价计算时，通常去程区间和回程区间有不同的从始发点到折返点的1/2RT运价，可能是由去程和回程不同的旅行方向造

---

① 除无需进行上述单程回拽检查（BHC）之外，也无需进行环程最低收费检查（CTM）。

成,也可能是因为去程和回程出现了不同的 TPM、EMA、EMS 和 HIP 导致的。来回程和环程除以上区别外,还有一个重要的区别,即环程运价计算时,需要进行环程最低收费检查(CTM)。

(一)环程运价计算规则

环程运价计算规则与来回运价计算规则基本相同,具体如下:

(1)有两个运价计算区的环程去程和回程区间均应使用从始发点到折返点方向计算的 1/2RT 运价,多个运价计算区的环程,除最终回到运输始发国的运价计算区使用与旅行方向相反的运价外,其余运价计算区均使用与旅行方向相同的运价;

(2)在环程的每一个运价计算区中,如果是非直达的运价区间,则里程运价的计算规则适用,包括中间较高点检查,但是不包括单程回拽检查;

(3)一般情况下,如果某个运价计算区的 FCP 点所对应的城市对没有公布 RT 运价,可以用 OW 运价代替 1/2RT 运价;

(4)对环程运价计算来说,需要进行环程最低收费(CTM)检查。

(二)环程最低收费检查

环程最低收费检查(Circle Trip Minimum,CTM)是指环程运价不得低于自始发站到该航程任意一个中途分程点(包括折返点)的直达来回程票价。

(三)环程最低限额检查的步骤

找出自始发站开始到所有中途分程点(包括折返点)的来回程运价,取最高者(即环程最低收费限额)与计算所得环程运价比较。

(1)若 CTM 大于 SUBTOTAL 值,则,CTM – SUBTTL = CTM 差额(P),则全程运价提高到 CTM 的水平上来;

(2)如果 CTM 小于 SUBTOTAL 值,无需要计算 CTM 差额(P),而采用原来的 SUBTOTAL 运价作为全航程运价。

(四)涉及环程的运价计算

例:Journey NOU SB X/NAN FJ TYO OZ SEL KE SYD SB NOU
TPM   783   4428   740   5172   1241

Fare Type:Y

	1/2RT NUC	RULEs	MPM
NOUTYO	1183.97	Y312	EH7591
NOUSEL	1342.26	Y312	EH7293
NOUSYD	619.43	Y276	EH1489
NOUNAN	410.82	Y312	EH1122
SYDTYO	1494.30	Y312	
SYDSEL	1325.77	Y312	

IROE 90.882975 H(100,0) XPF

Fare Construction

	OUTBOUND	INBOUND
FCP	NOUTYO(FJ – YY)	OUTYO(KE – YY)
NUC	Y 1/2RT(EH)NUC1183.97	Y 1/2RT(EH)NUC1183.97

RULE	Y312		Y312
MPM	EH7591		EH7591
TPM	5211		7153
EMA	NA		NA
EMS	M		M
HIP	NIL		SYDTYO(KE-YY) Y 1/2RT(EH)NUC1494.30
RULE	NIL		Y312
AF	NUC1183.97		NUC1494.30
SUBTOTAL		CT NUC2678.27	
CHECK		CTM	
		NOUSEL Y RT NUC2684.52 > SUBTOTAL	
		P　NUC6.25	
TOTAL		NUC2684.52	
IROE		×90.882975	
LCF		XPF243977.16(H100) - XPF244000	

Fare Calculation Box：

6JUN13NOU SB X/NAN FJ TYO M 1183.97OZ SEL KE SYD SB NOU M SYDTYO1494.30 PNOUSEL6.25NUC2684.52END ROE90.882975

十、儿童和婴儿票计算方法

同国内旅客客票规则一样，在国际旅行中，通常也给儿童和婴儿相应的折扣，这种票称作儿童和婴儿折扣票。在普通运价标准运输条件 SC101 的第 19 条，也有相应的条款对该运价予以界定（图 3-23）。

```
19) CHILDREN AND INFANT DISCOUNTS
    A) 1) Children
        a) accompanied children aged 2-11 years: charge 75% of applicable adult
           fare
        b) unaccompanied children aged 2-11 years: charge 100% of applicable
           adult fare
      2) Infant
        a) accompanied infant
           i) no seat: charge 10% of applicable adult fare
           ii) booked seat: charge 75% of applicable adult fare
        b) unaccompanied infant: not permitted
```

图 3-23　标准运输条件 SC101 中关于儿童和婴儿折扣的规定

（一）在国际航空运输中的儿童和婴儿的定义

（1）儿童（Child），是指旅行开始之日已满 2 周岁但不满 12 周岁的旅客。

（2）婴儿（Infant），是指旅行开始之日不满 2 周岁，并且不单独占用座位的旅客。

（3）有成人陪伴儿童（Accompanied Minors），是指跟随一个支付成人票价（包括全票、折扣票或免票）、已达到或超过 12 周岁的旅客一同旅行的儿童或婴儿。

（4）无成人陪伴儿童（Unaccompanied Minors），通常是指没有一个支付成人票价（包括全票、折扣票或免票）、已达到或超过 12 周岁，并且有办理登机、转机、海关等各种手续的充分能力的旅客随同旅行的儿童或婴儿。

注意：上述年龄要求是以旅行开始之日为准，即旅行开始之日的年龄适用于旅客的整个航程,旅行过程中超过界定年龄不影响其运价折扣。

(二) 儿童和婴儿的适用运价

从标准运输条件 SC101 的第 19 条中可以明确到在国际航空运输中儿童和婴儿的使用标准运价如下:

(1) 儿童适用运价:有成人陪伴的 2 岁到 11 岁儿童适用成人适用运价的 75%;无成人陪伴的 2 岁到 11 岁儿童适用成人适用运价的 100%。

(2) 婴儿适用运价:有成人陪伴、不占座位的婴儿适用成人适用运价的 10%;有成人陪伴、占座位的婴儿适用成人适用运价的 75%;无成人陪伴的婴儿,不允许登机。

注意:儿童和婴儿的相应运价折扣率,同样适用于其在旅行过程中需要支付的税费,即婴儿和儿童在旅行过程中的各种税费也可以享受折扣。除此之外,儿童和婴儿折扣运价计算过程中的各种检查,例如 HIP、BHC 和 CTM 等,也适用相应折扣率的运价。

(三) 涉及儿童的运价计算

例:7 周岁小孩,随父母一起旅行,航程有关信息如下,计算该儿童的运价。查运价得知,OSLBJS 的运价规则为 Y146(图 3 - 24)。根据规则 Y146,有成人陪伴的儿童运价例外是从瑞士出发的头等舱儿童,运价为成人适用运价的 100%。本例中儿童从挪威出发,因此不属于例外条款,适用普通运价标准运输条件 SC101 的 19)关于儿童运价的规定,2 ~ 11 岁有成人陪伴儿童运价为成人适用运价的 75%。

```
Y146    FIRST, INTERMEDIATE/BUSINESS, ECONOMY CLASS FARES⇒SC101
        BETWEEN EUROPE AND SOUTH EAST ASIA VIA EH, FE, RU, TS
   0)   APPLICATION
        A) 1) Application
              first, intermediate/business, economy class normal fares
              between Europe and South East Asia via EH, FE, RU, TS
           2) Fares
              b) via EH, FE: whenever sectors between the last point of departure in Europe
                 and the first point of arrival in South East Asia, or vice versa, are flown in
                 intermediate/business class and other sectors are in the same or lower
                 class, the applicable through intermediate/business class fare shall be
                 applied
              c) via RU, TS: whenever sectors between the last point of departure in Europe
                 and the first point of arrival in Japan, Korea (Dem. Rep. of), Korea (Rep.
                 of), or vice versa, are flown in intermediate/business class and other
                 sectors are in the same or lower class, the applicable through intermediate/
                 business class fare shall be applied
   19)  CHILDREN AND INFANT DISCOUNTS
        A) 1) Children
              a) accompanied children
                 Exception: first class fares: from Switzerland: charge 100% of applicable
                 adult fare
           2) Infant
              a) accompanied infant
                 ii) Exception: first class fares: from Switzerland: charge 100% of applicable
                     adult fare
   20)  TOUR CONDUCTOR DISCOUNTS
        A) not permitted
```

图 3 - 24　运价规则 Y146

Journey	OSL	SK	BUD	SU	MOW	CZ	BJS	Fare Type:C
TPM		941		970		3600		
		OW NUC				RULEs		MPM
OSLBUD		1294.03				Z002		
OSLMOW		1225.54				Z001		

OSLBJS	3941.74	Y146	EH7642
BUDMOW	899.82	Y146	
BUDBJS	4125.27	Y146	
MOWBJS	2400.21	Y146	

IROE　6.205380　H(5,0)　NOK

Fare Construction

FCP	OSLBJS(CZ-YY)
NUC	C OW(EH)NUC3941.74×75%=2956.30
RULE	Y146
MPM	EH7642
TPM	5511
EMA	NA
EMS	M
HIP	BUDBJS(CZ-YY) C OW(EH)NUC4125.27×75%=3093.95
RULE	Y146
AF	NUC3093.95
CHECK	BHC NIL
TOTAL	NUC3093.95
IROE	×6.205380
LCF	NOK19199.13（H5）NOK19200

Fare Calculation Box：

6JUN13OSL SK BUD SU MOW CZ BJS M BUDBJS3093.95NUC3093.95END ROE6.205380

（四）涉及婴儿的运价计算

例：1周岁小孩，随父母一起旅行，航程有关信息如下，计算该婴儿的运价。查运价得知，OSLBJS 的运价规则为 Y146（图3-34）。根据规则 Y146，有成人陪伴的婴儿运价例外是从瑞士出发的头等舱婴儿，运价为成人适用运价的100%。本例中婴儿从挪威出发，因此不属于例外条款，适用普通运价标准运输条件 SC101 的19）关于有成人陪伴婴儿的运价规定，2周岁以下、不占座位的有成人陪伴婴儿运价为成人适用运价的10%。

Journey	OSL	SK	BUD	SU	MOW	CZ	BJS	Fare Type：C
TPM		941		970		3600		
		OW NUC				RULEs		MPM
OSLBUD		1294.03				Z002		
OSLMOW		1225.54				Z001		
OSLBJS		3941.74				Y146		EH7642
BUDMOW		899.82				Y146		
BUDBJS		4125.27				Y146		
MOWBJS		2400.21				Y146		

IROE 6.205380 H(5,0) NOK

99

Fare Construction

FCP	OSLBJS(CZ-YY)
NUC	C OW(EH)NUC3941.74×10% =394.17
RULE	Y146
MPM	EH7642
TPM	5511
EMA	NA
EMS	M
HIP	BUDBJS C OW(EH)NUC4125.27×10% =412.52
RULE	Y146
AF	NUC412.52
CHECK	BHC NIL
TOTAL	NUC412.52
IROE	×6.205380
LCF	NOK 2559.84(H5)——NOK2560

Fare Calculation Box：

6JUN13OSL SK BUD SU MOW CZ BJS M BUDBJS412.52NUC412.52END ROE6.205380

第三节　国际客票出票知识

一、国际电子客票识读

目前国际航协在国际客票领域已经实现100%电子客票化,电子客票根据其票号来源可分为航空公司本票和中性客票,电子客票和原有纸票相比可以节省航空公司的分销成本。电子客票是一种无纸化的旅客运输销售记录和服务追踪凭证。消费者航空旅行的动态信息被保存在电子客票文件中,它以电子数据的方式储存在出票航空公司的数据库中,可以做到对整个航空旅行的动态信息保障。下面,简要介绍国际电子客票票面信息(图3-25)。

(1) ELECTRONIC TICKET RECORD：电子客票记录。

(2) PNR：为电子客票的记录编码,由六位的英文字母和数字组成,是系统自动分配给每个电子客票记录的标识代号。

(3) TKT：电子客票票号；ISSUED：电子客票出票时间；IATA：电子客票出票人的国际航协认可编号。

(4) NAME：乘机人姓名。

(5) TOUR ID：旅游代号,在国际客票销售中,这一栏往往注明特殊票价的代号,以此判断该特殊票价的规则和代理佣金的额度。

(6) FOP：付款方式,本例中为信用卡支付票款,具体内容后面讲解。

(7) CPN：票联,从左到右涉及的信息点依次为航空公司、航班号、舱位、出发日期、起止城市、起飞时间、订座情况、票价类型、航段状态。

```
                    ELECTRONIC TICKET RECORD
INV:                   CUST:CUST00            PNR:BNXEDB
TKT:0123456789     ISSUED:19APR06   PCC:04D9   IATA:69500104
NAME:SMITH/JOAN MS
NAME REF:                          TOUR ID:B1
FOP :CA5527310000019322*0906/006476  S
  CPN   A/L  FLT  CLS  DATE  BRDOFF  TIME  ST   F/B      STAT
   1    KL  1924   Y   19JUL  GVAAMS  0700  OK Y/YLEE6M  OPEN
   2    KL  1323   Y   19JUL  AMSRIX  0920  OK Y/YLEE6M  OPEN
   3    KL  1320   Y   26JUL  RIXAMS  0600  OK Y/YLEE6M  OPEN
   4    KL  1927   Y   26JUL  AMSGVA  0955  OK Y/YLEE6M  OPEN
              NON ENDORSABLECO BUS
FARE   CHF1591.00  TAX  16.87CH  TAX  11.46CJ  TAX  35.24XT
TOTAL  CAD1476.57            EQUIV FARE PD CAD1413.00
GVA KL X/AMS KL RIX M607.73 KL X/AMS KL GVA M607.73 NUC
1215.46 ENDROE1.30855XT12.70RN5.56VV16.98LV
```

图 3-25 国际电子客票票面

（8）1-4：航段信息。CPN1 航段是航班号 KL1924、经济舱，7 月 19 日从日内瓦飞阿姆斯特丹，航班在 0700 起飞，座位已订妥，票价类型为经济舱淡季最长有效期 6 个月的旅游票价，航段状态可以使用；CPN2 航段是航班号 KL1323、经济舱，7 月 19 日从阿姆斯特丹飞里加（拉脱维亚首都），航班在 0920 起飞，座位已订妥，票价类型为经济舱淡季最长有效期 6 个月的旅游票价，航段状态可以使用；CPN3 航段是航班号 KL1320、经济舱，7 月 26 日从里加飞阿姆斯特丹，航班在 0600 起飞，座位已订妥，票价类型为经济舱淡季最长有效期 6 个月的旅游票价，航段状态可以使用；CPN4 航段是航班号 KL1927、经济舱，7 月 26 日从阿姆斯特丹飞日内瓦，航班在 0955 起飞，座位已订妥，票价类型为经济舱淡季最长有效期 6 个月的旅游票价，航段状态可以使用。

（9）FARE：当地货币表示的票价；TAX：旅行涉及税费。

（10）TOTAL：旅客实付货币；EQUIV FARE PD：旅客实付等值货币票款。

（11）票价计算横式，或称为自动式。

二、信用卡付款规则

随着金融服务创新，消费的支付方式更加多样和便捷。航空公司和代理人都可以接收消费者使用信用卡来支付票款和其他运输凭证。如今信用卡日渐发展成为使用广泛的付款方式。信用卡允许其持有人在商家处实现立即购买商品或服务但可以后付款，商家当然也包括航空公司和旅游代理人。在使用信用卡的消费过程中，航空公司和旅游代理人需要审查持卡人的身份，认真核对持卡人姓名和签名字迹是否相符，有时还需要查看信用卡持卡人的照片。旅游代理人只能向他们的客户提供信用卡支付的硬件设施，商家身份识别号码是由信用卡公司或银行分配。在每一笔信用卡支付过程中，旅游代理人需要向信用卡公司或者银行支付服务费。信用卡付款最大的风险就是信用卡持有人拒绝或没有能力支付其消费金额。

商业信用卡在航空机票销售领域被广泛使用，在支付时，每个种类的信用卡都用两字代码的标识。

旅游休闲信用卡：

American Express	AX
Diners Club	DC
Carte Blanche	CB

银行或金融机构信用卡：

Visa International	VI
Discover Card	DS
MasterCard	CA
Eurocard	EC

三、国际客票涉及税费知识

在国际航空运输中，所涉及国家和航空公司往往都会规定需要收取一些除了机票票价以外的其他费用，称为税费(Taxes, Fees and Charges, TFCs)。根据税费的类型可以分为离境税(Departure TFC)、到达税(Arrival TFC)、销售税(Sales Tax)、出票税(Ticket Tax)。国际客票涉及税费举例如图3-26所示。

12.2.19. Benin (BJ)

1. Security Tax (BJ)

Collected from all passengers departing from Benin, irrespective of place of ticket issuance and the origin of the trip.

| International | XOF2500 |
| Domestic | XOF500 |

The tax is interlineable.

图3-26　国际客票涉及税费举例

（1）Benin(BJ)：贝宁和贝宁的国家两字代码。国际航协在公布税费时是以国家来归类的，因此在确定国际航程涉及到的税费时需要找到各个航点所在国家，逐一查找有无需要的税种。

（2）Security Tax(BJ)：安全税和税号代码。任何一种税都有其名称和税号代码的，税号代码和金额一起出现在电子客票票面的 TAX 栏目内。

（3）税项内容：需要向所有从贝宁出发的旅游收取该税项，不论客票的出票地和航程的始发站在哪里，国际航段收取 XOF2500、国内航段收取 XOF500。

（4）税费收取办法：interlineable 表示为联网税，需要在出票的时候和票价一并收取，not interlineable 表示为非联网税，需要在当地机场另行收取。

部分国际客票涉及税费举例如图3-27所示。

12. Taxes / Fees / Charges

12.2. Taxes/Fees/Charges by Country

12.2.19. Benin (BJ)

1. Security Tax (BJ)

Collected from all passengers departing from Benin, irrespective of place of ticket issuance and the origin of the trip.

| International | XOF2500 |
| Domestic | XOF500 |

The tax is interlineable.

2. Fiscal Tax (BJ)

XOF1000 is charged on all tickets, including PTAs, issued in Benin.

The tax is not interlineable.

3. Tourist Development Tax (BJ)

XOF10000 must be collected from all passengers departing Benin on an international flight.

EXEMPTIONS:
1 Free tickets
2 Tickets with 90% discount
3 Infants
4 Transit passengers
5 Crew travelling on duty

The tax is interlineable.

4. Passenger Service Charge - International (ZD)

Levied per passenger departing Benin on international flights.

| African destinations, including Madagascar | XOF6500 |
| All other international destinations | XOF11000 |

EXEMPTIONS:
1 Infants under 2
2 Transit passengers within 24 hours
3 Aircraft crew on duty
4 Passengers travelling free of charge
5 Wholly performed domestic sectors

NOTE: TP does not apply code ZD

The charge is interlineable.

5. International Aeronautical Development Charge (DX)

XOF4500 for international departures from Benin.

EXEMPTIONS:
1 Infants under 2 years
2 Transit/transfer passengers (next possible connection with the same flight number)
3 Involuntary reroutings
4 Airline crew on duty

NOTES:
1 This charge is to facilitate the development of the airline industry in Benin
2 The charge is to be collected at point of sale and shown separately on the ticket

3 The lifting airline is responsible for the remittance

The charge is interlineable.

12.2.79. Guinea (GN)

1. Service Charge (GN)

For all passengers departing from Conakry a service charge must be levied as follows:

For travel within Guinea	USD3.75
For international destinations within Africa (except for Morocco and Tunisia)	USD25.00
For all other international destinations (including Morocco and Tunisia)	USD30.00

This charge is applicable regardless of place of sale or ticket issuance.

EXEMPTIONS:
1 Infants
2 Service tickets
3 Transit passengers

The charge is not interlineable.

2. Security Tax (EF)

Levied for all departures from Guinea. The tax is to be collected at point of sale and shown separately in the tax/fees/charges box of the ticket. The lifting airline is responsible for the remittance.

| International departures | USD5.00 |
| Domestic departures | GNF3000 |

EXEMPTIONS:
1 Military flights
2 ID tickets
3 Involuntary reroutings (eg. due to technical problems or weather conditions)

The tax is interlineable.

12.2.55. Egypt (EG)

1. Transportation Tax (EG)

5% of the applicable fare to be levied on all tickets issued for int'l transportation originating in Egypt irrespective of place of sale or issuance with a maximum of EGP300 for F-class and EGP100 for other classes. The first international outbound sector determines the maximum to be applied. The tax on free and reduced airline industry tickets is based on the fare before reduction.

EXEMPTIONS:
1 Foreign diplomats/workers in foreign diplomatic corps in Egypt.
2 American Governmental employees in the American Aid Programme.

The tax is not interlineable.

2. Stamp Tax (XL)

The following amounts have to be levied on the following documents issued in Egypt, regardless of residency, payment or currency of payment.

Domestic:	EGP3.00
International:	EGP11.00
PTA/MCO	EGP2.10
Umrah tickets	EGP5.60
AWB/Excess Baggage	EGP0.90

EXEMPTIONS:
1 Officials travelling at Egyptian government's expense
2 Tickets issued in Egypt for journeys commencing abroad and terminating inside or outside Egypt.
3 Tickets issued for journeys commencing and terminating outside Egypt.

The tax is not refundable.

The tax is not interlineable.

3. Ticket Issuance Fee (XK)

25% of the applicable fare to be levied on all tickets issued for international transportation originating in Egypt, irrespective of place of sale or issuance, with a maximum amount of EGP300.00 for F-class EGP150.00 for other classes. Free/reduced airline industry tickets are subject to this tax based on fare before reduction. The first international outbound sector determines the maximum to be applied.

EXEMPTIONS:
1 Foreign diplomats/workers in foreign diplomatic corps in Egypt.
2 Foreign members of foreign diplomatic corps in Egypt.

The fee is not interlineable.

4. Embarkation Tax (QH)

USD 15.00 (equivalent EGP 87) to be levied on all tickets issued in or outside Egypt for each international departure from an airport in Egypt

EXEMPTION: Transit passengers within 24 hours.

The tax is interlineable.

5. Service charge - Domestic (RH)

For travel on/before 14 Feb 2007: USD 3.00 (equivalent EGP 18) is to be collected on all domestic tickets at the time of ticket issuance.

For travel on/after 15 Feb 2007: USD 3.00 (equivalent EGP 18) is to be collected on each domestic sector at the time of ticket issuance irrespective of place of sale or issuance.

The charge is interlineable.

6. Airport Facility Charge (RMF) (DR)

This charge is to be collected for Marsa Alam (RMF) airport only.

| Domestic departures | USD7.00 |
| International departures | USD15.00 |

The charge is to be collected at point of sale and shown separately on the ticket. The lifting airline is responsible for the remittance.

EXEMPTIONS: None

The charge is interlineable.

7. Service Charge at Cairo Airport (EQ)

USD1.00 for each domestic/international departure from Cairo airport, for upgrade of check-in system.
EXEMPTIONS: None

The charge is interlineable.

8. Departure Fee (JK)

EGP 50.00 to be levied on all passengers departing on international flights. The fee is to be collected at point of sale and shown separately on the ticket. The lifting airline is responsible for the remittance.

EXEMPTIONS:
1 Transit, transfer passengers (24 hours)

The fee is interlineable.

图 3-27　部分国际客票涉及税费举例

第四节 国际客票特殊运价计算

一、特殊运价基础知识

（一）特殊运价定义

特殊运价（Special Fares）是比普通运价有着更多约束和限制的低价促销运价。此类价格的限制条件包括：

(1) 最短和最长停留时间（Length of Stay such as Minimum and Maximum Stay Requirements）。

(2) 提前购票要求（Advance Purchase Requirements）。

(3) 订座、付款和出票的限制（Reservations, Payment and Ticketing Limits）。

(4) 旅行的日期和时间要求（Day/Time of Travel）。

(5) 资格限制（Eligibility Restrictions）。

(6) 退票和变更的限制（Refundability and changeability）。

（二）特殊运价的分类

1. 适合于公众的特殊票价（Public Special Fares）

(1) 迟订座的票价（Late Booking Fare），飞机起飞前或者24h以内购票，往往是最便宜的票价。

(2) 提前购买旅游票价（Advance Purchase Excursion, APEX），需要按照票价规则要求完成付款，例如APOW、SAPEX、SAPOW。

(3) 购买旅游票价（Purchase Excursion, PEX），不需要提前购票，但要求每段航程都确定。

(4) 游览票价（Excursion, EE），往往是最贵的一种票价类型。

2. 适合于个人综合旅行的票价（Inclusive Tour Fares）

(1) 团体综合旅行票价（Grou PInclusive Tour Fares）。

(2) 散客综合旅行票价（Individual Inclusive Tour Fares）。

3. 适合于公众的团体旅行票价（Public Grou PFares）

(1) 共同爱好兴趣的团体票价（英文全称：Common Interest Group Fares）。

(2) 奖励旅行团体票价（英文全称：Incentive Group Fares）。

(3) 非亲属团体票价（Non-affinity Group Fares）。

(4) 亲属团体票价（Affinity Group Fares）。

大多数的特殊票价均在公布的PAT运价表中列出，并且在RULE的栏目中附上相关的号码。

二、特殊运价使用规则识读

运价规则在特殊运价的选择中起着关键性作用，本节介绍适用于特殊运价的标准运输条件SC100。标准运输条件SC100如图3-28所示。

SC100 - Standard Condition for Special Fares (based on IATA Resolution 100)

Part 1 Standard Condition (Definitions are in General Rule 1.2)	Part 2 the following Governing Conditions and General Rules always apply unless specifically overridden in the fare rule

0) APPLICATION
A) 1) Application
    see the fare rule
  2) Fares
    a) shown in the fares pages
    b) fares only apply if purchased before departure
       Exception: may be used for enroute upgrading from a lower fare provided all conditions of these fares are met
    c) when fares are expressed as a percentage of a normal fare and more than one level of normal fare exists, the percentage will be applied on the highest normal fare for the class of service used
  3) Passenger Expenses
    not permitted
	B) 1) Types of Trip
	    General Rule 2.7
	    one way, round trip, circle trip, open jaw
	  2) Passenger Expenses
	    if permitted, General Rule 8.4

1) ELIGIBILITY
A) 1) Eligibility
    no requirements
    Exception: unaccompanied infant: not eligible
  2) Documentation
    not required	

2) DAY/TIME
A) no restrictions
  Carrier Fares Rules Exception: midweek and weekend periods
    midweek: Mon, Tue, Wed, Thu
    weekend: Fri, Sat, Sun
	B) Midweek/Weekend Application
	the day of departure on the first international sector in each direction determines the applicable fare
	Carrier Fares Rules Exception: transatlantic/transpacific midweek/weekend fares: the date of departure on each transatlantic/transpacific sector determines the applicable fare

3) SEASONALITY A) no restrictions	B) Seasonal Application the date of departure on the first international sector of the pricing unit determines the fare for the entire pricing unit Carrier Fares Rules Exception: transatlantic/transpacific seasonal fares: the date of departure on the outbound transatlantic/transpacific sector determines the applicable fare for the entire pricing unit
4) FLIGHT APPLICATION A) no restrictions Carrier Fares Rules Exception: travel is restricted to services of carriers listed in Paragraph 0) Application	B) General Rule 2.4

5) RESERVATIONS AND TICKETING
A) APEX/Super APEX
  1) Reservations
    a) deadline: see the fare rule
    b) must be made for the entire pricing unit in accordance with the deadline
  2) Ticketing
    a) deadline: see the fare rule
    b) tickets must show reservations for the entire pricing unit
PEX/Super PEX
  1) Reservations
    a) must be made at the same time as ticketing
    b) must be made for the entire pricing unit
  2) Ticketing
    a) must be completed at the same time as reservations
    b) tickets must show reservations for the entire pricing unit
Other Individual Fares
  1) Reservations
    no restrictions
  2) Ticketing
    no restrictions
Group Fares
  1) Reservations
    must be made for the entire pricing unit
  2) Ticketing
    no restrictions
	B) inclusive tour fares: General Rule 18

6) MINIMUM STAY
A) 1) no requirement
  2) Waiver of Minimum Stay
    after ticket issuance: permitted only in the event of death of an immediate family member or an accompanying passenger
	B) 1) Minimum Stay
	the number of days counting from the day after departure, or the number of months counting from the day of departure, on the first international sector of the pricing unit to the earliest day return travel may commence from the last stopover point (including for this purpose the point of turnaround) outside the country of unit origin
	Carrier Fares Rules Exception: transatlantic/transpacific/within western hemisphere carrier fares: General Rule 2.1.8
	2) Waiver of Minimum Stay
	General Rule 15.6

7) MAXIMUM STAY A) 12 months	B) Maximum Stay the number of days counting from the day after departure, or the number of months counting from the day of departure, to the last day return travel may commence from the last stopover point (including for this purpose the point of turnaround) Carrier Fares Rules Exception: transatlantic/transpacific/within western hemisphere carrier fares: General Rule 2.1.8
8) STOPOVERS A) not permitted	B) General Rule 2.1.9
9) TRANSFERS A) unlimited permitted	B) 1) General Rule 2.1.10 2) if there are limitations on the number of transfers: each stopover uses one of the transfers permitted

SC100 - Standard Condition for Special Fares (based on IATA Resolution 100)

10) CONSTRUCTIONS AND COMBINATIONS
A) 1) Constructions
    unspecified through fares may be established by construction with applicable add-ons
  2) Combinations
    a) end-on and side trip combinations permitted
    b) in the case of round trip special fares, one half of a fare established under one fare rule may not be combined with
       i) one half of a fare established under another fare rule
       ii) normal fares between the country of unit origin and the country of turnaround
    c) notwithstanding b), half round trip combination permitted with carrier specified fares if the carrier fare authorises such combination, provided
       i) combination only permitted within the same conference area
       ii) combination only permitted with the same fare type
       iii) the most restrictive conditions apply
	B) 1) Constructions
	    General Rule 2.5.6.1
	2) Combinations
	    when combining fares within a pricing unit, the more restrictive conditions apply; this requirement shall apply to all paragraphs except Paragraphs 2) Day/Time, 3) Seasonality, 4) Flight Application, 9) Transfers, 11) Blackout Dates, 12) Surcharges, 17) Higher Intermediate Point and Mileage Exceptions, 19) Children and Infant Discounts
	3) except as otherwise specified in a fare rule
	    a) where end-on combination is permitted the conditions of the special fare (including Paragraph 0) Application) apply to the use of the special fare and not to any combined fares
	    b) any end-on combination restriction applies to the entire journey
	       Exception: notwithstanding any other rule, end-on combinations to/from USA

11) BLACKOUT DATES A) no restrictions	
12) SURCHARGES A) no requirements	
13) ACCOMPANIED TRAVEL A) no requirements	
14) TRAVEL RESTRICTIONS A) no restrictions	

15) SALES RESTRICTIONS
A) 1) Advertising and Sales
   no restrictions
2) Extension of Validity
   as provided in General Rule
	B) 1) **Advertising and Sales**
	   a) sales shall include the issuance of tickets, miscellaneous charges orders (MCOs), multiple purpose documents (MPDs) and prepaid ticket advices (PTAs)
	   b) advertising: any limitations on advertising shall not preclude the quoting of such fares in company tariffs, system timetables and air guides
	2) **Extension of Validity**
	   General Rules 15.5.1 and 15.5.2

16) PENALTIES
A) 1) Cancellation, No-Show, Upgrading
   no restrictions
2) Rebooking and Rerouting
   Individual Fares
   a) voluntary: permitted
   b) involuntary: permitted
   Group Fares
   a) voluntary: not permitted
   b) involuntary: permitted
	B) 1) **Cancellation, No-Show, Upgrading**
	   a) General Rule 9.3
	   b) inclusive tour fares: General Rule 18
	2) **Rebooking and Rerouting**
	   a) voluntary: General Rule 15.11, 15.7, 15.8 and provisions for rebooking and rerouting in case of illness
	   b) involuntary: General Rule 15.11 and 15.9
	3) **Multiple Penalties**
	   a) for half round trip combination if a penalty applies to each half round trip fare, then the highest penalty charge applies for the pricing unit
	   b) when 2 or more pricing units are combined on one ticket and each pricing unit has a penalty charge, then the penalty established for each pricing unit applies

17) HIGHER INTERMEDIATE POINT AND MILEAGE EXCEPTIONS A) specific exceptions are shown in the fare rule	B) General Rules 2.9 and 2.4.2
18) TICKET ENDORSEMENTS A) APEX/Super APEX/PEX/Super PEX 1) tickets must show by insert or sticker in accordance with the Important Notice in the How to Use the Fares Rules, that travel is at a special fare and subject to special conditions 2) tickets and any subsequent reissue must be annotated NONREF/APEX or NONREF/SAPEX or NONREF/PEX or NONREF/SPEX 3) tickets and any subsequent reissue must be annotated VOLUNTARY CHNGS RESTRICTED in the Endorsement Box. *This will not preclude any carrier from producing its own notice if so desired* **Other Individual Fares** no restrictions	

19) CHILDREN AND INFANT DISCOUNTS
A) 1) Children
   a) accompanied children aged 2-11 years: charge 75% of applicable adult fare
   b) unaccompanied children aged 2-11 years: charge 100% of applicable adult fare
2) Infant
   a) accompanied infant
     i) no seat: charge 10% of applicable adult fare
     ii) booked seat: charge 75% of applicable adult fare
   b) unaccompanied infant: not permitted
	B) General Rule 6.2

20) TOUR CONDUCTOR DISCOUNTS A) not permitted	B) if permitted, General Rule 6.6
21) AGENT DISCOUNTS A) not permitted	

22) OTHER DISCOUNTS/SECONDARY FARE APPLICATIONS
A) 1) Fares
   specific requirements are shown in the fare rule
2) Eligibility
   specific requirements are shown in the fare rule
3) Documentation
   specific requirements are shown in the fare rule
4) Accompanied Travel
   specific requirements are shown in the fare rule	

23) not used	
24) not used	
25) not used	

SC100 - Standard Condition for Special Fares (based on IATA Resolution 100)

26) GROUPS
A) 1) Eligibility
   Affinity, Incentive Fares
   requirements as shown in General Rule
   Exception: unaccompanied infant: not eligible
   Other Fares
   no requirements
   Exception: unaccompanied infant: not eligible
2) **Minimum Group Size**
   see the fare rule
   contracted seat fares: the minimum number of contracted seats shown in the fare rule
3) **Accompanied Travel**
   group required to travel together for the entire pricing unit
4) **Documentation**
   Affinity, Incentive Fares
   required
   Other Fares
   no requirements
5) **Name Changes and Additions**
   specific requirements are shown in the fare rule
	B) 1) **Minimum Group Size**
	   General Rule 2.1.11.1
	2) **Accompanied Travel**
	   for groups of 20 or more passengers, if lack of space prevents the group from travelling together, some members of the group may travel on the next preceding and/or succeeding flight with available space
	3) **Affinity, Incentive Fares**
	   General Rule 10

27) TOURS
A) 1) Minimum Tour Price
   specific requirements are shown in the fare rule
2) Tour Features
   specific requirements are shown in the fare rule
3) Tour Literature
   specific requirements are shown in the fare rule
4) Modifications of Itinerary
   specific requirements are shown in the fare rule
	B) General Rule 18

28) not used	
29) DEPOSITS A) no requirements	

图 3-28 标准运输条件 SC100

特殊运价规则的关键限制条件说明：

1. 有效期条件的阅读及理解

（1）MONTHS VALIDITY：07JUN 至 07JUL

（2）MONTHS VALIDITY：07JUN 至 07AUG

如果下个月为小月时只能计算到该月的最后一天。

1MONTH VALIDITY：30JAN 至 28FEB

当给出的日期为该月的最后一天,则有效期只能计算到那个月的最后一天。

例如： 1MONTH VALIDITY： 31JAN 至 28FEB

2MONTHS VALIDITY： 28FEB 至 30APR

3MONTHS VALIDITY： 30APR 至 31JUL

2. 最短停留时间

最短停留时间（Minimum Stay Requirements）,它决定了旅客航程的最短停留日期,关键信息集中在：

（1）需要附加的天数（Number of Days to Add）。

（2）决定从何时开始计算：始发后、到达后或者星期日规则（Counting from when day after depture or after arrival or sunday return）。

（3）计算至点或者地区：在折返区、或者从始发站开始、或者在折返点计算（Point/area concerned：in area of turnaround or from Point of origin or in point of turnaround）。

3. 最长停留时间

最长停留时间（Maximum Stay Requirements）是指客票的有效期,对于一般正常票价的客票的有效期为一年,对一年有效期的客票,则无需在客票的有效期栏（Not Valid after）内显示该客票的有效期。如果是短于一年有效期的特殊客票,则需要根据特殊票价的条件计算并显示最长有效期。该有效期限将显示在客票的有效期（not valid after）栏内。

（1）以天计算：以出发日期加最长有效期的限制天数（BY DAYS：Add the number of days of MAX stay to the departure date from the point of origin）。

（2）以月计算：计算出发日开始后的月份限制数（BY MONTH：Count the number of months from the day of departure from the point of origin）。

If　departure date is　　16MAY

If　MAX stay is　　　　1Month

Then MAX stay date is　16JUN

应在客票"失效日期"栏内填入最长有效期,以防止该栏被填入其他日期（Show this date in the "NOT VALID AFTER" BOX of all the coupons to preclude the fraudulent entry of other dates）。

根据某些特殊票价如 PEX 和 APEX 的要求,旅客航程的日期不得改变,所以针对该类别的运价的客票,在客票的有效期栏内均应填写与旅客实际旅行对应的日期,并在签注栏内注明"不得更改,否则需要缴纳罚款"的字样（After complying with the MIN and MAX stay requirements, special fares such as PEX or APEX that have penalty fees for change of booking must show the actual travel dates in the NVB and NVA boxes）。

4. 季节性代号

有很多运价属于同一类别但是也有季节、星期的差别,这些运价称为系列票价(Series Fares)。为了确定正确的季节,应该检查特殊票价规则。

(1) 季节一般从低至高排列:旺季(For Peak of High Season,票价代码:H);平季(For Middle of Shoulder Season,票价代码 S 等);淡季(For Low or Basic or Off—Peak Season,票价代码 L)。

(2) 关于季节的选择:关于季节的选择应查阅 SCl00 的说明,即运价计算单元中的第一国际段决定了整个航程的季节选择(The date of departure on the first international sector of the pricing unit determines the fare for the entire pricing unit. The seasonality applies to the entire journey)。

5. 转机点和中间点的数量

(1) 转机点和中间点的定义

转机点通常是指旅客在该点停留时间小于等于 24 小时。中间点是指除了始发站、终点站、折返点之外的任何票价点,它包括转机点和中途分程点两类。

(2) 计算中间点(Counting Transfers)

航程 BRU KL X/AMS BA LON AM MEX AF PAR AF BRU,假设 MEX 为折返点,在去程中有 2 个中间点,即 AMS 和 LON,在回程中有 1 个中间点,即 PAR。

(3) 计算中途分程点(Counting Stopovers)

航程 BRU KL X/AMS BA LON AM MEX AF PAR AF BRU,假设 MEX 为折返点,在去程中有 1 个中途分程点,即 LON,在回程中有 1 个中途分程点,即 PAR。

(4) 中途分程费的收取

中途分程费的收取有两种情况:

指定中途分程费的收取(Stopover charge for a specific point)。收取额外的中途分程点的费用(Stopover charge for additional stopover in excess of those allowed by the fare)。

(5) 涉及中途分程费的例题

指定中途分程点的收费:

航程:MEX—ATL—AMS—MEX,折返点为 AMS,票价符合规则 X0765(图 3 – 29)。因为本航程的折返点为 AMS,则在去程中有一个额外的中途分程点 ATL。因此,根据 X0765 的规定,该航程应收取中途分程费 75 美元。

```
X0765    APEX FARES                              =〉SCl00
         FROM MEXICO TO EUROPE
         8)STOPOVERS
         A) One   permitted in USA per pricing unit at a charge of USD 75.
```

图 3 – 29　票价规则 X0765

FARE CALCULATION:

7JUN13MEX DL ATL S75.00M664.50AM MEX664.50NUC1404.00END ROE1.000000

非指定中途分程点的收费规定:

航程:TYO – LAX – BUE – LAX – SEA – TYO,折返点为 BUE,票价符合规则 X1111(图 3 – 30)。因为本航程中共有 3 个中途分程点,其中 1 个为免费,另外 2 个需要收费,每个收费标准为17500日元,合计35000日元,通过始发国家的ROE转换为NUC300.25。

```
X1111    PEX FARES                           =〉SC100
         JAPAN TO CENTRAL AMERICA, SOUTH AMERICA
8)STOPOVERS
A) 1) One   permitted per pricing unit
   2) 2 additional permitted per pricing unit, each at a charge of JPY17500
```

图3-30　票价规则X1111

FARE CALCULATION

7JUN13TYO JL LAX AA BUE M1428.35UA LAX AA SEA JL TYO M1428.35 2S300.25NUC3156.95END ROE116.56800

三、单程特殊运价计算方法

Journey LIS - KL - AMS - KL - X/HKG - CX - PEK　　　Fare Type: YAP30

TPM	1149	5763	1239	
	OW NUC	RULEs	MPM	
LISAMS	YAP30 1692.48	Z002	EH1378	
LISPEK	YAP30 5187.76	Y146	EH7831	
LISHKG	YAP30 5523.89	Y146	EH8527	
AMSPEK	YAP30 5690.65	Y146	EH7300	

IROE 0.761600 H(1,2) EUR

航程符合规则Y146的限制要求。

Fare Construction

FCP	LISPEK(KL - YY)
NUC	YAP30 OW(EH)5187.76
RULE	Y146
MPM	EH7831
TPM	8151
EMA	NIL
EMS	5M
HIP	AMSPEK YAP30 OW(EH)NUC5690.65
RULE	Y146
AF	NUC5975.18
CHECK	NO - BHC X/HKG Q 4.22
TOTAL	NUC5979.40
IROE	×0.761600
LCF	EUR4553.911(H1)—EUR4554.00

Fare Calculation Box:

8JUN13LIS KL AMS KL X/HKG CX PEK Q4.22 5M AMSPEK NUC5979.18END ROE0.761600

四、环程特殊运价计算方法

Journey MRU – MK – LON – AF – PAR – AF – ZRH – MK – X/PAR – MK – MRU Fare Type：YEE6M

TPM	6074	216	292	292	5867

	RT NUC	RULEs	MPM
MRUPAR	YEE6M 1673.75	Y058	EH7040
MRUZRH	YEE6M 1660.96	Y058	EH7040
MRULHR	YEE6M 1703.78	Y058	
IROE	32.460000	H(5,0) MRU	

航程符合规则 Y058 的限制要求。

Fare Construction

	OUTBOUND	INBOUND
FCP	MRUZRH(MK – YY)	MRUZRH(MK – YY)
NUC	1/2RT YEE6M(EH)830.48	1/2RT YEE6M(EH)830.48
RULE	Y058	Y058
MPM	EH7040	EH7040
TPM	6582	6159
EMA	NA	NA
EMS	M	M
HIP	MRULON 1/2RTYEE6M(EH)851.89	NIL
RULE	Y058	NIL
AF	NUC851.89	NUC830.48
SUBTOTAL		CT NUC1682.37
CHECK		CTM MRULON RT 1703.78 > SUBTOTAL
		P 21.41
TOTAL		NUC1703.78
IROE		×32.460000
LCF		MUR 55304.6988(H5)—MUR55305

Fare Calculation Box：

8JUN13MRU MK LON AF PAR AF ZRH M MRULON851.89MK X/PAR MK MRU M 830.48 PMRULON 21.41NUC1703.78END ROE32.460000

五、国际客票销售净价报价方法

净价又称整合价(Consolidator/Net Fares)，它是通过整合者(或称为批发商)分销给旅游代理人的在线网络价格。在此基础上，旅游代理人设置自己的加价水平再销售给终端消费者。

(一)净价销售对于航空公司的好处

通过整合者提供票价的航空公司的主要优点是：它形成了航空公司销售产品的另外一条渠道。通常而言，某一地市场通常由一个或两个航空公司主导，因此，非主导运营航空公司必须争夺市场份额和旅行社的忠诚度。两个城市之间的非经停或直达航线通常会在全球分销系统屏幕上突出显示，首先可以被旅游代理人看到。使用枢纽或联程方式执行这些相同的两个城市之间的航班的航空公司将处于劣势,他们需要使用更加有激励性的定价机制来提升其销售渠道占比。对于航空公司而言,这是利用最少资源情况下,更有效地和少量分销商联系的方法。假设一个航班可以提供一百个座位,而又不希望为提供为这一百名个人客户提供服务预订、票价、票务和会计人员,航空公司会更愿意选择和20个旅行社打交道,每个代理人使用其系统卖出5个座位。同样的道理,作为整合者的旅行代理商将进一步减少个别交易的航空公司数量。航空公司通过集合很多旅行社的销售,从而可以为其开通销售更多的座位数的销售渠道。

(二) 净价销售对于旅游代理人的好处

过去航空公司提供的国际机票销售佣金水平通常为9%,由航空公司直接支付给每个国际航空运输协会认可的旅游代理人。今天,航空公司可能会提供0%的机票销售佣金给传统的旅行社网络,但愿意支付更高的激励佣金给销售量更高的旅游代理人。虽然,现在仍然可以从销售普通票价和促销票价机票赚取佣金。今天,净价销售给代理人提供了一个可控制的能从每张票上赚取更多销售佣金的方式。在净价基础上的销售价格上浮代替了原本由航空公司提供的销售佣金,它有助于消除需要向客户收取服务费或票务费的做法。这些费用往往会惹恼客户,因为客户预计这是一项免费服务。

国际航协认可的代理人和国际航协非认可的代理人均可以进入和销售净价机票。整合商通常会有客服人员为旅游代理人提供关于规则、限制以及适用税费的帮助。当使用整合商渠道时,所有出票和国际航协要求的财务报表将由旅游代理人自己完成。

(三) 净价销售的报价组织结构

整合商会为公布的头等舱、公务舱和经济舱票价提供不同的费率。有时候,净价销售会将同一航空公司或者不同的航空公司的头等舱/经济舱、公务舱/经济舱进行组合。代理会考虑客户的要求匹配其所需的行程使用的净价。有时净价是不能使用的,因为客户希望升级使用其常旅客卡的积点,这种必须在服务网上进行,可能会和净价的销售规则发生冲突。航空公司通常都会在每个航班上预留出一定数量的座位以特殊预订舱位的形式交由整合商销售。旅游代理人会在他们的全球分销系统中查询公布运价的水平,一旦公布运价适用政策表明是没有销售佣金或者销售佣金小于净价的话,他们会引导消费者购买净价机票,以使自己获得更多的利润。

(四) 涉及净价销售运价计算

航程:SYD – LON – SYD。

查询全球分销系统的相关网页,两大主要国际航空公司 BA、QF 的公布悉尼往返伦敦的经济舱促销票价为 AUD1850.00。其中 BA 给澳大利亚整合商的净价为 AUD1500.00,其使用规则和公布直达运价类似。AUD1500.00 是航空公司从整合商处收到的每个销售座位的票价。整合商可以选择提价,假设整合商以 AUD1650.00 的价格给旅游代理人,整合商每张机票赚 AUD150.00。旅游代理人也可以加价销售给客户,但是其售价不得超过公布的促销票价即 AUD1850.00。假设旅游代理人以 AUD1800.00 的价格销售给客户,旅游代理人每张机票赚 AUD150.00。

总之,如果客户只关注两家航空公司的票价因素,采用净价销售模式的航空公司已经获得比竞争航空公司更大的销售出去的机会。整合商从中赚取了 AUD150.00,旅游销售代理从中赚取了 AUD150.00,客户从中节省了 AUD50.00。

自 我 检 测

(1) 简要描述世界航空区划。
(2) 熟练掌握国际航程类型的定义。
(3) 熟练掌握判断国际运输方向性代号的方法。
(4) 熟练掌握指定承运人的选择方法。
(5) 掌握指定航程的判断办法和基本运算步骤。
(6) 熟练掌握普通运价单程计算步骤。
(7) 熟练掌握普通运价来回程计算步骤。
(8) 熟练掌握普通运价环程计算步骤。
(9) 能识别国际电子客票票面信息。
(10) 了解国际客票信用卡支付规则。
(11) 了解国际客票涉及税费的查询。
(12) 了解简单情况下特殊运价的计算步骤。

学习单元四　民航客票销售系统

学习目标

（1）掌握分销系统控制指令；
（2）掌握航班信息查询指令；
（3）掌握建立旅客订座信息记录步骤；
（4）掌握分销系统自动出票步骤；
（5）了解开账与结算计划基本情况；
（6）了解环球分销系统基本情况。

学习内容

（1）民航客票销售系统控制指令及格式；
（2）民航客票销售系统航班信息查询指令及格式；
（3）民航客票销售系统建立旅客订座信息记录步骤及示例；
（4）民航客票销售系统分销系统自动出票步骤及示例；
（5）国际航协开账与结算计划基本情况介绍；
（6）环球分销系统基本情况介绍。

第一节　民航代理人分销系统

民航代理人分销系统，即中国民航计算机订座系统（CRS）是航空及相关旅游产品的分销系统，主要为国际航协认可客运代理人及航空公司销售使用。中国民航计算机订座系统通过与全球各个航空公司控制系统连接，为客运销售代理人提供国内外数百家航空公司的航班信息及座位预订及销售体系。其开账与结算计划（BSP）自动出票系统在衔接代理人同航空公司之间关系同时，亦保证了代理人与航空公司双方的利益。

中国民航计算机订座系统需掌握的常用功能列表：
（1）国内及国际航班时刻查询及相应航班座位可利用情况。
（2）国内及国际航空运价查询。
（3）旅客信息记录的生成。
（4）机上座位预订。
（5）客票信息的查看。
（6）BSP中性客票的销售。
（7）BSP中性客票的销售统计、作废及退票。

（8）行程单打印。
一、分销系统控制指令
（一）系统注册指令

分销系统终端接通后，便可以进入系统，完成航班信息查询和座位销售等功能。

输入：＞＄＄OPEN TIPC3

输出：SESSION PATH OPEN TO：TIPC3

已经进入民航代理人分销系统。

1. 查看工作号及配置号（指令名称：DA）

指令格式：＞DA：

指令举例：输入：＞DA：

　　　　　　输出：

A　　AVAIL

B　　AVAIL

C　　AVAIL

D　　AVAIL

E　　AVAIL

PID＝20200　　　　HARDCOPY＝1112

TIME＝0847　　　DATE＝14JUN　　　HOST＝LUCY

AIRLINE＝1E　　　SYSTEM＝CAAC08　　APPLICATION＝3

注意：用户在日常工作中，应明确"DA"显示结果中的"PID"信息，这是配置在系统中的唯一识别代号。当终端不能工作时，维护人员经常要问到终端的"PID"号码，以便排除故障。

2. 输入工作号（指令名称：SI）

指令格式：＞SI：工作号/密码/级别

指令举例：输入：＞SI：22222/987C/41

　　　　　　输出：CAN111 SIGNED IN A

使用"DA"指令查询状态显示为：

A ＊　　22222　　14JUN　　0854　　41　　CAN111

B　　AVAIL

C　　AVAIL

D　　AVAIL

E　　AVAIL

PID＝20200　　　　HARDCOPY＝1112

TIME＝0847　　　DATE＝14JUN　　　HOST＝LUCY

AIRLINE＝1E　　　SYSTEM＝CAAC08　　APPLICATION＝3

出错信息提示说明：

PROT SET——密码输入错误；

USER GRP——级别输入错误；

PLEASE SIGN IN FIRST——先输入工作号，再进行查询。

3. 密码修改(指令名称:AN)

指令格式:＞AN:旧密码/新密码

密码修改步骤:

(1) 进入系统,输入工作号(使用旧密码);

(2) 用 AN 指令修改密码;

(3) 退出系统;

(4) 重新进入系统(使用新密码)。

指令举例:工作号为 22222,旧密码为 987C,想改新密码为 123B。

　　　　＞SI:22222/987C/41

　　　　＞AN:987C/123B

　　　　＞SO

　　　　＞SI:22222/123B

使用"DA"指令查询状态显示为:

A *　　22222　　14JUN　　0854　　41　CAN111
B　　AVAIL
C　　AVAIL
D　　AVAIL
E　　AVAIL
PID = 20200　　　HARDCOPY = 1112
TIME = 0847　　　DATE = 14JUN　　HOST = LUCY
AIRLINE = 1E　　SYSTEM = CAAC08　APPLICATION = 3

4. 临时退出系统(指令名称:AO)

指令格式:＞AO

指令举例:

使用"AO"指令前用"DA"查配置状态显示为:

A *　　22222　　14JUN　　0854　　41　CAN111
B　　AVAIL
C　　AVAIL
D　　AVAIL
E　　AVAIL
PID = 20200　　　HARDCOPY = 1112
TIME = 0847　　　DATE = 14JUN　　HOST = LUCY
AIRLINE = 1E　　SYSTEM = CAAC08 APPLICATION = 3

使用"AO"指令后用"DA"查配置状态显示为:

A　　22222　　14JUN　　0854　　41　CAN111
B　　AVAIL
C　　AVAIL
D　　AVAIL
E　　AVAIL

PID = 20200   HARDCOPY = 1112
TIME = 0905   DATE = 14JUN   HOST = LUCY
AIRLINE = 1E   SYSTEM = CAAC08   APPLICATION = 3

可见，发现输入"AO"以后，A工作区的活动标识"*"已经消失，这说明输入"AO"后，A区已由活动区变为非活动区。此时如进行航班查询等工作时，系统将显示："PLEASE SIGN IN FIRST"，需要工作人员重新进入系统。

5. 恢复临时退出（指令名称：AI）

指令格式：＞AI：工作区/工作号/密码

指令举例：输入：＞AI：A/22222/123B

　　　　　输出：AGENT A – IN

使用"AI"指令前用"DA"查配置状态显示为：

A　22222　　14JUN　　0854　　41　CAN111
B　AVAIL
C　AVAIL
D　AVAIL
E　AVAIL

PID = 20200   HARDCOPY = 1112
TIME = 0905   DATE = 14JUN   HOST = LUCY
AIRLINE = 1E   SYSTEM = CAAC08   APPLICATION = 3

使用"AI"指令后用"DA"查配置状态显示为：

A＊　22222　　14JUN　　0854　　41　CAN111
B　AVAIL
C　AVAIL
D　AVAIL
E　AVAIL

PID = 20200   HARDCOPY = 1112
TIME = 1038   DATE = 14JUN   HOST = LUCY
AIRLINE = 1E   SYSTEM = CAAC08   APPLICATION = 3

6. 退出系统（指令名称：SO）

指令格式：＞SO：

指令举例：输入：＞SO

　　　　　输出：CAN111 22222 SIGNED OUT A

使用"DA"指令查询状态显示为：

A　AVAIL
B　AVAIL
C　AVAIL
D　AVAIL
E　AVAIL

PID = 20200   HARDCOPY = 1112

```
TIME = 1042        DATE = 14JUN       HOST = LUCY
AIRLINE = 1E       SYSTEM = CAAC08    APPLICATION = 3
```

出错信息提示说明:

PENDING——表示有未完成的旅客订座 PNR,在退号前必须完成或放弃它;

TICKET PRINTER IN USE——表示未退出打票机的控制,退出后即可;

QUEUE PENDING——表示未处理完信箱中的 QUEUE,QDE 或 QNE;

PROFILE PENDING——表示未处理完常旅客的订座,PSS:ALL 处理。

7. 工作号、终端号和部门代号简介

在民航代理人分销系统中,中航信需要把代理人信息建立在系统中,通过部门代号(OFFICE CODE)来管理,通常还包括终端 PID 号码、打票机号码、工作人员号和代理人得到的授权航空公司等信息。

一个代理人通常有一个部门代号,例如:CAN777,SHA182。

一个部门中可以有多台终端,而每一台终端只能属于一个部门。

同一个部门中的终端可以共享打票机。

每台终端或打票机都有唯一的一个 PID 号码。

每个工作号包括密码、等级等内容,在系统中营业员工作号的级别都是 41 级。

每个工作号只能在自己部门中使用。

(二)打票机简介

打票机是一种专用的航空客票打印设备,主要用于国内及国际客票、行程单及行程单发票的打印。我们在系统中出票所使用的打票机是虚拟打票机,没有实体。其配套的实体打票机一般用来打印旅客的行程单及行程单发票。每台打票机在系统中都会有一个配置号(打票机 PID),它是唯一的。当本部门中有多个打票机时,每台打票机都会有个序号,可以通过 DDI 指令查看到。

实体打票机需要同一台终端(一般指计算机)连接才可以使用,一台打票机只能由一台终端来控制;建立控制后,本部门(OFFICE)中的任何一台终端(无论其物理位置在哪里)都可以在打票机上打票。

配置定义为国内票打票机的,可打印国内客票;配置定义为国际票打票机的,可打印国际客票。

(三)打票机的控制指令

1. 显示打票机状态(指令名称:DI)

指令格式:>DI:打票机序号

指令举例:输入:>DI:6 显示本部门的第一台打票机的状态

　　　　　输出:(图 4-1)

打票机状态说明:

(1)左侧部分:

STATUS——打票机的工作状态:UP(工作状态)、DOWN(非工作状态)。

INPUT——输入的两种状态:ACTIVE(工作状态)、INACTIVE(非工作状态)。

OUTPUT——输出的两种状态:ACTIVE(工作状态)、INACTIVE(非工作状态)。

NACK——数据传输的两种状态:空白为正常状态、"X"为线路不通。

```
             打票机状态部分              打票机定义部分
           DEVICE INFORMATION DISPLAY   - DEVICE 6
              DEVICE STATUS             DEVICE DEFINITION
           ------------------           ------------------
控制终端PID    CONTROL PID: 18066        OFFICE: PEK099        部门代号
建立控制的工作号 CONTROL AGENT: 8888      PID: 11112           打票机PID
工作状态            STATUS: UP         TTRIBUTE: TAT/ET       打票机属性
输入状态             INPUT: ACTIVE      MODE: DEMAND          打印方式
输出状态            OUTPUT: ACTIVE        TYPE: 4             打票类型
数据传输是否正常     NACK:              CURRENCY: CNY2        允许接收的
等待打印的客票数   TICKETS: 0                                   货币类型
                BOARDING PASS: 0
                 AMS PID:
打印最后一张客   LAST TKT #    AIRLINE   TICKET NUMBER RANGE
票的票号       ----------   -------    -------------------
               2055030049      BSP    2055030000 / 2055030100   票号范围
                              票证归属
```

图 4-1 打票机状态显示

TICKET——当前正等待打印的客票数。

BOARDING PASS——打印登机牌,少数客户可使用。

(2) 右侧部分:

TYPE——打票机的类型,可以分为四种类型:航空公司国际客票、中性 BS P 国际客票、航空公司国内客票、中性 BS P 国内客票。

CURRENCY——打票机可以接收的货币代码,以及货币所要求保留的小数点位数。

(3) 票号部分:

上述例子的最后两行分别记录了最后一张打印客票的票号,以及目前使用的票号范围。若此处为空白,则表示打票机还未输入过票号范围或者票号范围已被卸除。

2. 建立打票机控制(指令名称:EC)

指令格式: >EC:打票机序号

指令举例:

输入: >EC:6   指令说明:对本部门的第 6 台打票机建立控制。

输出: >ACCEPTED

注意:打票机只有在建立了控制之后才能使用,而建立控制的这台终端就叫做控制终端,它可以对打票机进行以下相应的操控:输入票号范围,不可多于 500 张;控制打票机的各种状态;作废当日打印的客票;退出打票机的控制。

系统中一台打票机一次只能由一个终端进行控制,一台终端最多可以控制 5 台打票机。建立控制时,要确保终端配置与打票机配置属于同一 OFFICE,并且打票机未被其他的终端所控制。

出错信息提示说明:

DEVICE——打票机的序号不正确;

MAX DVC——该终端已经控制了 5 台打票机;

UNABLE——该打票机已经有了控制终端。

3. 打开打票机输入(指令名称:TI)

指令格式:＞TI:打票机序号

指令举例:

输入:＞TI:6 指令说明:打开第6台打票机的输入。

输出:＞ACCEPTED

注意:该指令功能意义在于允许本部门的终端向打票机输送打票的命令,指令操作成功后,DI 中的 INPUT 项将由 INACTIVE 变为 ACTIVE。该指令必须在建控后进行。

出错信息提示说明:

DEVICE——打票机号不正确;

UNABLE——打票机的输入状态已经是 ACTIVE;

AUTHORITY——权限问题,即该终端对这台打票机没有建控。

4. 打开打票机输出(指令名称:TO)

指令格式:＞TO:打票机序号

指令举例:

输入:＞TO:6 指令说明:打开第6台打票机的输出。

输出:＞ACCEPTED

注意:电子客票的出票不是必须要执行 TO 指令,OUTPUT 项为 INACTIVE 状态也可以出票。该指令必须在建控后进行。

出错信息提示说明:

DEVICE——打票机号不正确;

UNABLE——打票机的输出状态已经是 ACTIVE;

AUTHORITY——权限问题,即该终端对这台打票机没有建控;

FORMAT——指令格式错误;

STOCK——未输入票号范围,需先输入票号范围。

5. 关闭打票机输入(指令名称:XI)

指令格式:＞XI:打票机序号

指令举例:

输入:＞XI:1 说明:关闭第1台打票机的输入。

输出:＞ACCEPTED

注意:该功能必须在控制终端上进行。

出错信息提示说明:

DEVICE——打票机号不正确;

UNABLE——打票机的输入状态已经是 INACTIVE;

AUTHORITY——权限问题,即该终端对这台打票机没有建控;

FORMAT——指令格式错误。

6. 关闭打票机输出(指令名称:XO)

指令格式:＞XO:打票机序号

指令举例:

输入：>XO:1　说明：关闭第1台打票机的输入。

输出：>ACCEPTED

出错信息提示说明：

DEVICE——打票机号不正确；

UNABLE——打票机的输出状态已经是INACTIVE；

AUTHORITY——权限问题，即该终端对这台打票机没有建控；

FORMAT——指令格式错误。

7. 退出打票机的控制（指令名称：XC）

指令格式：>XC:打票机序号

指令举例：

输入：>XC:1　说明：退出第1台打票机的控制。

输出：>ACCEPTED

注意：退出控制后，DI显示中的CONTROL PID和CONTROL AGENT将清空。

8. 显示本部门的所有打票机（指令名称：DDI）

指令格式：>DDI：

指令举例：

输入：>DDI：

输出：

= AUTHORIZED AIRLINE CODES

MU 1# CZ 1# MF 1# UA

= = = AGENCY INFORMATION = = =

PEK/T PEK099/T -66017755/TRAVEL SKY LIMIT/DONGSI WEST STREET 155：TESTING TEX

AGNT：12345

= = = DEVICE INFORMATIO = = = =

DEV PID TYPE CTL CTL CURRENCY TKT NUMBER RANGE IATA NUMBER PID AGENT

8　12345　4 - BSPD#　　　CNY　BS　P9000001020 - 001120　　0830006

该指令的作用是显示本部门的BSP用户信息，包括：部门代号，代理人代码，授权航空公司代码，及用户名称、地址、电话、工作号、PID、打票机信息等内容。使用DDI指令时，后面一定要有冒号，即>DDI：

各项内容的含义为：

OFFICE——本部门的OFFICE号；

IATA - NBR——本部门的IATA NUMBER；

AUTHORIZED AIRLINE CODES——授权航空公司代码；

AGENCY INFORMATION——代理人信息，包括电话、地址、工作号、PID等信息；

DEVICE INFORMATION——打票机信息，包括打票机序号、打票机PID号、打票机等。

营业员在没有退出打票机的控制之前，不能执行"SO"指令，否则终端上会显示

"TICKET PRINTER IN USE",即打票机正在使用,未退出控制,应先执行 XC 指令退出控制后,营业员才可以执行"SO"指令退出工作号。

二、航班信息查询指令

(一)航班可利用情况查询(指令名称:AV)

指令格式:＞AV:显示参数/城市对/指定日期/限制条件

指令解释:

显示参数:可组合使用且具体规定:A——按照到达时间先后顺序排列;E——按飞行时间排列;H——完整显示所有舱位信息;若不选,则系统默认为按照起飞先后顺序排列。

城市对:出发地目的地。

指定日期:出发日期," + "表示明天,省略表示今天。

限制条件:可指定时间或承运人。

指令举例:

输入:＞AV:PEKCAN/14JUN

输出:

AV PEKCAN/14JUN

14JUN(FRI) BJSCAN

```
1 - *SC1351   PEKCAN 0800 1115   330 0^B E    DS# FA YA BA HA KA LA QS VS SA US *
2   *OS8009   PEKCAN 0800 1115   330 0 B  E    DS# YA BA MA UA HA GA QL VL WL SL *
3   *ZH1351   PEKCAN 0800 1115   330 0^B E    DS# FA YA BA MA HA KA LA QS GS SA *
4    CA1351   PEKCAN 0800 1115   330 0^B E    DS# FA AS YA BA MA HA KA LA QS GS *
5    CZ3108   PEKCAN 0830 1145   77A 0^C E    DS# FA AX PA CX DX IX JX WA ZQ YA *
6    HU7805   PEKCAN 0840 1200   738 0^   E    DS# FA PQ AQ YA BQ HQ KQ LQ MQ QQ *
      ** PLEASE CHECK YI:CZ/TZ144 FOR ET SELF SERVICES CHECK–IN KIO
```

输出内容解读:

14JUN(FRI) BJSCAN——出发日期(星期显示)出发地目的地;

1——航班序号;

*——代码共享航班;

SC1351——航班号;

PEKCAN——航段;

0800、1115——起飞时间、降落时间;

330——机型;

0——无经停点;

^——已开通机上座位预订功能;

B——餐食标识;

E——销售电子客票航班标识;

DS#——航空公司与航信系统的连接级别;

FA YA BA HA KA LA QS VS SA US——航班包括的各舱位及其剩余座位数;

121

＊——有未显示完整的舱位信息。

航位剩余座位情况代号：

A——可以提供9个以上座位；

1-9——可以提供1~9个座位，系统显示具体的可利用座位数；

L——没有可利用座位，但旅客可以候补；

Q——永久申请状态，没有可利用座位，但可以申请（HN）；

S——因达到限制销售数而没有可利用座位，但可以候补；

C——该等级彻底关闭，不允许候补或申请；

X——该等级取消，不允许候补或申请；

Z——座位可利用情况不明。

指令练习1：显示明天北京到广州的国航航班座位可利用情况。

指令输入：>AV:PEKCAN/+/CA

指令输出：15JUN(SAT) PEKCAN VIA CA

```
1-   CA1321   PEKCAN 0900   1200   772 0 M   DS# CA DA YA SA BA HA KA LA MA NA*
2    CA1315   PEKCAN 1130   1430   733 0 M   DS# FA YA SA BA HA KA LA MA NA QA*
3    CA1301   PEKCAN 1450   1740   74E 0^M   DS# FA CA DS YA SA BA HA KA LA MA*
4+   CA1339   PEKCAN 1735   2030   340 0 M   DS# FA CA DA YA SA BA HA KA LA MA*
```
　　　　＊＊CZ HAS SPECIAL FARE,PLEASE SEE GI/YI:CZ/FARE1

指令练习2：显示明天上午11点以后北京到广州航班座位可利用情况

指令输入：>AV:PEKCAN/+/1100

指令输出：15JUN(SAT) PEKCAN

```
1- CZ3162  PEKCAN 1035  1325  320 0 M    DS# CA DQ JS YA TA KA HA MA GA SQ*
2  CA1315  PEKCAN 1130  1430  733 0 M    DS# FA YA SA BA HA KA LA MA NA QA*
3  LH2928  PEKCAN 1130  1430  EQV 0      DS* FZ AZ CZ DZ YZ BZ MZ HZ QZ VZ*
4  CZ3102  PEKCAN 1205  1500  777 0 M    DS# CA DQ JA YA TA KA HA MA GA SA*
5  CZ3106  PEKCAN 1305  1600  757 0 M    DS# CA DQ JS YA TA KA HA MA GA SA*
6  CZ346   PEKCAN 1345  1645  77B 0 M    AS# CA DQ JA WA OA NA YA TA KA HA*
7+ XW871   PEKCAN 1425  1730  737 0 M    DS# FA YA IQ DQ EA KA LA NA RA V1*
```
　　　　＊＊CZ HAS SPECIAL FARE,PLEASE SEE GI/YI:CZ/FARE1

指令练习3：显示明天上午11点以后北京到成都的国航航班座位可利用情况

指令输入：>AV:PEKCTU/+/1100/CA

指令输出：25MAY(SAT) PEKCTU VIA CA

```
1- CA1315 PEKCTU 1130 1430 733 0 M    DS# FA YA SA BA HA KA LA MA NA QA*
2  CA1301 PEKCTU 1450 1740 74E 0^M    DS# FA CA DS YA SA BA HA KA LA MA*
3+ CA1339 PEKCTU 1735 2030 340 0 M    DS# FA CA DA YA SA BA HA KA LA MA*
```
　　　　＊＊CZ HAS SPECIAL FARE,PLEASE SEE GI/YI:CZ/FARE1

（二）国内航空公司航班飞行情况查询（指令名称：FF）

指令格式：>FF：航班号/日期

指令解释：FF功能用于查询航班的经停城市、起降时间和机型。

指令举例：查询 14JUN 的 CA929 航班。

指令输入：>FF：CA929/14JUN

指令输出：FF：CA929/14JUN13

    PEK   1240   767

    SHA   1350   1550

    SFO   1320

（三）国际航空公司航班飞行情况查询（指令名称：IT）

指令格式：>IT：航班号/日期

指令解释：IT 功能用于查询国外航空公司航班的经停城市、起降时间和机型。

指令举例：查询 14JUN 的 UA888 航班。

指令输入：>IT：UA888/14JUN

指令输出：IT：UA888/14JUN13

    PEK   1330   767

    SFO   1830+1   2140+1   733   14：00 FLYING TIME

    NYC   2355+1   02：15 FLYING TIME

（四）航班飞行情况查询（指令名称：DSG）

指令格式：>IT：航班号/日期

指令解释：DSG 查看除座位可利用情况外的其他数据，例如：航班的起飞降落城市、起飞降落时间、航班的空中飞行时间、航班的空中飞行距离、经停点数、航班机型、餐食等信息。

指令举例：

指令输入：>DSG：C/CA1343/Y

指令输出：

CA1343 Y（THU）07APR   PEK   0755   733 S 0 0

1020   CSX ELAPSED TIME 2：25 DIST 0M

（五）使用航站楼情况查询（指令名称：ADTN）

指令格式：>ADTN：D/航空公司/城市代码

指令举例：

指令输入：>ADTN：D/MU/PEK

指令输出：ADTN：D/MU/PEK

    MU/PEK/T－T2，T2

    MU/PEK/F－8735，8740，0，/T－T3，T3

    MU/PEK/F－8901，8901，0，/T－T3，T3

    MU/PEK/F－8714，8715，0，/T－T3，T3

    MU/PEK/F－8720，8721，0，/T－T3，T3

（六）航班班期情况查询（指令名称：SK）

指令格式：>SK：选择项/城市对/日期/时间/航空公司代码/舱位

指令解释：SK 指令可以查询一城市对在特定周期内所有航班的信息，包括航班号、出发到达时间、舱位、机型、周期和有效期限。

指令举例:显示 14JUN 前后三天北京到上海国航的航班。

指令输入:>SK:PEKSHA/14JUN/CA

指令输出:11JUN13(TUE)/17JUN(MON) PEKSHA VIA CA

1	CA1577A	PEKSHA	0700	0855	767 0 M	6	08JUN18JUN	CDZYSBHKLM *
2	CA1935	PEKPVG	0740	0940	JET 0 M	X15	01JUN15JUN	FCDYSBHKLM *
3	CA155	PEKSHA	0745	0950	767 0 M	3	05JUN12JUN	CDYSBHKLMN *
4	CA155	PEKSHA	0745	0950	763 0 M	7	09JUN09JUN	FCDYSBHKLM *
5	CA1915	PEKPVG	0800	1000	763 0 M	4	13JUN13JUN	FCDYSBHKLM *
6+	CA1501	PEKSHA	0840	1035	772 0 M	67	08JUN16JUN	CDYSBHKLMN *

* * * NOTE:CA3 * * * OPERATED BY FM & FM9 * * * OPERATED BY CA

三、建立旅客订座信息记录

旅客订座信息记录(Passenger Name Record,PNR)。代理人通过 PNR 完成订座步骤,通过 PNR 告知航空公司旅客信息、航程、日期、舱位、座位数及特殊需求等。生效 PNR 后,系统会给出一个记录编号,记录编号由 6 位字母或数字组成。

(一)旅客姓名项(指令名称:NM)

指令格式:>NM:数量字母姓/字母名1/字母名2……1中文姓名

指令解释:NM 姓名项是 PNR 最基本的记录构成。订位时,一般首先要在订单中输入的是客人的姓名。

数量:9 人(含 9 人)以下的订座,称为散客,订单中的旅客要一次性输入全部姓名;

字母姓:以字母方式输入姓名时,同姓旅客可一次输入总人数;

字母名1:以字母方式输入的名;

字母名2:以字母方式输入的名;

1中文姓名:以字母方式输入的同姓旅客名,中文姓与名间无分隔,需要单独写入。

指令举例1:输入一名旅客中文姓名。

指令输入:>NM:1 陈家颖

指令输出:1. 陈家颖

      2. BJS/T PEK/T-84018401/CACI HELPDESK

      3. PEK099

输出释义:

序号 1:订单中行号 1 姓名为陈家颖;

序号 2:订座单位的联系组,系统根据单位配置设置,在订单中自动加入;

序号 3:订座单位,即责任组。

指令举例2:输入多名旅客姓名。

指令输入:>NM:1 陈家颖 1WU/HAIYAN

指令输出:2. WU/HAIYAN 1. 陈家颖

      3. BJS/T PEK/T-84018401/CACI HELPDESK

      4. PEK099

输出释义:序号 1、2——名字在输入后会先字母后汉字排列。

指令举例3:输入字母同姓旅客。

指令输入：＞NM：2WU/HAIYAN/HAIFEN
指令输出：1. WU/HAIYAN 2. WU/HAIFEN
　　　　　3. BJS/T PEK/T－84018401/CACI HELPDESK
　　　　　4. PEK099

指令举例 4：输入儿童姓名。

指令输入：＞NM：1CAO/HAOZHE CHD

指令举例 5：输入婴儿姓名。

指令输入：＞NM：1GUO/YU
　　　　　＞XN/IN/QI/MIAOJIA INF(SEP13)/P1

注意：姓名组由英文字母或汉字组成。英文姓名间由"/"分隔，每个旅客姓名中只能有一个"/"，中文姓名间无"/"。名字的长度最长不得超过 28 个字符，英文的姓不能为一个单一的字母。

（二）航段项（指令名称：SD/SS/SA/SN）

1. 直接建立航段组（指令名称：SS）

指令格式：＞SS：航班号/航位/日期/航段/行动代码/座数/起飞时间 到达时间

指令举例：＞SS：CA1351/Y/＋/PEKCAN/NN1

2. 间接建立航段组（指令名称：SD）

指令格式：＞SD：航班序号/航位/行动代码/座数（需要先用 AV 指令查询航班）

指令举例：

指令输入：＞AV PEKSHE/14JUN

指令输出：

14JUN(FRI) PEKSHE

1 - CA984 PEKSHE 0740　0900　　763 0^S　E　DS# FA PS AS CA D4 JS Z2 YA BA HA ＊
2　HU7117 PEKSHE 0755　0905　　734 0^　E　　DS# FA C3 AS YA BA HA KA LA MA NA ＊
3　CZ6116 PEKSHE 0900　1010　　M90 0^　　　DS# FA A6 P4 R2 YA TA KA HA MA GA ＊
4　CA1651 PEKSHE 0950　1105　　733 0^S　E　DS# F6 A2 YA SA BA HS KS LS MS NS ＊

指令输入：＞SD 1Y1

指令输出：

（1）CA984　Y　FR08APR　PEKSHE DK1　0740 0900　　763 S 0 R E

（2）BJS/T PEK/T 010－65243388－3105/CHINA CYTS TOURS CO．，LTD/YUAN QINGHAI

（3）BJS180

3. 建立地面运输段（指令名称：SA）

指令格式：SA：日期/城市对

4. 建立不定期航段（指令名称：SN）

指令格式：SN：航空公司代码/日期/城市对

（三）联系组项（指令名称：CT）

1. 代理人联系组（订座时由系统自动生成的）

指令举例：BJS/T BJS/T 010－64666624/PEK LAN TIAN XIANG YUN AVATION

SERVICE CENTRE/LIU YUE ABCDEFG

 2. 旅客联系组(指令名称:CT)

 指令格式:＞CT:城市编码/旅客联系信息

 指令举例:＞CT:CAN/020－12345678

 (四) 出票情况项(指令名称:TK)

 指令格式:＞TK:TL/时间/日期/出票部门(出票时限的输入)

 指令举例:＞TK:TL/1200/14JUN/CAN777

注意:航班起飞前两个小时订座,系统将自动生成 TK:TL 项,无需代理人手工输入,一次性封口的航班除外。

 (五) 订单生成项(指令名称:@ 或\)

 指令格式:＞@ 或 ＞\

 强行封口:

 指令格式1:＞@K(行动代码处有闪烁光标或航空公司改动过记录时使用)

 指令格式2:＞@I(航段不连续时使用)

 四、分销系统自动出票操作

 (一) 备注信息项(指令名称:RMK)

 指令格式1:＞RMK TJ AUTH CAN777

 指令格式2:＞RMK 自由文本(最多可以输入76 个字符,内容可中英文混合输入)

 (二) 备注申请项(指令名称:SSR)

 身份信息指令格式:＞SSR FOID Airline－Code HK/NI 证件号码/Pn

 指令举例:＞SSR FOID CA HK/NI1101082003060160l2/P1

 特殊餐食指令举例1:＞SSR:VGML CA NN1 PEKFRA 931 Y14JUN/P1

 特殊餐食指令举例2:＞SSR:VGML CA NN1/P1/S4

 常旅客指令格式:＞SSR:FQTV CA HK/CA 卡号(正式卡)/P1(常旅客卡号的输入)

 指令举例:＞SSR:FQTV CA HK/CA 115679362/P1

 (三) 备注说明项(指令名称:OSI)

 指令格式:＞OSI:航空公司两字代码 自由文本/P#

 (四) 机上预留座位项(指令名称:ASR)

预留座位流程如下:

 (1) 用 AV 指令查航班,ASR 航班在 AV 显示的时候有一个^标识。

 (2) 为旅客建立基础 PNR 信息,必须包括姓名组航段组(所订航班必须是 ASR 航班)。

 (3) 要确认航段后面有"R"标识才可以使用该功能。

 (4) 使用 ADM 指令,查看该 ASR 航班的座位图。

 (5) 使用 ASR 指令对 ADM 提供的座位中标记为 * 号的座位,为旅客进行机上座位的预定。

 (6) 旅客的订座记录中会自动加入 SSR SEAT 项,以及营业员为旅客预订的座位号。

 使用 ASR 指令前航班座位图显示:

FM110/Y/14JUN/PEKSHA/757

```
Y                     1                   2                   3
     1 2 3 4 5 6 7 8 9 0 1 2 3 4 5 6 7 8 9 0 1 2 3 4 5 6 7 8 9 0 1 2 3 4
RF X X C C            * * * * X X X X X X X X X X X X X X X X X X X X FR
RE X X C C            * * * * X X X X X X X X X X X X X X X X X X X X ER
RD X X C C            * * * * X X X X X X X X X X X X X X X X X X X X DR
R  = = = = = = = = = = = = = = = = = = = = = = = = = = = = = = = = = =  R
L  = = = = = = = = = = = = = = = = = = = = = = = = = = = = = = = = = =  L
LC X X C C X X X * * * * * X X X X X X X X X X X X X X X X X X X X X X CL
LB X X C C X X X * * * * * X X X X X X X X X X X X X X X X X X X X X X BL
LA X X C C X   * * * * * * X X X X X X X X X X X X X X X X X X X X X X AL
     1 2 3 4 5 6 7 8 9 0 1 2 3 4 5 6 7 8 9 0 1 2 3 4 5 6 7 8 9 0 1 2 3 4
```

输入指令:ASR 2(航班序号)/16A 后,航班座位图显示:

FM110/Y/14JUN/PEKSHA/757

```
Y                     1                   2                   3
     1 2 3 4 5 6 7 8 9 0 1 2 3 4 5 6 7 8 9 0 1 2 3 4 5 6 7 8 9 0 1 2 3 4
RF X X C C            * * * * X X X X X X X X X X X X X X X X X X X X FR
RE X X C C            * * * * X X X X X X X X X X X X X X X X X X X X ER
RD X X C C            * * * * X X X X X X X X X X X X X X X X X X X X DR
R  = = = = = = = = = = = = = = = = = = = = = = = = = = = = = = = = = =  R
L  = = = = = = = = = = = = = = = = = = = = = = = = = = = = = = = = = =  L
LC X X C C X X X * * * * * X X X X X X X X X X X X X X X X X X X X X X CL
LB X X C C X X X * * * * * X X X X X X X X X X X X X X X X X X X X X X BL
LA X X C C X   * * * * * X X ! X X X X X X X X X X X X X X X X X X X X AL
     1 2 3 4 5 6 7 8 9 0 1 2 3 4 5 6 7 8 9 0 1 2 3 4 5 6 7 8 9 0 1 2 3 4
```

(五)票价组(指令名称:FN)

指令格式:>FN

指令举例:

指令输入:FN:FCNY900.00/SCNY900.00/C3.00/ TCNY50.00CN/ TCNY100.00YQ

指令输出:FN/FCNY900.00/SCNY900.00/C3.00/XCNY200.00/TCNY50.00CN/ TCNY150.00YQ/ACNY1100.00

注意:

(1) FN 中的 SCNY 项(实收票价)中的价钱不能超过 FCNY 项(公布票价)中的价钱否则显示 AMOUNT。

(2) FN 中现可输入一千万元以下票款,税款可输入十万元以下。

(六)票价计算组(指令名称:FC)

1. 单程全价客票

PNR 中:1. CZ6802 Y FR14JUN SHASHE DK2 1555 1735

2. BJS187

指令输入：>FC:SHA CZ SHE 1680.00Y CNY1680.00END

2. 往返全价客票

PNR 中：1. HU182 Y FR14JUN PEKHAK HK1 1205 1535

　　　　2. HU181 F SU16JUN HAKPEK HK1 0800 1120

指令输入：>FC：PEK HU HAK 2130.00Y HU PEK 4050.00F CNY6180.00END

3. 折扣票价

PNR 中：1. HU182 K FR14JUN PEKHAK RR1 1205 1535

　　　　2. HU181 K SU16JUN HAKPEK RR1 0800 1120

指令输入：>FC：PEK HU HAK 1920.00K HU PEK 1920.00K CNY3840.00END

注意：FC 中应输入折扣后票价。

（七）付款方式(指令名称：FP)

指令格式1：>FP:CASH,CNY　　指令解释：付款方式为现金,人民币。

指令格式2：>FP:CHECK,CNY　　指令解释：付款方式为支票,人民币。

指令格式3：>FP:IN/CASH,CNY　　指令解释：婴儿票 FP 项。

（八）签注信息(指令名称：EI)

指令格式1：>EI:NONEND NONREF

指令格式2：>EI:BUDEQUANZHUAN

指令格式3：>EI:不得签转

注意：输入的内容不应超过58 个字符,第29 个字符应空出。

（九）自动生成运价指令(指令名称 PAT)

指令格式1：>PAT:A*CH　　指令解释：自动计算儿童运价

指令格式2：>PAT:A*IN　　指令解释：自动计算婴儿运价

指令格式3：>PAT:　　指令解释：自动计算成人运价

（十）旅游信息(指令名称：TC)

指令格式：>TC F/自由文本（按航空公司指定内容输入）

注意：输入内容不要超过12 个字符。

（十一）出票指令(指令名称：ETDZ)

指令格式1：>ETDZ:1　　指令解释：>ETDZ:打票机序号

指令格式2：>ETDZ:1/P1,INF　　指令解释：>ETDZ:1/P1,婴儿标识

指令格式3：>ETDZ:1/P1,ADL　　指令解释：>ETDZ:1/P1,成人标识

指令格式4：>ETDZ:1/P1/P3/P5　　指令解释：选择打印

1. 预先订妥座位出票流程

指令举例：三个已订妥座位的旅客,前来出票。

>RT:142T11

1. 陈家颖 2. 吴海燕 3. 杨晨

4. CA1302 Y FR14JUN CANPEK HK3 1200 1445

5. BJS/T BJS/T ABCDEFG

6. PEK/010-84019200

7. TL/1200/11JUN/PEK099

8. SSR FOID CA HK1 NI1101081979066193712/P1

9. SSR FOID CA HK1 NI1101041974051825187/P2

10. SSR FOID CA HK1 NI1101041974051775157/P3

11. BJS999

指令操作步骤：

>4RR

>XE7

>FP:CASH,CNY

>FN:FCNY1360.00/SCNY1360.00/C3.00/TCNY50.00CN/TCNY150.00YQ

>FC:CAN CA PEK 1360.00Y CNY1360.00END

>ETDZ:1

2. 完成出票PNR后出票流程

指令举例：将下列PNR做出票操作。

>RT:QSW056

1. TEST/A QSW056

2. HU7382 Y FR14JUN PEKHAK DR10820 1150 738 0 E

3. BJS/T BJS/T ABCDEFG

4. PEK/010-84019200

5. FC/PEK HU HAK 2130.00Y CNY2130.00END

6. SSR FOID HU HK1 NI987078990/P1

7. FN/FCNY2130.00/SCNY2130.00/C3.00/XCNY200.00/TCNY50.00CN/TCNY150.00YQ/ACNY2330.00

8. FP/CASH,CNY

9. PEK099

指令操作步骤：

>ETDZ:3

指令显示：

CNY2330.00   QSW056

ET PROCESSING...   PLEASE WAIT!

ELECTRONIC   TICKET   ISSUED

注意：ETDZ时显示：DEVICE-01 OOS时，其含义是OOS是OUT OF STOCK，即输入打票机内的票号使用完了，此时应输入新的票号范围。ETDZ时显示"SSR FOID ELEMENT MISSING"时，其错误分析：PNR中没有输入旅客身份信息，即需要输入"SSR FOID…"。

3. 出票后旅客订座记录变化

PNR增加：票号组（T，SSR TKNE，TN，**）。

PNR缺少：FC EI TC进入历史部分。

旅客出票记录案例
＊＊ELECTRONIC TICKET PNR＊＊
1. 王晓 P150MK
2. CA1355 Y SA13FEB PEKHAK RR1 0740 1125
3. BJS/T PEK/T 010－84019200/BEIJING BRANCH
4. PEK/010－84019200
5. T
6. SSR TKNE CA HK1 PEKHAK 1356 Y13FEB 9991698057717/1/P1
7. RMK CA/KC4FN
8. SSR FOID CA HK/NI110105740215658/P1
9. FN/FCNY2130.00/SCNY2130.00/C3.00/XCNY200.00/TCNY50.00CN/TC-NY150.00YQ/ACNY2330.00
10. TN/999－6091708068/P1
11. FP/CASH,CNY
12. BJS999

注意：当客票 ETDZ 后，应用 DETR 提取票面状态；应用 TSL 查看当天销售报表。

电子客票的票面提取方式有以下几种：

方法1：DETR：TN/13位票号。

方法2：DETR：NI/身份信息。

方法3：DETR：NM/旅客姓名。

方法4：DETR：CN/记录编号。

电子客票状态说明：

OPEN FOR USE——客票有效

VOID——已作废

REFUNDED——已退票

CHECK IN——正在办理登机

USED/FLOWN——客票已使用

SUSPENDED——挂起状态，客票不能使用

LIFT/BOARDED——过渡状态（登机）

EXCHANGE——客票换开

信息保存时限：OPEN FOR USE 状态的客票将在代理人系统中保留一年，其他状态的电子客票记录在代理人系统中保留期限为一个月。

4. 查看销售报表

```
＊＊＊＊＊＊＊＊＊＊＊＊＊＊＊＊＊＊＊＊＊＊＊＊＊＊＊＊＊＊＊＊
＊           CAAC  MIS  OPTAT  DAILY－SALES－REPORT
＊
＊
＊
＊  OFFICE：BJS544   IATA NUMBER：08016514   DEVICE：4/ 72323   ＊
```

* DATE：07JUL
  AIRLINE：ALL   *

  TKT‐NUMBER   ORIG‐DEST   COLLECTION   TAXS   COMM%   PNR   AGENT

  784‐3345635140   BJS HRB   580.00   200.00   3.00   WD2696   25145
  784‐3345635139   BJS HRB   580.00   200.00   3.00   WD2696   25145

5. 出票失败

指令输入：>ETDZ:3

指令显示：CNY1110.00   PF00S

　　　ET PROCESSING...PLEASE WAIT！！

　　　　＊＊ELECTRONIC TICKET PNR＊＊

1. GUO/YU TV2ES7
2. MU563   B   FR04JUL   PEKPVG RR1   1910 2120   E T2T1
3. MU586   M   SU06JUL   PVGPEK RR1   2115 2320   E T1T2
4. BJS/T BJS/T 010‐65221188‐6510/GAOHANG AVATION PASSENGER CARGO SERVICE
5. BJS/01065862255
6. T
7. SSR FOID MU HK1 NI112316375/P1
8. SSR ADTK 1E BY BJS04JUL08/1354 OR CXL MU 563 B04JUL
9. SSR TKNE MU HN1 PEKPVG 563 B04JUL 7813111419594/1/P1
10. SSR TKNE MU HN1 PVGPEK 586 M06JUL 7813111419594/2/P1
11. RMK CA/BT60L
12. FN/FCNY1810.00/SCNY1810.00/C3.00/XCNY400.00/TCNY100.00CN/TCNY300.00YQ/ACNY2210.00
13. TN/781‐3111419594/P1
14. FP/CASH,CNY
15. BJS544

　　查看销售报表显示：

　　输入指令：TSL:3

　　输出显示：

　　　　　　CAAC   MIS   OPTAT   DAILY‐SALES‐REPORT
* OFFICE：PEK099   IATA NUMBER：08311122   DEVICE：3/34248
* DATE：30OCT
  AIRLINE：ALL

  TKT‐NUMBER   ORIG‐DEST   COLLECTION   TAXS   COMM%   PNR   AGENT

131

880－1234568379　　PEKSHA　　BS PET ISSUE FAILED！！！！　　PF00SD　　8888
880－1234568378　　SHAPEK　　1730.00　200.00　　　　3.00　　NWR09G　　8888

出票失败后的处理方式：

重新出票指令格式—＞ETRY：（操作前请先 RT 提出 PNR）

屏幕显示下列信息表示出票成功：

ETPROCESSING...PLEASE WAIT!　　PF00S

ET TRANSACTION SUCCESS

此时恢复正常。当 ETDZ 出错时，请代理人及时查找错误原因，用相应指令进行重新出票操作，否则在当天夜里 12 点 BSP 结算将会视这些票为废票。

6．客票需再次打印

　　　　　　　　　＊＊ELECTRONIC TICKET PNR＊＊

1．GUO/YU TV2ESK

2．　MU563　B　FR04JUL　PEKPVG RR1　1910 2120　　　E T2T1

3．　MU586　M　SU06JUL　PVGPEK RR1　2115 2320　　　E T1T2

4．BJS/T BJS/T 010－65221188－6510/GAOHANG AVATION PASSENGER CARGO SERVICE

5．BJS/01065862255

6．T

7．SSR FOID MU HK1 NI112316375/P1

8．SSR ADTK 1E BY BJS04JUL08/1354 OR CXL MU 563 B04JUL

9．SSR TKNE MU HK1 PEKPVG 563 B04JUL 7813111419594/1/P1

10．SSR TKNE MU HK1 PVGPEK 586 M06JUL 7813111419594/2/P1

11．RMK CA/BT60L

12．FN/FCNY1810.00/SCNY1810.00/C3.00/XCNY400.00/TCNY100.00CN/TCNY300.00YQ/ACNY2210.00 13．TN/781－3111419594/P1

14．FP/CASH,CNY

15．BJS544

输入指令：＞XE6/9/10/13

　　　　　＞FC PEK MU PVG 1020.00B MU PEK 790.00M CNY1810.00END

　　　　　＞EI 不得签转 改期收费

　　　　　＞ETDZ：1

输出显示：CNY 2210.00 TV2ESK

　　　　　ET PROCESSING...　PLEASE WAIT!
　　　　　ELECTRONIC　TICKET　ISSUED

注意：一本客票打印完后，PNR 中一些项，如 FC、EI 会进入 PNR 的历史部分，再次打印时应注意添加这些项。

7．各种情况出票举例

（1）单人出票实例：旅客杨晨购买 6 月 14 日北京—上海 CA1501 航班经济舱全票价机票一张，票价 1130.00。

指令输入：

＞AV：PEKSHA/14JUN

＞SD：1Y1

＞NM：1 杨晨

＞CT：PEK/010－84019200

＞FN：FCNY1130.00/SCNY1130.00/C3.00/TCNY50.00CN/TCNY150.00YQ

＞FC：PEK CA SHA 1130.00Y CNY1130.00END

＞FP：CASH,CNY

＞SSR FOID CA HK/NI110101660412/P1

（2）单人折扣客票实例：旅客周滢购买 12 月 18 日北京—广州南航 H 舱机票一张,票价 1360.00 ,不得签转。

指令输入：

＞NM：1 周滢

＞AV：PEKCAN/18DEC

＞SD：1H1

＞CT：PEK/84019200

＞FN：FCNY1360.00/SCNY1360.00/C3.00/TNCY50.00CN/TCNY150.00YQ

＞FC：PEK CZ CAN 1360.00H CNY1360.00END

＞EI：不得签转

＞FP：CASH,CNY

＞SSR FOID CZ HK/NI1101040325178/P1

（3）单人往返客票实例：旅客陈淳丽购买 6 月 14 日北京—海口和 6 月 17 日海口—北京全价机票一张。（如果旅客选择的两个航班是同一个承运人，则可以打印在同一本客票上；若旅客选择的两个航班是不同承运人，应分别打印在两本客票上。）

指令输入：＞RT：NZ40BY

输出显示：

1. 陈淳丽 NZ40BY

2. HU7382　Y　FR14JUN　PEKHAK　HK1　0800　1140　E T1－

3. HU7181　Y　MO17JUN　HAKPEK　HK1　0800　1125　E －T1

4. BJS/T BJS/T 010－65157635/BTG TKT CO./SHI YU ABCDEFG

5. PEK/12345678

6. TL/1200/02DEC/PEK099

7. SSR ADTK 1E BY PEK03DEC08/1646 OR CXL HU7382 Y05DEC

8. RMK CA/DSJ3FP

9. PEK099

指令输入：

＞FN：FCNY4500.00/SCNY4500.00/C3.00/TCNY100.00CN/TCNY300.00YQ

＞FC：PEK HU HAK 2250.00Y HU PEK 2250.00Y CNY4500.00END

＞FP：CHECK,CNY

133

> SSR FOID HU HK/NI110107700923142/P1

(4) 联程客票实例:旅客张文健购买 6 月 14 日北京—海口和 6 月 17 日海口—上海机票。

票价:PEKHAK Y 2250.00、HAKSHA Y 1660.00。

指令输入:>RT:NZ40BY

输出显示:

1 张文健 NZ40BY

2 HU7382　Y　FR14JUN　PEKHAK　HK1　0800　1140　E T1 - -

3 HU7119　Y　MO17JUN　HAKPEK　HK1　0730　1000　E - -T1

4 CT:BJS/010 - 84019200

输入指令:

> FP:CHECK,CNY

> FN:FCNY3910.00/SCNY3910.00/C3.00/TCNY100.00CN/TCNY300.00YQ

> FC:PEK HU HAK 2250.00Y HU SHA 1660.00Y CNY3910.00END

> SSR FOID HU HK/NI110103550718652/P1

(5) 多名旅客在同一 PNR 中实例。旅客:王晓、潘晓影、李娟、MCHEL/JOHNSON 购买 6 月 14 日北京—杭州和 6 月 17 日杭州—广州的机票。

指令输入:

> NM:1 王晓 1 潘晓影 1 李娟 1MICHEL/JOHNSON

> AV/SD:2M4（去程）

> AV/SD:2M4（回程）

> CT:BJS/010 - 84019200

> FN:FCNY1580.00/SCNY1580.00/C3.00/TCNY100.00CN/TCNY300.00YQ

> FC:PEK MU HGH 740.00M MU CAN 840.00M CNY1580.00END

> EI:NON - END

> FP:CASH,CNY

> SSR FOID MU HK/NI110108751022581/P1

> SSR FOID MU HK/NI110108751022582/P2

> SSR FOID MU HK/NIG2154625797979/P3

注意:应将旅客不同票价及其对应的票价基础输入 FC 中;FN 应输入一个旅客全程票价,与 PNR 人数无关。

(6) 成人带儿童实例:一成人和一个儿童(9 岁)购买 6 月 14 日北京—海口普通舱,6 月 17 日海口—北京头等舱机票。票价:PEKHAK Y CNY2250.00;HAKSHA F CNY2490.00。

指令输入:

> NM:1 郭宇 1 齐妙佳 CHD

> AV/SD:6Y2（去程）

> AV/SD:6F2（回程）

> CT:BJS/010 - 84019200

＞FP：CHECK，CNY

＞FN：FCNY4740.00/SCNY4740.00/C3.00/TCNY100.00CN/TCNY500.00YQ/P1

＞FN：FCNY2380.00/SCNY2380.00/C3.00/TEXEMPTCN/TCNY160.00YQ/P2

＞FC：PEK HU HAK 2250.00Y HU SHA 2490.00F CNY4740.00END/P1

＞FC：PEK HU HAK 1130.00YCH HU SHA 1250.00FCH CNY2380.00END/P2

＞F PCHSH，CNY

（7）成人带婴儿实例：一成人和一个婴儿（生于2012年9月）购买2013年6月14日深圳—北京CA航班M舱机票，票价：SZX－PEK 1540.00，全价：1750.00。

指令输入：

＞NM：1 郭宇

＞AV/SD：1Y1

＞CT：PEK/66017755

＞FN：FCNY1540.00/SCNY1540.00/C3.00/TCNY50.00CN/TNCY150.00YQ

＞FP：CASH，CNY

＞FC：SZX CA PEK 1540.00Y CNY1540.00END

＞SSR FOID CA HK/NI110103800922412/P1

＞EI：不得签转

＞XN：IN/齐妙佳 INF（SEP12）/P1

＞FN：IN/FCNY180.00/SCNY180.00/C0.00/TEXEMPTCN/TEXEMPTYQ

＞FC：IN/SZX CA PEK 180.00YIN CNY180.00END

＞FP：IN/CASH，CNY

注意：可以单独打印婴儿客票，指令为：ETDZ:1/P1,INF；婴儿不占座位,不考虑婴儿座位数；由于婴儿票价及票价计算与成人不同,因此用IN标识特殊指明FC、FN和FP、EI、TC项；OVF/XN/IN/ DANFORD/MAEVEESTHERINF（MAY11）/P1，OVF表示婴儿姓名超长。

五、旅客信息记录修改指令

（一）订座记录阅读（指令名称：RT\RTC\RTU\RTA）

（1）根据记录编号提取指令格式：＞RT：XXXXXX。

格式举例：

输入指令：＞RT：MES6Q2（只显示本OFFICE的PNR,有授权的情况下除外）

输出显示：＞RT MES6Q2

1. 陈家颖 2. SAI/GM 3. 吴海燕 MES6Q2

4. CZ6205 Y FR14JUN HRBPEK HK3 1800 1940

5. BJS/T PEK/T 010－65538922/CHINA AIR SERVICE COMPANY/ZHONG MING FENG ABCDEFG

6. 65881919 ELONG LISA

7. TL/1800/11JUN13/BJS191

8. RMK CA/JDYDB

9. BJS191

提取其他代理定的旅客记录,需要得到对方的授权,在记录中显示如下:

＊＊ELECTRONIC TICKET PNR＊＊

1. 杨晨 JNPM7Z
2. MU5199 X   SU08JUL SHAPEK RR1   2030   2305   E T2T2
3. BJS/T BJS/T 010-68589990/PEK GOLDEN HOLIDAY TRAVEL CO.,LTD/XIAO LEI ABCDEFG
4. 13810603217
5. T
6. SSR FOID
7. SSR CKIN MU
8. SSR FQTV MU HK1 SHAPEK 5199 X08JUL MU610303562363/P1
9. SSR ADTK 1E BY BJS02JUL12/1753 OR CXL MU5199 X08JUL
10. SSR TKNE MU HK1 SHAPEK 5199 X08JUL 7812027502224/1/P1
11. RMK CA/MGR3QG
12. RMK TJ AUTH BJS807(授权标识)
13. RMK AUTOMATIC FARE QUOTE
14. FN/A/FCNY570.00/SCNY570.00/C3.00/XCNY180.00/TCNY50.00CN /TCNY130.00YQ/ ACNY750.00
15. TN/781-2027502224/P1
16. FP/CASH,CNY
17. BJS472

(2)查看 PNR 历史部分指令格式:＞RT:C/记录编号或在 RT 提出记录后做 RTC。返回 PNR 的现部分指令格式:＞RTA(先做 PF1)。

格式举例:

＊＊ELECTRONIC TICKET PNR＊＊

1. 陈家颖 2. 吴海燕 MEY1M3
3. SC4732 Y   FR14JUN   WNZTAO RR2   1540   1730   E
4. T WNZ/WNZ/T 0577-55555555/WNZ LAI TE AIR SERVICE CO. LTD/ZE
5. T WNZ/NG JIU CHENG
6. B YOP/T 8006 2012/07/03 1315A
7. T
8. SSR FOID SC HK1 NI370783198708214370/P2
9. SSR FOID SC HK1 NI370783198707014414/P1
10. SSR TKNE SC HK1 WNZTAO 4732 Y14JUN 3242335092631/1/P2
11. SSR TKNE SC HK1 WNZTAO 4732 Y14JUN 3242335092630/1/P1
12. SSR OTHS 1E PNR RR AND PRINTED

输入指令:＞RTC

＊＊ELECTRONIC TICKET PNR＊＊

008   SDH888 16117 0558 14JUN I

  1. 陈家颖(001) 2. 吴海燕(001) MEY1M3

001 3. SC4732 Y FR14JUN WNZTAO RR2 1540 1730 E
    DK(001) HK(001) RR(004)

001 4. T WNZ/WNZ/T 0577-55555555/WNZ LAI TE AIR SERVICE CO. LTD/ZE

001 5. T WNZ/NG JIU CHENG

001 6. B YOP/T 8006 2012/07/03 1315A

006 7. T

（3）查看历史部分中的第二步操作指令格式：＞RTU2。

输入指令：＞RTU6

001/006 TL/0525/14JUN/BJS180

006/006 FC/A/PEK CA HRB 960.00Y CA PEK 960.00Y CNY1920.00END

006/006 FC/A/PEK CA HRB 480.00YCH50 CA PEK 480.00YCH50 CNY960.00END

     **(CH)//SHIJIAYUCHD/

006/006 EI/GAIQITUIPIAOSHOUFEI 改期退票收费

006/006 EI/GAIQITUIPIAOSHOUFEI 改期退票收费/SHIJIAYU/

  006 BJS180 15233 0907 14JUN I

（二）航段调整（指令名称：CS）

调整航段顺序指令格式：＞CS 航段序号/航段序号。

格式举例：

 1. 王晓 MWE04

 2. ARNK   TAOCAN

 3. MU5114 F FR14JUN PEKTAO HK1 1705 1755

 4. BJS/T PEK/T 010-67786387/SHUANGJING AGENCY/WANG ZHI HONG ABC-DEFG

 5. 84019200

 6. TL/1200/11JUN/BJS296

 7. RMK CA/KSG1E

 8. BJS296

输入指令：＞CS:3/2

输出显示：

 1. 王晓 MWE04

 2. MU5114 F FR14JUN PEKTAO HK1 1705 1755

 3. ARNK   TAOCAN

 4. BJS/T PEK/T 010-67786387/SHUANGJING AGENCY/WANG ZHI HONG ABC-DEFG

 5. 84019200

 6. TL/1200/10JUN/BJS296

 7. RMK CA/KSG1E

 8. BJS296

（三）订座记录修改（指令名称：SP/XE）

指令举例：现取消显示的第4项，并更新为53650006。

指令输入：＞RT MJN43

输出显示：

1. 刘佳惠

2. MU5116 M FR14JUN PEKTAO HK1 1945 2055

3. BJS/T PEK/T 010－67786387/SHUANGJING AGENCY/WANG ZHI HONG ABC-DEFG

4. 84019200

5. TL/1200/11JUN/BJS296

6. RMK CA/KFT66

7. BJS296

指令输入：

＞XE4

＞CT 53650006

＞@

再次提取查看。

输入指令：＞RT MJN43

输出显示：

1. 刘佳惠

2. MU5116 M FR14JUN PEKTAO HK1 1945 2055

3. BJS/T PEK/T 010－67786387/SHUANGJING AGENCY/WANG ZHI HONG ABC-DEFG

4. 53650006

5. TL/1200/11JUN/BJS296

6. RMK CA/KFT66

7. BJS296

（四）还原记录（指令名称：IG）

指令格式：＞IG 或 ＞I

将正在提取的PNR还原成上一次封口时状态。尽管已经做了修改，只要没生效，即没有做封口操作，就可以将PNR还原到原始状态。

（五）删除订座记录（指令名称：XEPNR@）

取消完整PNR，提取记录后，做"＞XEPNR@"，记录一旦取消不能恢复。

第二节　开账与结算计划

一、国际航协代理人计划简介

国际航协代理人计划（IATA Agency Programme）是国际航空运输协会在20世纪50年代初创建的航空客货销售代理管理系统。其目的是为航空运输业提供一整套高效、可靠、统一、规范的专业化销售清算系统,以此适应航空运输市场不断发展变化的需要。

(一) 国际航协代理人计划的主要服务项目

1. 代理人管理

通过所有国际航协的会员航空公司共同制定的客货销售代理规则,对其认可的代理人进行全球化管理。国际航协根据各地航空运输市场的具体特点,定期对这些规定进行修改,以此来适应不同时期、不同国家或地区的个性化需要。

2. 代理人资格审定

根据所有国际航协的会员航空公司共同制定的标准,对申请成为国际航协认可代理人的企业进行财务、人员、营业地点等方面的审查、认可并颁发有关的资格证书。

3. 销售结算系统

开账与结算计划(Billing and Settlement Plan,BSP)和货运结算系统(Cargo Account Settlement Systems,CASS)是国际航协根据航空运输代理行业的切实需要而建立的,供航空公司和其认可代理人之间使用的销售结算系统。这两个销售结算系统的主要特点是采用统一规格的中性运输凭证进行销售,按照国际统一标准的计算机程序制作销售报告,并通过银行集中转账付款。它简化了出票、报表以及付款程序,使航空公司和代理人节约了大量结算领域的开支,大大提高了工作效率和服务质量。

4. 代理人培训

国际航协与世界旅行社协会联合会(UFTAA)和国际运输商协会联合会(FIATA)共同制定了培训计划,为代理人提供专业的培训服务。国际航协按照国际行业标准举办的代理人培训班旨在广泛提高从业人员的专业素质和服务水平。国际航协指派从各专业中挑选的专家负责培训课程的设置;选择、编写和及时更新培训教材;教学质量管理以及组织实施考试等工作。

5. 代理人产品和出版物

国际航协可为代理人提供一系列高效益、高价值的服务,以此提高整个代理人计划的实用性。国际航协还提供国际航协决议汇编手册和代理人手册,这些出版物是构成航空公司与代理人之间契约关系的主要依据。国际航空运输协会代理人卡作为国际航协向中国地区代理人提供的一项新增值服务,是专为全球从事旅游代理业务的专业人士设计使用的身份卡。该卡是旅游代理业专业人士的身份象征,得到了国际上众多航空公司和旅游旅行服务提供商的认可和接受。

(二) 成为国际航协认可代理人的优越性

(1) 有权使用国际航协认可代理人的专用标志。该标志在国际航空运输代理业中是专业化、高技能、高效率和良好信誉的识别标志,是能带给客户更多信任感的标志。

(2) 国际航协认可代理人已被世界各大航空公司广泛接受。

(3) 国际航协认可代理人将被列入国际航协定期向所有会员航空公司发放的代理人名册,供航空公司选择代理人时使用。这样可以提高代理人的知名度,有助于其扩大业务范围。

(4) 获得世界各大航空公司提供的各种促销资料和业务指导。

(5) 参加国际航协和其指定培训中心举办的各类培训课程,以便提高从业人员的业务水平和工作效率,从而增强代理人整体竞争力。

(6) 国际航协认可的代理人可以使用国际航协的 BSP 和 CASS 所配发的标准运输凭证,直接代理这些航空公司的客货销售业务。这样统一并简化的操作流程,有效地节省了代理人的时间和人力,有助于提高其销售能力和服务质量。

(7) 通过国际航协代理人计划在各国的执行委员会,对代理人计划的修改和发展提供建议。

(三) 国际航协代理人计划的有关决议

国际航空运输协会是全世界航空公司的行业协会。它依据会员航空公司的提案,以专业大会的形式开展各项活动。以经由各会员航空公司举手表决而通过的决议实施对国际航空运输业的管理,旨在促进世界航空运输业的平等、合作、有序发展。

1. 客运销售代理规则—中国(国际航协 810C 决议)

客运销售代理规则—中国决议,简称 810C。该决议是依据国际航协旅客代理人大会通过的有关决议为准则,结合中国航空运输业的实际情况制定的。其主要内容为:代理人资格认可和保持条件;开账与结算计划规则。中国 BSP 是客运销售代理规则——中国(810C)中的一项核心内容,是航空公司用以规范其销售代理人销售行为的有效办法。对由国际航协认可的,在中国境内从事国际和/或国内航空运输销售代理业的代理人具有规范行为的严肃性和指导性。

2. 中国国内客运销售代理规则(国际航协 810Z 决议)

中国国内客运销售代理规则决议,简称 810Z。该决议是以 810C 决议为准则,结合中国国内客运销售代理人的实际情况制定的,是国际航协 810C 决议的延伸。旨在约束从事国内客运销售代理业务的代理人。国际航协 810C 决议的条款充分体现在中国国内客运销售代理规则中,是国际航协中国国内客运销售代理事务的指导性决议。

3. 国际航协 832 决议

国际航协 832 决议是国际航协从事原客运销售代理规则 810C 决议的有关章节分离出来的单独形成的决议。其中主要内容包括:通过 BSP 运作的报告与清算程序;直接与会员航空公司进行的报告和清算;违规与违约行为处理。

二、代理人资格认可条件

代理人资格认可和保持条件主要规定了代理人申请成为国际航协认可代理人时应具备的条件和申请程序;国际航协认可代理人发生变更时具有的条件和办理的程序;国际航协认可代理人为确保资格应保持的条件。

1. 申请国际航协认可客运代理人需具备的资质

(1) 营业执照。申请人应具备独立法人资格,持有企业法人营业执照(售票处地址与法人营业执照注册地址不同时,需提供售票处的非法人营业执照)。

(2) 人员证书。申请人(国际销售代理人/国内销售代理人)应有至少 3 名工作人员持有由中国航空运输协会颁发的(国际/国内)有效的客运销售代理人上岗证;申请人应有至少 3 名工作人员持有国内 BSP 培训证书(国内销售代理人);申请人应至少 3 名工作人员持有由中航信颁发的 BSP 自动打票培训合格证书。

(3) 财务要求。申请人应有令人满意的财务状况;申请人应按月平均运输销售量的 50% 提供经济担保。

（4）营业场所。申请人的营业场所应有明显的旅行代理人标志，公众可以自由出入；申请人的营业场所不应位于或与另一代理人或某航空公司共同使用的办公区域内；代理人的营业场所应符合国际航协代理人手册中公布的最低安全标准。

（5）名称要求。申请人不得与国际航空运输协会或某会员或某航空公司的名称相同和相似；申请人的营业地不得被人们认为是某会员或某组会员航空公司的办公地点。

（6）其他要求。申请人不应为任何航空公司的销售总代理；申请人或其主要股东或其董事或其官员或其经理，在遵守合乎职业道德的商业准则方面，不应有令人不满意的记录，也不应是债务尚未清偿的破产人；申请人的董事或股东或管理人员，均不应为已从代理人名册中予以除名的代理人的董事或股东或管理人员或已收到违约通知并仍未清偿债务的代理人的董事或股东或管理人员。

2. 申请及批准程序

（1）递交申请材料。有意被录入代理人名册并将其营业地址同时作为经批准的地点录入代理人名册的代理人，或有意将其又一营业地作为经批准的地点录入代理人名册的代理人，应向代理人事务经理提交完整的申请表和如下文件：国际航协认可国际（国内）客运代理人申请表；企业法人营业执照复印件；中国航空运输协会颁发的一类（二类）营业批准证书；经国家注册会计师事务所确认的验资报告的复印件；经国家注册会计师事务所审计的反映最近财务状况的财务审计报告的原件；企业法人营业执照的工商注册时间不足半年的代理人，仅提供开业时的验资报告正本；培训证书（三个国际（国内）客运上岗证书、三个国内BSP培训证书、三个自动打票培训合格证书）；航空客运代理人主要印鉴备案表；售票处租房合同；法人公司章程复印件；售票处人员状况表（仅限国际代理人）；营业场所内外照片4张；缴纳相关费用的凭证复印件（仅限国内代理人）；法定代表人身份证复印件；已填妥的国际航协存档记录；主要经办人及负责人的名片（姓名/电话/手机/传真）；代理人的信签样本（印有公司名称的信封和信纸）。

（2）缴纳相关费用。申请国际航协认可客运销售代理人（国际客票销售代理人）应缴纳的费用有申请费（一次性，总部：USD375；分支机构：USD375）、加入费（一次性，总部：USD565；分支机构：USD450）、年费（每年，总部：USD125；分支机构：USD85）、专员费（总部：USD5；分支机构：USD5）、证书费（总部：USD20；分支机构：USD20）、代理人卡费（每年，总部：USD75；分支机构：USD75）。申请国际航协认可客运销售代理人（国内客票销售代理人）应缴纳的费用有申请费（一次性，总部：CNY650；分支机构：CNY520）、加入费（一次性，总部：CNY1030；分支机构：CNY830）、年费（每年，总部：CNY500；分支机构：CNY400）。以上费用代理人应在接到通知后以人民币支票和电汇的形式直接向国际航协北京办事处交纳上述费用。

（3）经济担保的办理。国际航协认可代理人资格审查办公室收到代理人的申请文件后，按照规定的担保标准为代理人核定一个经济担保额。国际客票销售代理人的担保额标准为连续12个月月平均销售额的50%且不得低于150万元人民币。国内客票销售代理人的担保额标准为连续12个月月平均销售额的50%且不得低于50万元人民币。代理人应在代理人资格批准前向国际航协提交担保函。

（4）申请的批准。国际客票销售代理人的批准要求：国际航协认可代理人资格审查办公室向全世界会员航空公司公布代理人的申请，代理人的所有申请文件提交完备后，如航空公司无异议,国际航协将批准代理人的申请。国内客票销售代理人的批准要求:国际航协认可代理人资格审查办公室向中国所有 BSP 航空公司公布代理人的申请,自申请发出之日起满 15 个工作日,如航空公司没有异议,代理人的所有申请文件提交完备后,国际航协将批准代理人的申请。

(5) 协议的签署。国际航协认可代理人资格审查办公室批准代理人的申请后,将向代理人发出批准通知并与代理人签署《客运销售代理协议》,并将已批准的代理人名单通知所有会员及中国 BSP 航空公司。签署协议时应注意:协议应有法定代表人或其被授权人签署,其被授权人需要出示法人授权委托证明原件;协议应加盖法人公司的公章;营业分点应同时加盖分公司的印章。

三、中国开账与结算计划概述

中国开账与结算计划是国际航空运输协会根据航空公司及其销售代理人的需要,依据适用的决议而建立的。由国际航协 BSP 委员会第 67 届大会通过并经中国民用航空局批准后实施。供 BSP 航空公司和经中国民用航空局或其地区管理局批准的,并被国际航协认可的,客运销售代理人之间使用的,清算和结算账目的销售结算系统,简称中国 BSP。

(一) 中国 BSP 的主要特点

(1) 代理人以中性的标准运输凭证为各 BSP 航空公司进行销售。

(2) 代理人按统一的标准管理表格和程序向 BSP 数据处理中心报告销售情况。由数据处理中心采用先进的 BSP 处理系统计算并产生各类报表和账单。

(3) 代理人的销售款定期通过 BSP 清算银行,以"直接借记"(不用账户所有人同意,自动扣款)的方式同 BSP 航空公司进行一次性结算。

(二) 中国 BSP 对于航空公司的优越性

(1) 按时收集集中传送的账单和票证,加强收入结算管理,随着电子客票的全面使用,目前 BSP 的数据收集也实现电子化传递。

(2) 按时进账,及时收款加强财务控制,改善资金流通。

(3) 利用录有账单数据的磁带,促进自动结算过程。

(4) 使用可靠的统计数据,提高销售管理水平。

(三) 中国 BSP 对于代理人的优越性

(1) 使用统一的标准运输凭证,以所授权的 BSP 航空公司名义开票,运作程序简化。

(2) 简明统一的标准管理表格适用于所有 BSP 航空公司,操作程序简单且成本降低。

(3) 在规定时间内向同一指定地点提交销售报告和其他有关单据。

(4) 通过直接借记的方式简化汇款手续。

(5) 举办 BSP 培训班,提高代理人服务质量。

第三节 环球分销系统

一、环球分销系统概述

目前,全球的旅游代理行业特别是国际客票销售领域,广泛通过环球分销系统完成机票、酒店、邮轮、保险甚至剧院门票等各种理由产品。环球分销系统(Global Distribution

System，GDS)，可以实现服务可用性检查、完成预订、并在大多数情况下能够通过打印机完成出票的计算机分销系统。

在全球范围内，有四个大型的环球分销系统(图4-2)，分别是艾玛迪斯系统(Amadeus)、伽利略系统(Galileo)、军刀系统(Sabre)和算盘系统(Abacus)。

图4-2 四大环球分销系统标志

环球分销系统发展的历史可以追述到早期的航空公司计算机预订系统(Computer Reservation Systems，CRS)。计算机预订系统是航空公司为了解决其早期手工预订的业务需求而设计的，这些早期的航空公司计算机预订系统最终演变升级为今天的环球分销系统，这一过程大体上可以划分为三个阶段：

第一阶段：从手工到计算机化预订(1950—1974)

在1952年到1961年这一时期，航空公司用老式打印机替换了原来的旧式的统计表格，这样航空公司工作人员可以通过将卡片插入读卡器来预订和取消座位。这时没有实现航班座位预订和旅客需求预订联网。1962年，IBM公司为美国航空公司开发出可以自动获取旅客预订信息的系统，英文全称为Semi - Automatic Business Environment Research，英文简称SABER。SABER是第一个现代意义的环球分销系统，系统实现了航空公司之间和旅游代理人之间信息的联通。后期，这个项目被IBM取名为SABRE(英文全称：Semi - Automatic Business Reservation Environment)。

第二阶段：自动分销系统和真正意义的计算机预订系统(1974—1984)

这一时期在旅游销售代理人处安装了终端，使其可以在不依赖打电话给航空公司的情况下完成座位的预订。航空公司开始积极推进终端在代理人处的普及，但是由于通信成本较高，限制了其安装数量。各种项目的实施涉及到对整个旅游行业的产品分销可行性的分析。研究结果表明不仅是可行，而且是有利可图。1976年1月，美国宣布在旅游代理人处安装阿波罗系统，这标志着由自动化出票时代到计算机订座系统时代的跨越。

第三阶段：从计算机预订系统到环球分销系统(1984—1994)

在环球分销系统发展的早期，航空公司一直青睐自己拥有计算机预订系统。这导致了中立问题的出现，并最终形成了跨越多个航空公司的环球分销系统概念。直到1987年，全美国95%的旅游代理人已经建立了计算机预订系统。主要的计算机预订系统是军刀(Sabre)和阿波罗(Apollo)。美国联合航空公司、英国航空公司、瑞士航空公司和意大利航空公司在1987年创办了伽利略(Galileo)，伽利略是基于阿波罗(Apollo)的软件平台。法国航空公司、汉莎航空公司、伊比利亚航空公司、斯堪的纳维亚航空公司在1987年共同推出了艾玛迪斯系统(Amadeus)。

大型计算机预订系统在一些方面有了长足的进步：

（1）它在系统上增加了可以提供的产品，还包括其他旅游产品，例如租车、酒店、保险、邮轮等。

（2）它扩大了在国际领域业务的服务范围，目前的环球分销系统都是基于全球互联网络的。

纵观主流的环球分销系统，主要呈现四大功能：

（1）提供及时的信息；

（2）完成预订的流程；

（3）为出票和行程单提供便捷方式；

（4）促进销售和管理销售流程。

二、艾玛迪斯系统介绍

艾玛迪斯（AMADEUS）是于1987年由四家主要的航空公司：德国汉莎、北欧航空、法航和西班牙航空公司所成立的一家全球旅游分销系统（Global Distribution System，GDS），自成立以来在欧洲占有重要的市场份额。1995年艾玛迪斯获得美国大陆航空公司所使用的第一系统（SYSTEM ONE）的加盟，更增加了艾玛迪斯系统在美国及全球其他市场的竞争力。

艾玛迪斯全球旅游预订系统总部设于西班牙马德里，由三个子公司组成一个控股集团。作为全球最大的旅游分销系统艾玛迪斯公司在中国的分支，艾玛迪斯中国从1995年开始服务于中国大陆的旅游业。

艾玛迪斯中国致力于在中国大陆推广优质的旅游行业技术解决方案，包括全球航空订位、酒店预订、租车、客户查询等；从而使众多的旅游企业通过艾玛迪斯系统准确、快捷地销售各种旅游相关产品。同时不断推出本地化产品以方便中国大陆的用户。另外，艾玛迪斯作为中国航空信息中心的合作伙伴，也为中国民航的预订系统提供了大量实时准确的信息，并把大量外国航空公司的数据信息传送给中航信订座平台。

目前艾玛迪斯中国的总部设在北京，在上海及广州分别建立了办事处。

三、伽利略系统介绍

伽利略系统是环球分销系统行业的全球领先者之一，旗下的Travelport于2006年创立，作为一个基础广泛的业务服务提供商为全球旅游业服务。但是，伽利略植根旅游行业的历史可以追溯到1971年，它引进了世界上第一个航空公司的电脑预订系统。如今环球分销系统已经演变成为航空公司和许多其他类型的旅游服务供应商和旅行世界各地的买家完成交易的平台。

这是美国联合航空公司于1971年推出的阿波罗系统。15年后，美国阿波罗旅游服务成为一个独立的子公司，并更名为Covia。1987年，Covia售出一组欧洲航空公司50%的股份在其业务和伽利略结成全球合作伙伴关系，形成了今天的伽利略公司。伽利略于1997年在纽约证券交易所上市，2001年被胜腾公司收购。

有了这些成功的品牌运作经验，2006年伽利略组建新的独立小组去进行策略性收购，以加强其Travelport的价值主张的"基于全球旅游产业，增强其在行业领先的平台和技术优势。"举足轻重的收购包括：2007年收购环球分销系统供应商Worldspan和2010年收购搜索引擎Sprice。

伽利略的战略目标是"成为世界领先的旅游信息供应商"。为了实现这一目标，伽利略将重心放在四大支柱业务发展方面：

（1）无与伦比的旅游内容。提供最广泛的出行方式、票价、利率和多源的内容,涉及邮轮、铁路、旅游、机票、酒店和汽车等多领域。全球范围内均衡符合本地特色的相关内容,通过高效的分销和销售的配套服务,让供应商满足客户不断变化的需求。

（2）智能搜索。智能搜索是指提供最明智、快速的选择。它具有轻松访问的票价和出票的最佳功能匹配,可以充分满足旅客需求。高性能智能搜索引擎可以提供业界领先的精度、针对性和反馈速度。

（3）强化销售经验。确保最高水平的相关旅游内容在分销系统中呈现,通过尽可能多的渠道和设备,为客户提供更多使用选择。通过革命性的销售解决方案和自动化工作流程,使供应商和旅行社分销及销售他们的产品。

（4）开放式平台。开放平台的方式可以充分灵活地访问更多内容和服务,通过更易于访问的方式获得相关信息。技术框架提供快速将产品推向市场的服务,并鼓励创新和开发下一代出行工具和应用程序。

前方的道路是开放的,充满机遇的旅行和技术继续发展。伽利略致力于不断投资于突破性的技术,使其客户能够保持竞争和持续繁荣。

学习单元五　职业技能综合训练

第一节　民航国内客票销售职业技能训练

一、国内客票销售经典习题

(一) 单项选择题

1. 《民航售票员国家职业技能标准》是由(　　)批准,(　　)开始实施。
    A　中国民航局;2010 年 4 月 19 日
    B　人力资源和社会保障部;2010 年 11 月 21 日
    C　中国民航局;2010 年 11 月 21 日
    D　人力资源和社会保障部;2010 年 4 月 19 日

2. 组成国际航班编号开头的两个英文字母代表的是(　　)。
    A　随意的编排,没有特别意义　　　B　出发地所属国的两字代码
    C　到达国所属国的两字代码　　　　D　执行该任务航空公司两字代码

3. (　　)是民航运输生产的主要形式。
    A　定期航班　　B　不定期航班　　C　包机航班　　D　国内干线航班

4. 以下航线中属于国际航线的是(　　)。
    A　CAN - WUH - PEK
    B　CAN - HAN - SIN
    C　SHA - HKG - TPE
    D　URC - XNN - CTU

5. 以下航线中属于地区航线的是(　　)。
    A　NKG - MFM　　　　　　　　　　B　CAN - TYO
    C　WUX - HRB　　　　　　　　　　D　KMG - BKK

6. 普通客票有效期自旅行之日开始(　　)运输有效。
    A　30 天　　B　6 个月　　C　12 个月　　D　24 个月

7. 下列航空公司两字代码有误的是(　　)。
    A　南方航空 CZ　　　　　　　　　B　厦门航空 FM
    C　山东航空 SC　　　　　　　　　D　四川航空 3U

8. 下列航空公司数字结算号有误的是(　　)。
    A　中国航空 999　　　　　　　　　B　南方航空 784
    C　东方航空 774　　　　　　　　　D　海南航空 880

9. 下列哪个代号表示客票为已经订座但未获得证实的情况(　　)。
    A　OK　　B　RQ　　C　NS　　D　SA

10. 下列旅客不属于重要旅客的是（　　）。
　　A 广东省省长　　　　　　　　B 交通部部长
　　C 人大代表　　　　　　　　　D 美国国务卿
11. 下列旅客不属于限制运输旅客的是（　　）
　　A 有成人陪伴婴儿　　　　　　B 有成人陪伴儿童
　　C 无成人陪伴儿童　　　　　　D 犯罪嫌疑人
12. 下列旅客不属于拒绝运输旅客的是（　　）。
　　A 拒绝接受安全检查　　　　　B 不听从机组人员指挥
　　C 出生未满14天的新生儿　　　D 怀孕32周的孕妇
13. 下列不属于重要旅客分类的是（　　）。
　　A 最重要旅客　　　　　　　　B 一般重要旅客
　　C 政治界重要旅客　　　　　　D 工商界重要旅客
14. 下列代号不属于轮椅旅客的情况是（　　）。
　　A WCHR　　B WCHC　　C WCHS　　D WCHA
15. 世界上第一张电子客票是由（　　）航空公司于（　　）年推出的。
　　A 美国联合航空;1995年　　　 B 英国航空;1994年
　　C 美国西南航空;1994年　　　 D 亚洲航空;1995年
16. 下列符号属于航空公司国际客票的是（　　）。
　　A ARL－I　　　　　　　　　　B ARL－D
　　C BSP－I　　　　　　　　　　D BSP－D
17. 下列电子客票状态码表示客票已挂起的是（　　）。
　　A PRINTED　　　　　　　　　B SUSPENDED
　　C VIOD　　　　　　　　　　 D REFUNDED
18. 下列代码表示客票付款方式为信用卡支付的是（　　）。
　　A CHQ　　B TKT　　C CC　　D PTA
19. 下列不属于旅客非自愿退票的原因是（　　）
　　A 台风天气　　　　　　　　　B 机场高速堵车
　　C 航路管制　　　　　　　　　D 飞机发动机故障
20. 下列不属于互联网销售渠道的是（　　）。
　　A GSA　　B B2B　　C GDS　　D OTA

（二）填空题

1. 航空承运人是指（　　）购买或租用民用飞机而从事提供航空服务的企业,按照其经营范围是否超越一国国界可划分为（　　）和（　　）。
2. 航路是指经政府有关当局批准的、飞机能够在地面通信导航设施指导下沿具有一定（　　）、（　　）和（　　）在空中做航载飞行的（　　）。
3. 客票是（　　）和（　　）之间签署的运输契约,是旅客办理（　　）和（　　）的凭证。
4. 根据客票的质地不同,通常把客票分为（　　）和（　　）。
5. 国内客票客票类别栏中,经济舱婴儿票价代号为（　　）,经济舱儿童票价代号为

（　　）。

6. 旅客购买了国内客票,如果退票则需要提供(　　)和(　　)。

7. 民航特殊旅客是指在民航运输过程中需给予(　　)或由于其身体和精神状况需要给予(　　)或在一定条件下才能运输的旅客。

8. 病残旅客通常包括(　　)、精神患病、肢体残疾、(　　)、(　　)、轮椅旅客和飞机上需要使用氧气设备的旅客。

9. 盲人旅客可分为(　　)和无人陪伴盲人,其中无人陪伴盲人又可细分为(　　)和(　　)。

10. 由于高空飞行中,空气中(　　)和(　　),因此对孕妇运输需要有一定限制条件。

11. 电子客票是普通纸质机票的(　　)。

12. 2000年,中国(　　)推出了国内首张电子客票。

13. 根据引起退票的原因划分,可分为(　　)、(　　)和(　　)。

14. 民航电子客票变更是指旅客购买定期客票后出于个人原因或航空公司安排失误而要求变更(　　)、(　　)、(　　)或座位等级。

15. 客票签转就是改变原有客票的(　　),按照签转的原因不同可分为(　　)和(　　)。

16. 民航国内客票销售渠道可以划分为(　　)、(　　)、(　　)和(　　)。

（三）判断题

1. 民航售票员职业定义是:"专门从事民航客票销售、座位管理和市场营销的人员。"(　　)

2. 在编排航班号时,单数表示去程航班(由飞机基地出发的航班)、双数则为回程航班(即返回基地的航班)。(　　)

3. 客票可以根据提供者分为航空公司客票和代理人客票。(　　)

4. 开账与结算计划是由国际航空运输协会推出,其英文全称是 Billing and Settled Plan。(　　)

5. 如果客票全部未使用,则从填开客票之日起,一年内运输有效。(　　)

6. 在客票的"订座情况"栏中,RQ代表利用空余座位。(　　)

7. 婴儿旅客票价是成人经济舱全价的10%,其免费行李额为10kg。(　　)

8. 客票为记名式,只限客票上所列姓名的旅客本人使用,不得转让和修改,否则客票无效,票款不退。(　　)

9. 婴儿旅客由于需要成人旅客陪伴,因此其客票和成人旅客联合在一起。(　　)

10. 在出票地要求退票,只限旅客在原购票地点办理。(　　)

11. 重要旅客购票时,必须在其计算机订座记录的其他服务信息项目中注明其身份、职务和特殊服务要求。(　　)

12. 年事甚高且自理能力不足的旅客,可以视其为病残旅客。(　　)

13. 病残旅客乘机需要各级医疗机构开具的医疗证明或诊断证明书。(　　)

14. 担架旅客的订座不得迟于航班起飞前72小时。(　　)

15. 只要是儿童均可向航空公司申请无成人陪伴儿童服务,其代码为UM。(　　)

16. 只要承运人同意,每个航班载运无成人陪伴儿童旅客的人数是不受限制的。(　　)

二、国内客票销售课堂实验

课堂实验1:

安排学生两人一组,一名学生向另一名学生复述民航售票员的基本要求,并总结注意事项。完成后彼此交换角色。

课堂实验2:

安排学生三人一组进行角色扮演,一名学生扮演售票员、一名学生扮演前来购票的旅客,一名学生扮演评判员。分别虚拟售票处柜台、呼叫中心电话座席、互联网客户服务等场景进行模拟表演,由评判员进行记录和点评。一个场景结束再交换角色表演并记录。

课堂实验3:

给每个学生发放一张空白的纸质机票,请他们按照电子客票票面的内容,按照要求填写纸质机票信息。两两交换进行核对并打分。

课堂实验4:

制作各种类型旅客的卡片,如一家三口、重要旅客、情侣、无人陪伴儿童、盲人旅客、孕妇、携带婴儿旅客、军人旅客、罪犯旅客等,让学生抽取卡片并说明对所抽取角色售票时的注意要点,教师进行点评,强化学生对特殊旅客购票要求的应用能力。

课堂实验5:

安排学生两人一组,一名学生向另一名学生说出一个国内航空公司的中文全称,另一名同学说出两字代码和数字结算号。完成后彼此交换角色。

课堂实验6:

安排学生六人一组,一名学生扮演工作人员,其他五名学生扮演已购票但由于航班不正常而无法成行的旅客。设计各种原因,如航路管制、天气原因、飞机机械故障、旅客抢占航空器等情景,由扮演工作人员的学生通过电话安抚旅客。由老师点评并指导如何改进。

课堂实验7:

安排学生两人一组,一名学生向另一名学生复述国内客票订座的一般规定,并总结注意事项。完成后彼此交换角色,复述国内客票使用的一般规定。

课堂实验8:

在PPT上显示出一张国内电子客票,提问学生客票上的相关信息,以考查学生对国际客票信息识读能力。

课堂实验9:

安排学生两人一组,一名学生向另一名学生复述一个拒绝运输旅客的类型,完成后彼此交换角色,并总结注意事项。

课堂实验10:

制作各种类型的旅客购票的情景卡片,让学生随机抽取并当众读出相关信息,所有学生说出相应的客票销售注意事项。

第二节　民航国际客票销售职业技能训练

一、国际客票销售经典习题

（一）单项选择题

1. 格陵兰岛、百慕大群岛、西印度群岛及加勒比群岛属于国际航协（　　）航空区划。
   A　TC2　　　B　TC1　　　C　TC4　　　D　TC2

2. 下列国家不属于南大西洋地区次分区的是（　　）。
   A　阿根廷　　　　　　B　巴拉圭
   C　秘鲁　　　　　　　D　巴西

3. 下列国家不属于南亚次大陆次分区的是（　　）。
   A　马尔代夫　　　　　B　斯里兰卡
   C　阿富汗　　　　　　D　缅甸

4. 判断一下国际航程类型属于单程的是（　　）。
   A　CAN – WUH – PEK – MOW
   B　CAN – HAN – SIN – CAN
   C　SHA – HKG – TPE – NKG
   D　URC – BKK – URC

5. 判断一下国际航程类型属于来回程的是（　　）。
   A　CAN – WUH – PEK – AMS
   B　PVG – HAN – SIN – PVG
   C　SHA – HKG – TPE – NKG
   D　KMG – BKK – KMG

6. 判断一下国际航程类型属于缺口程的是（　　）。
   A　WUH – URC – MOW
   B　PEK – BKK – SIN – PEK
   C　WUX – HKG – MNL – NKG
   D　URC – MOW – URC

7. 判断一下国际航程 RIO – MEX – NYC 的方向性代号是（　　）。
   A　EH
   B　TS
   C　PA
   D　WH

8. 判断一下国际航程 PEK – TYO – YVR 的方向性代号是（　　）。
   A　AT
   B　TS
   C　PA
   D　FE

9. 判断一下国际航程 MOW – PEK – HKG 的方向性代号是（　　）。

A　EH
B　FE
C　RU
D　TS

10. 判断一下国际航程 LED – SEL – TPE 的方向性代号是（　　）。

A　EH
B　FE
C　RU
D　TS

11. 判断一下国际航程 PAR – CAI – CPT 的方向性代号是（　　）。

A　EH
B　AT
C　RU
D　TS

12. 判断一下国际航程 FRA – WAS – SFO 的方向性代号是（　　）。

A　EH
B　PA
C　AT
D　WH

13. 判断一下国际航程 FRA – AF – WAS – AA – SFO – MX – MEX 的指定承运人是（　　）。

A　YY
B　MX
C　AA
D　AF

14. 判断一下国际航程 SEL – KE – TYO – NH – HKG – CX – SIN 的指定承运人是（　　）。

A　KE
B　NH
C　CX
D　YY

15. 根据教材上的表 3 – 3 的进位规则，票价 EUR1204.1235 圆整为（　　）。

A　EUR 1204.00　　　　B　EUR 1204.13
C　EUR 1205.00　　　　D　EUR 1204.20

16. 根据教材上的表 3 – 3 的进位规则，票价 JPY18204.1235 圆整为（　　）。

A　JPY 18200　　　　B　JPY 18300
C　JPY 18205　　　　D　JPY 18210

17. 根据教材上的表 3 – 3 的进位规则，税费 GBP1204.1235 圆整为（　　）。

A　GB P1204.00　　　　B　GB P1204.20

  C GB P1205.00   D GB P1204.10

18. 根据教材上的表 3-3 的进位规则,税费 AUD1204.1235 圆整为( )。

  A AUD 1204.00   B AUD 1205.00

  C AUD 1204.20   D AUD 1204.13

19. 根据指定航程条件判断下列哪一航程为非指定航程( )。

Area 1 – Specified Routings		
Between	And	Via
A point in Canada	Lima	1 Toronto – Mexico City 2 Toronto – Bogota

  A YOW—YTO—MEX—LIN

  B LIM—BOG—YTO

  C LIM—YTO—BOG—YMQ

  D YTO—LIM

20. 根据指定航程条件判断下列哪一航程为非指定航程( )。

Between Area 1 and 3 – Specified Routings		
Between	And	Via
Seattle, WA	Japan	Los Angeles/San Francisco

  A TYO—SFO—LAX—SEA

  B SEA—SFO—TYO

  C SEA—LAX—OSA

  D OSA—SFO—SEA

21. 根据指定航程条件判断下列哪一航程为非指定航程( )。

Area 1 – Specified Routings		
Between	And	Via
Asuncion	Bogota/Guayaquil/Mexico/Quito	BUE/RIO/SAO

  A ASU—BUE—MEX

  B MEX—RIO—SAO—ASU

  C BOG—SAO—ASU

  D AUS—MEX

22. 根据指定航程条件判断下列哪一航程为非指定航程( )。

Between Area 2 and 3 – Specified Routings		
Between	And	Via
Cairo	Tokyo	Bangkok – Marila

  A CAI—BKK—TYO

  B TYO—MNL—BKK – CAI

  C　CAI—MNL—TYO

  D　CAI—MNL—BKK—TYO

23. 当 TPM 值为 5230，MPM 值为 5110 时，EMS 应表示为(　　)。

  A　M　　　　B　5M　　　　C　2M　　　　D　10M

24. 当 TPM 值为 5230，MPM 值为 4110 时，EMS 应表示为(　　)。

  A　M　　　　B　25M　　　C　27M　　　D　以上均不对

25. 做 BHC 检查时，需要考虑的中间较高点类型是(　　)。

  A　中间点中间较高点　　　B　终点站中间较高点

  C　始发站中间较高点　　　D　任何类型的中间较高点

26. 当国际客票计算过程中，需要用 P 应表示的情况不包括(　　)。

  A　BHC 检查的附加值　　　B　CTM 检查的附加值

  C　收费中途分程点的附加值　D　以上答案均正确

(二) 填空题

1. 斯堪的纳维亚国家包括(　　)、(　　)和(　　)。

2. 西海岸口岸城市特指(　　)、(　　)、(　　)、西雅图、瓦石和(　　)。

3. 国际航程根据有无中间转机点可分为(　　)和(　　)。

4. 始发国运价原则是指对于回到运输始发国的运价计算区应按(　　)的方向计算运价。

5. 普通运价缺口程根据缺口位置可以划分为(　　)、(　　)和(　　)。

6. 在 PAT 运价表示中，运价均以(　　)和(　　)形式呈现。

7. 公布制度运价是指全球范围内公布的两点之间的直达运价，包括(　　)和(　　)。

8. 实际里程在 PAT 手册中是按照(　　)和(　　)公布的，并且实际里程是(　　)方向性的。

9. 中间较高点检查可根据产生较高运价航段的位置分为(　　)、(　　)和(　　)。

10. 根据标准运输条件 SC101 的要求，在国际航空运输中，有成人陪伴儿童适用于成人适用运价的(　　)、无成人陪伴儿童适用于成人适用运价的(　　)。

11. 国际电子客票的(　　)栏目往往注明特殊票价的代号，以此判断该特殊票价的规则和代理佣金的额度。

12. 用信用卡支付国际机票票款的最大风险是(　　)拒绝或(　　)支付其消费金额。

13. 根据征收类型，国际客票涉及税费可分为(　　)、(　　)、(　　)和(　　)。

14. 在 PAT 手册中关于国际客票涉及税费的一栏内，其税费的具体金额均以(　　)的形式公布。

15. 特殊运价是指比普通运价有着(　　)和(　　)的促销运价。

16. 适用于公众的特殊运价可以划分为(　　)、(　　)、(　　)和(　　)。

(三) 判断题

1. 国际航协航空区划中的欧洲次分区和地理上的欧洲是一致的。(　　)

2. 来回程是指旅行从始发站出发经某一点折返再回到始发站，并且全航程采用航空

153

运输。（　　）

3. 如果有跨大洋航段,则选择跨大洋的承运人运价和运价规则适用于整个运价区间。（　　）

4. 对于整个航空都在欧洲境内的运价区间,选择第一个国家航段和实际承运里程最大的航段承运人,运价较高者作为指定承运人。（　　）

5. 在国际客票运价计算中,均需要转换为运输始发国当地货币再进行计算。（　　）

6. 中性货币单位的进位规则是小数点后保留两位,超出的位数直接舍掉。（　　）

7. 普通运价适用的运价规则是标准运输条件SC100。（　　）

8. 使用指定航程表时,经由点可以省略,但是不能增加。（　　）

9. 最大允许里程是指起止点之间的最短运营里程。（　　）

10. 起止点相同,航程的方向性代号不同,其最大允许里程不一定相同。（　　）

11. 额外里程优惠是指航程经过某些特定的路线或地点出现实际里程总和大于最大允许里程时,可按规定给予里程优惠。（　　）

12. 单程回拨检查是指在非直达航程中,对运价区间内具有从始发站至任一中途分程点的运价,是否有高于该区间的始发站到终点站的直达运价的检查。（　　）

13. 来回程的去程和回程的运价和路线都必须相同。（　　）

14. 环程最大收费检查是指环程运价不得低于自始发站到该航程任意一个中途分程点（包括折返点）的直达来回程票价。（　　）

15. 一般正常票价的客票有效期为一年,特殊票价的客票有效期为一个月。（　　）

16. 竞价是通过批发商分销给旅游代理人的在线网络价格。（　　）

二、国际客票销售计算题

计算题 1：

```
    Journey：KHI – PK – ZRH      Fare Type：Y
            OW NUC               RULEs
    KHIZRH    1328.42            Y131
    IROE    58.533837 H10,0 PKR
```

计算题 2：

```
    Journey：IST – TK – MCT      Fare Type：F
            OW NUC               RULEs
    ISTMCT    2714.27            Y118
    IROE    0.994961 H1,2 EUR
```

计算题 3：

```
    Journey：BKK – OZ – LAX      Fare Type：C
            OW NUC               RULEs
    BKKLAX  OZ  890.97           P0100
    BKKLAX      856.10           P0110
```

IROE   43.609515 H5,0   THB

计算题 4：

Journey：TYO – KE – SEL – OZ – BJS   Fare Type：Y

	TPM	759	567	
	OW NUC		RULEs	MPM
TYOSEL	652.18		E102	990
TYOBJS	870.71		E101	1575
SELBJS	469.25		E106	670
IROE	8.276900		H10,0	CNY
	1192.0000		H100,0	KRW
	120.131767		H100,0	JPY

计算题 5：

Journey：ZRH – LH – FRA – KE – SEL – JL – TYO   Fare Type：C

	TPM	178	5360	759
	OW NUC		RULEs	MPM
ZRHTYO	6359.12		P101	AP18268
ZRHTYO	3001.34		E105	TS7228
IROE	1.670919		H5,2	CHF
	1192.0000		H100,0	KRW
	120.131767		H100,0	JPY

计算题 6：

Journey：GVA – SU – MOW – KE – SEL – JL – TYO   Fare Type：Y

	TPM	2178	6360	759
	OW NUC		RULEs	MPM
GVATYO	3359.12		T101	TS8268
GVATYO	2901.34		E105	EH9228
IROE	1.670919		H5,2	CHF

计算题 7：

Journey：TYO – NH – X/HNL – AS – SEA   Fare Type：Y

	TPM	3831	2678	
	OW NUC		RULEs	MPM
TYOSEA	2359.12		T101	AT11268
TYOSEA	1468.38		P101	PA5731
IROE	1.00000		N1,2	USD
	120.131767		H100,0	JPY

计算题 8：

Journey：MAD – IB – AMS – KL – X/TYO – JL – HKG   Fare Type：Y

	TPM	909	6007	1822
	OW NUC		RULEs	MPM

MADHKG	6156.30	P101	AP20779
MADKHG	3014.17	T103	TS10340
AMSHKG	6300.01	P106	AP21779
AMSHKG	3375.43	T106	TS11089
IROE	1.08786	N1,2	EUR

计算题9：

Journey：BKK – TG – DEL – AI – BOM – AI – DXB Fare Type：Y

TPM	2569	763	1203
	OW NUC	RULEs	MPM
BKKDEL	1563.89	E101	EH3215
BKKDEL TG	1583.89	E101	EH3215
BKKBOM	1687.12	E103	EH3215
BKKBOM TG	1783.89	E103	EH3215
BKKDXB	1498.03	E106	EH3512
IROE	43.609515	H5,0	THB

计算题10：

Journey：MRU – MK – X/SEZ – HM – SIN – TG – BKK Fare Type：F

TPM	1104	3378	897
	OW NUC	RULEs	MPM
MRUBKK	1086.37	E101	EH5247
MRUSEZ	1250.01	E102	EH3890
MRUSIN	1230.87	E103	EH4678
IROE	27.9923	H5,0	MUR

计算题11：

Journey：PEK – CZ – SEL – OZ – X/HNL – OZ – LAX – AA – CHI Fare Type：Y

TPM	1762	3127	2104	1036
	OW NUC	RULEs	MPM	
PEKCHI	5199.17	P102	PA6910	
PEKLAX	5203.71	P101	PA6523	
SELHNL	5233.35	P103	PA5118	
SELLAX	5230.12	P100	PA5926	
SELCHI	5232.21	P106	PA6032	
IROE	8.277200	H10,0	CNY	

计算题12：

Journey：DAR – KL – AMS – IB – LON – LH – FRA – ET – ADD – ET – DAR Fare Type：C

TPM	4564	217	396	3324	1142
	RT NUC	RULEs	MPM		
DARAMS	3590.21	Y046	EH5478		
DARLON	3613.00	Y046	EH5594		

DARFRA	3581.21		Y046	EH5224
IROE	1.00000	N1,2	USD	

计算题 13：

Journey：NYC – BA – X/LON – BA – PAR – AF – FRA – LH – NYC　Fare Type：C

	TPM	3458	216	275	3851
		RT NUC		RULEs	MPM
NYCLON		7456.00		E010	AT4649
NYCPAR		7231.11		E011	AT4360
NYCFRA		7346.00		E012	AT4621
	IROE	1.00000	N1,2	USD	

计算题 14：

Journey：SFO – AA – X/HNL – NH – TYO – KE – X/SEL – KE – SFO　Fare Type：F

	TPM	3518	2132	375	5396
		RT NUC		RULEs	MPM
SFOTYO		8162.00		P101	PA5312
SFOSEL		8216.11		P102	PA5419
SFOHNL		4512.00		P103	PA4311
TYOSFO		8312.10		P104	PA5526
HNLSEL		8225.23		P105	PA3685
	IROE	1.00000	N1,2	USD	

计算题 15：

Journey：CAN – CZ – SIN – SQ – JKT – MH – CAN　Fare Type：Y

	TPM	1569	563	1623
		RT NUC	RULEs	MPM
CANSIN		2563.12	E101	EH1856
CANJKT		2469.03	E102	EH1893
	IROE	6.014580	H10,0	CNY

计算题 16：

Journey：CAN – CZ – HNL – AA – SFO – MX – MEX – MX – LIM – LN – CAN　Fare Type：Y

	TPM	2569	1563	623	689	3690
		RT NUC		RULEs		MPM
CANSFO		5162.12		P101		PA3750
CANMEX		4969.03		P102		PA3896
CANLIM		5014.23		P103		PA3710
HNLMEX		5209.10		P104		PA3710
	IROE	6.014580	H10,0	CNY		

计算题 17：

Journey：SIN – SQ – TYO – NH – MOW – SU – PEK – CA – SIN　Fare Type：Y

	TPM	1569	3142	2853	1389

	RT NUC	RULEs	MPM
SINMOW	4213.05	T101	RU4563
SINMOW	3956.12	F102	FE4359
TYOMOW	4387.15	T102	RU3863
TYOMOW	3986.10	F103	FE3692
SINPEK	4398.10	E101	EH1563
SINPEK	CA4002.13	E110	EH1563
IROE	1.767877	H1,0	SGD

第三节 民航客票销售系统职业技能训练

一、客票销售系统经典习题

（一）单项选择题

1. 下列指令能够用来查看终端 PID 号的是（　　）。
   A DA　　　　　　　　　　　B SI
   C AI　　　　　　　　　　　D ＄＄OPEN

2. 若需要恢复临时退出，重新进入工作，则应输入指令（　　）。
   A SO　　B AO　　C AN　　D AI

3. 以下哪个指令可以用来间接建立航段组（　　）。
   A SD　　B SS　　C SA　　D SN

4. 以下哪个指令可以用来合并航段（　　）。
   A RT　　B ES　　C SP　　D XE

5. 以下哪个指令可以用来显示航班的完整信息（　　）。
   A RTN　　B DSG　　C ASR　　D ADM

6. 以下用于查询 1 月 2 日广州—三亚的南航的机票价格的指令为（　　）。
   A FD:CANSYX/12JAN/CZ　　　B FD:CANSYX/02JAN/CZ
   C FD:CANXMN/CZ　　　　　D FD:CANXMN/02JAN/CA

7. 将当前显示的 Q 送回系统，放在此类 Q 的最后一个，并按顺序显示下一个 Q，用（　　）。
   A QN:N　　B QN:E　　C QD　　D QN:F

8. 以下用于查询 GE 所代表的国家名称的指令为（　　）。
   A CNTD:A/GE　　　　　　B CNTD:M/GE
   C CNTD:C/GE　　　　　　D CNTD:T/GE

9. 查询广州与东京的时差（　　）。
   A TIME:CAN/TYO　　　　　B CO:CAN/TYO
   C TIME:CAN　　　　　　　D FF:CAN/TYO

10. 在第 2 台打票机，用 CA 的票证单独打印第二位旅客携带的婴儿票，应用指令（　　）。
    A DZ:P2,CA,INF　　　　　B DZ:2/P1,CA,INF

　　　　C　DZ:2/P2,CA,INF　　　　　　D　DZ:2/P2,CA
11. 如果旅客用人民币现金付款,付款方式组应输入(　　)。
　　　A　F PCHECK,CNY　　　　　　B　F PCHECK/CNY
　　　C　F PCASH,CNY　　　　　　　D　F PCASH/CNY
12. 退出对打票机的控制应用指令(　　)。
　　　A　EC　　　B　XC　　　C　TO　　　D　XO
13. 下指令用于显示打票机状态的是(　　)。
　　　A　EI　　　　　　　　　　　　B　DDI
　　　C　DZ　　　　　　　　　　　　D　DI
14. 提取王洪旅客的电子客票记录,应用如下指令(　　)。
　　　A　DETR:NM/王洪　　　　　　B　DETR:CN/王洪
　　　C　DETR:NI/王洪　　　　　　 D　RTET:NM/王洪
15. 旅客付款后,将编号为784-22896332的电子客票解挂的指令为(　　)。
　　　A　TSS:784-22896332/S　　　B　TSS:TN/784-22896332/S
　　　C　TSS:TN/784-22896332/B　　D　TSS:CN/784-22896332/B

(二) 多项选择题
1. 出票后PNR中的哪些组项进入历史部分(　　)。
　　A　FC　　　B　EI　　　C　TC　　　D　FN
2. 中国民航代理人系统的数据来源包括(　　)。
　　A　中国民航航空公司系统　　　B　国外航空公司系统
　　C　国外GDS　　　　　　　　　D　静态航班数据OAG
3. AV显示结果如下,以下哪些信息表述是正确的(　　)。
　CA929 PEKSHA 0830 1030 744 0^ M E DS　FS AS CS DS YS SS BS *
　　A　航班无经停　　　　　　　　B　该航班可以销售电子客票
　　C　该航班不能进行机上座位预订　D　机型是B747-400型
4. 以下指令必须在打票机的控制终端上执行的是(　　)。
　　A　TI　　　B　TO　　　C　XI　　　D　DI
5. 以下必须在出票的当天执行的指令是(　　)。
　　A　ETRY　　B　TRFD　　C　VT　　　D　ETRF
6. 通过DAPI指令填写表格,系统可以自动在PNR中生成哪些信息(　　)。
　　A　护照等证件信息　　　　　　B　旅客的居住地信息
　　C　旅客的目的地地址　　　　　D　旅客的VISA卡信息
7. 打票机的基本类型有四种,其中用来出BSP票的有(　　)。
　　A　1　　　B　2　　　C　3　　　D　4
8. 如下关于电子客票的操作,哪些表述是正确的(　　)。
　　A　每ETRY一次,系统就会重新分配一次票号
　　B　作废客票之前必须先作废报销凭证
　　C　电子客票一旦作废无法恢复
　　D　客票状态为SUSPENDED时,值机、改签、作废三个操作将被禁止

159

9. 关于不同旅客 FN 的输入中的应注意事项,说法正确的是(　　)。
   A　婴儿客票代理费率为零
   B　儿童客票代理费率为零
   C　国际票里,FN 项中最多可以输三种税,超过三种税要在 FC 项中进行展开
   D　FN 项 SCNY 是与结算有关的票价

10. 关于电子客票的改期,如下表述正确的是(　　)。
    A　所更改的航班在航段、航空公司和舱位上应保持一致
    B　改期之后,系统自动分配新的票号
    C　需要手工更改 SSR TKNE 项
    D　PNR 封口后,PNR 内容发生变化,但票面信息不变

11. 关于电子客票的挂起操作,以下表述正确的是(　　)。
    A　挂起操作主要解决代理销售电子客票收款过程存在的风险
    B　电子客票的挂起和解除必须是同一个 AGENT
    C　如果票号中有一个航段是 USED FLOWN,则整个票号不能做挂起操作
    D　旅客已付票款,则不应该再对客票进行挂起操作

12. 电子票打印成功,PNR 记录中应加入(　　)。
    A　TKT　　B　SSR TKNE　　C　RMK　　D　EI

13. 如下指令中,可以用来提取旅客列表的指令有(　　)。
    A　ML　　B　AB　　C　RTC　　D　RTU

14. 以下关于 MARRIED SEGMENT 的表述,正确的是(　　)。
    A　MARRIED SEGMENT 必须同时预订
    B　MARRIED SEGMENT 必须同时取消
    C　MARRIED SEGMENT 必须同时作废
    D　一个 PNR 中只能存在一个 MARRIED SEGMENT

15. 如下关于 PNR 的分离,表述正确的是(　　)。
    A　PNR 的分离,每次只能分离出一名旅客
    B　对于一个 PNR 进行分离操作,会产生一个新的 PNR 编码
    C　可以用 XE 指令分离团体 PNR 中未输入姓名的旅客
    D　一个 PNR 最多只能分离一次

二、客票销售系统操作题

操作题 1:单程出票 PNR

旅客信息:
成人姓名:guoyu　身份证:450120197805120210
婴儿姓名:qimiaojia 出生日期:2013.6.16
联系电话:13560358675
出发日期　　航段、　舱位、　票价、　票价类别:
11月8日　　广州—北京　Y　1700.00　Y100
各项税费:

（续）

	代理费3.00%,机场建设费CN50.00元,燃油附加费YQ150.00元
付款方式:	人民币现金支付
特殊服务:	为婴儿申请婴儿餐食
其他:	

操作题2:联程出票PNR

旅客信息:	
成人姓名:zhangtian　身份证:450120197805120210 　儿童姓名:caomozhe　身份证:450120199905120214 　联系电话:13560358675	
出发日期　　航段、　舱位、　票价、　票价类别: 　6月16日　广州—北京　Y　1700.00　Y100 　6月26日　北京—广州　Y	
各项税费	
代理费3.00%,机场建设费CN50.00元,燃油附加费YQ150.00元	
付款方式:	人民币现金支付
特殊服务:	
其他:	

操作题3:缺口程出票PNR

旅客信息:	
成人姓名:chenjiayin　身份证:450120197805120210 　成人姓名:wuhaiyan　身份证:450120197610220216 　联系电话:13560358675	
出发日期　　航段、　舱位、　票价、　票价类别: 　6月16日　广州—北京　Y　1700.00　Y100 　6月26日　上海—广州　Y　1298.00　Y100	
各项税费	
代理费3.00%,机场建设费CN50.00元,燃油附加费YQ150.00元	
付款方式:	人民币现金支付
特殊服务:	为一名旅客申请素食
其他:	
客票不得签转:KEPIAOBUDEQIANZHUAN	

操作题4:VIP旅客出票PNR

旅客信息：	
姓名：mengzhaoqun　　身份证：450120197805120210	
联系电话：13560358675	
出发日期　　航段、　　舱位、　　票价、　　票价类别： 6月16日　　广州—北京　　F　　5100.00　　F100 6月26日　　沈阳—广州　　F　　6900.00　　F100	
各项税费：	
代理费3.00%，机场建设费CN50.00元，燃油附加费YQ150.00元	
付款方式：	人民币现金支付
特殊服务：	申请亚洲素食
其他：	
旅客身份：guang dong sheng shengzhang	

操作题5：团体旅客出票PNR

旅客信息：	
团名：GOODDAY　　团体总人数：12人 成人姓名：wangxiao　　身份证：450120197805120210 成人姓名：panxiaoying　　身份证：450120197605180212 联系电话：13560358675	
出发日期　　航段、　　舱位、　　票价、　　票价类别： 11月8日　　广州——北京　　K　　980.00　　Y65	
各项税费：	
代理费3.00%，机场建设费CN50.00元，燃油附加费YQ150.00元	
付款方式：	人民币现金支付
特殊服务：	为一名旅客申请素食，为另一名旅客申请糖尿病人餐食
其他：	
取消旅客WANGJUN的订座，分离出旅客WANGLIANG	

第四节　参考答案

一、国内客票销售经典习题

（一）单项选择题：1. D 2. D 3. A 4. B 5. A 6. C 7. B 8. C 9. B 10. C 11. B 12. D 13. C 14. D 15. C 16. A 17. B 18. C 19. B 20. A

（二）填空题：1.（为了取得报酬）（国际承运人）（国内承运人）2.（高度）（宽度）（方向）（空域）3.（旅客）（航空公司）（乘机手续）（托运行李）4.（纸质客票）（电子客票）5.（YIN）（YCH）6.（购票时使用的身份证）（已打印的行程单）7.（特殊礼遇）（特殊照料）8.（身体患病）（失明旅

客)(担架旅客)9.(有人陪伴盲人)(携带导盲犬盲人)(无人陪伴和无导盲犬陪伴盲人)10.(氧气减少)(气压降低)11.(电子影像)12.(南方航空公司)13.(自愿退票)(非自愿退票)(旅客因病退票)14.(乘机日期)(航班)(航程)15.(承运人)(旅客自愿签转)(旅客非自愿签转)16.(售票处)(呼叫中心)(互联网)(移动终端)

(三)判断题:1. T 2. T 3. F 4. F 5. T 6. F 7. F 8. T 9. F 10. T 11. F 12. T 13. F 14. T 15. F 16. F

二、国际客票销售经典习题

(一)单项选择题:1. B 2. C 3. D 4. A 5. D 6. C 7. D 8. C 9. B 10. D 11. A 12. C 13. D 14. B 15. C 16. B 17. D 18. C 19. C 20. A 21. B 22. D 23. B 24. D 25. C 26. C

填空题:1.(丹麦)(挪威)(瑞典)2.(洛杉矶)(波特兰)(旧金山)(温哥华)3.(直达航程)(非直达航程)4.(从始发国出发)5.(始发国单缺口)(折返过单缺口)(双缺口)6.(始发国当地货币)(中性货币单位)7.(普通运价)(特殊运价)8.(始发站)(终点站)(没有)9.(始发站中间较高点)(中间点中间较高点)(终点站中间较高点)10.(75%)(100%)11.(旅游代号)12.(信用卡持卡人)(没有能力)13.(离境税)(到达税)(销售税)(出票税)14.(当地货币)15.(更多约束限制)(更低公布价格)16.(迟订座票价)(提前购买旅游票价)(购买旅游票价)(游览票价)

判断题:1. F 2. T 3. T 4. F 5. F 6. T 7. F 8. T 9. F 10. T 11. T 12. T 13. F 14. T 15. F 16. T

三、客票销售系统经典习题

(一)单项选择题:1. A 2. D 3. A 4. B 5. B 6. B 7. C 8. C 9. A 10. C 11. C 12. B 13. D 14. A 15. C

(二)多项选择题:1. ABC 2. ABCD 3. ABD 4. ABC 5. AC 6. ABCD 7. BD 8. BCD 9. ACD 10. AC 11. ABCD 12. ABC 13. AB 14. ABC 15. BCD

附录1 国内主要城市三字代码

机场	三字码	机场	三字码	机场	三字码	机场	三字码	机场	三字码
华东地区		中南地区		榆林	UYN	伊宁	YIN	港澳台地区	
安庆	AQG	北海	BHY	西南地区		华北地区		澳门	MFM
蚌埠	BFU	长沙	HHA	成都	CTU	北京	PEK	台北	TPE
常州	CZX	常德	CGD	重庆	CKG	长治	CIH	香港	HKG
福州	FOC	恩施	ENH	达县	DAX	赤峰	CIF		
阜阳	FUG	广州	CAN	大理	DLU	大同	DAT		
赣州	KOW	桂林	KWL	迪庆	DIG	海拉尔	HLD		
杭州	HGH	海口	HAK	广汉	GHN	呼和浩特	HET		
合肥	HFE	衡阳	HNY	广元	GYS	秦皇岛	SHP		
黄山	TXN	柳州	LZH	贵阳	KWE	石家庄	SJW		
黄岩	HYN	洛阳	LYA	昆明	KMG	太原	TYN		
济南	TNA	梅县	MXZ	拉萨	LXA	天津	TSN		
晋江	JJN	南宁	NNG	丽江	LJG	通辽	TGO		
景德镇	JDZ	南阳	NNY	泸州	LZC	乌兰浩特	HLH		
九江	JIU	三亚	SYX	芒市	LUM	锡林浩特	XIL		
连云港	LYG	沙市	SHS	绵阳	MIG	包头	BAV		
临沂	LYI	汕头	SWA	南充	NAO	东北地区			
南昌	KHN	深圳	SZX	思茅	SYM	鞍山	AOG		
南京	NKG	武汉	WUH	铜仁	TEN	长春	CGQ		
南通	NTG	襄樊	XFN	万县	WXN	朝阳	CHG		
宁波	NGB	宜昌	YIH	西昌	XIC	大连	DLC		
青岛	TAO	永州	YGZ	西双版纳	JHG	丹东	DDG		
衢州	JUZ	湛江	ZHA	宜宾	YBP	哈尔滨	HRB		
上海虹桥	SHA	张家界	DYG	昭通	ZAT	黑河	HEK		
上海浦东	PVG	郑州	CGO	遵义	ZYI	佳木斯	JMU		
苏州	SZV	珠海	ZUH	宝山	BSD	锦州	JNZ		
威海	WEH	西北地区		新疆地区		牡丹江	MDG		
潍坊	WEF	安康	AKA	阿克苏	AKU	齐齐哈尔	NDG		
温州	WNZ	敦煌	DNH	阿勒泰	AAT	沈阳	SHE		
无锡	WUX	格尔木	GOQ	哈密	HMI	通化	TNH		
芜湖	WHU	汉中	HZG	和田	HTN	延吉	YNJ		
武夷山	WUS	嘉峪关	JGN	喀什	KHG				
厦门	XMN	兰州	LHW	克拉玛依	KRY				
徐州	XUZ	庆阳	IQN	库车	KCA				
烟台	YNT	西安	XIY	库尔勒	KRL				
盐城	YNZ	西宁	XNN	且末	IQM				
义乌	YIW	延安	ENY	塔城	TCG				
舟山	HSN	银川	INC	乌鲁木齐	URC				

附录2 国际主要城市三字代码

城市全程	三字代码	中文	国家或地区
ABU DHABI	AUH	阿布扎比	阿拉伯联合酋长国
ADDIS ABABA	ADD	亚的斯雅贝巴	埃塞俄比亚
ADELAIDE	ADL	阿德莱德	澳大利亚
ALMA ATA	ALA	阿拉木图	哈萨克斯坦
AMMAN	AMM	安曼	约旦
AMSTERDAM	AMS	阿姆斯特丹	荷兰
ANCHORAGE	ANC	安克雷奇	美国
ANKARA	ANK	安卡拉	土耳其
ATHENS	ATH	雅典	希腊
ATLANTA	ATL	亚特兰大	美国
AUCKLAND	AKL	奥克兰	新西兰
BAGHDAD	BGW	巴格达	伊拉克
BAHRAIN	BAH	巴林	巴林
BANDUNG	BDO	万隆	印度尼西亚
BANGKOK	BKK	曼谷	泰国
BANGUI	BGF	班吉	中非
BARCELONA	BCN	巴塞罗那	西班牙
BARI	BRI	巴里	意大利
BEIRUT	BEY	贝鲁特	黎巴嫩
BELGRADE	BEG	贝尔格莱德	南斯拉夫
BELIZE	BZE	伯利兹城	伯利兹（拉美）
BERLIN	BER	柏林	德国
BERMUDA	BDA	百慕大	西印度洋岛
BISSAU	OXB	比绍	几内亚比绍
BOGOTA	BOG	波哥大	哥伦比亚
BOMBAY	BOM	孟买	印度
BONN	BNJ	波恩	德国
BOSTON	BOS	波士顿	美国
BRAZZAVILLE	BZV	布拉柴维尔	刚果（布）
BRISBANE	BNZ	布里斯班	澳大利亚
BRUSSELS	BRU	布鲁塞尔	比利时

(续)

城市全程	三字代码	中文	国家或地区
BUCHAREST	BUH	布加勒斯特	罗马尼亚
BUDAPEST	BUD	布达佩斯	匈牙利
BUENOS AIRES	BUE	布宜诺斯艾利斯	阿根廷
CAIRO	CAI	开罗	埃及
CALCUTTA	CCU	加尔各答	印度
CAPE TOWN	CPT	开普敦	南非
CANBERRA	CBR	堪培拉	澳大利亚
CARCAS	CCS	加拉加斯	委内瑞拉
CHIANG MAI	CNX	清迈	泰国
COLOGNE	CGN	科隆	德国
CHCAGO	CHI	芝加哥	美国
COLOMBO	CMB	科伦坡	科伦坡
COPENHAGEN	CPH	哥本哈根	丹麦
DALLAS	DFW	达拉斯	美国
DAMASCUS	DAM	大马士革	叙利亚
DARESSALAAM	DAR	达累斯萨拉姆	坦桑尼亚
DARWIN	DRW	达尔文	澳大利亚
DENVER	DEN	丹佛	美国
DETROIT	DTT	底特律	美国
DHAKA	DAC	达卡	孟加拉国
DJIBOUTI	JIB	吉布提市	吉布提
DUBAI	DXB	迪拜	阿拉伯联合酋长国
DUBLIN	DUB	都柏林	爱尔兰
DUSSELDORF	DUS	杜塞尔多夫	德国
EDINBURGH	EDI	爱丁堡	英国
FLORENCE	FLR	佛罗伦萨	意大利
FRANKFURT	FRA	法兰克福	德国
FUKUOKA	FUK	福冈	日本
GENEVA	GVA	日内瓦	瑞士
GLASGOW	GLA	格拉斯哥	英国
GUAM	GUM	关岛	太平洋马里亚纳群岛中最大的一个岛，属美国管辖
HAMBURG	HAM	汉堡	德国
HANOI	HAN	河内	越南
HAVANA	HAV	哈瓦那	古巴
HELSINKI	HEL	赫尔辛基	芬兰

（续）

城市全程	三字代码	中文	国家或地区
HO CHI MINH	SGN	胡志明市	越南
HONGKONG	HKG	香港	中国
HONOLULU	HNL	檀香山	美国（夏威夷）
HOUSTON	HOU	休斯顿	美国
IRKUTSK	IKT	伊尔库茨克	俄罗斯
ISLAMABAD	ISB	伊斯兰堡	巴基斯坦
ISTANBUL	IST	伊斯坦布尔	土耳其
JAKARTA	JKT	雅加达	印度尼西亚
JEDDAH	JED	吉达	沙特阿拉伯
JOHANNESBURG	JNB	约翰内斯堡	南非
KABUL	KBL	喀布尔	阿富汗
KARACHI	KHI	卡拉奇	巴基斯坦
KATHMANDU	KTM	加德满都	尼泊尔
KIEV	IEV	基辅	乌克兰共和国
KINGSTON	KIN	金斯敦	牙买加
KINSHASA	FIH	金沙萨	刚果（金）
KUALA LUMPUR	KUL	吉隆坡	马来西亚
KUWAIT	KWI	科威特	科威特
LAGOS	LOS	拉各斯	尼日利亚
LAPAZ	LPB	拉巴斯	玻利维亚
LEEDS	LBA	利兹	英国
LIMA	LIM	利马	秘鲁
LINCOLN	LNK	林肯	美国
LISBON	LIS	里斯本	葡萄牙
LIVERPOOL	LPL	利物浦	英国
LOME	LFW	洛美	多哥
LONDON	LON	伦敦	英国
LOS ANGELES	LAX	洛杉矶	美国
LUANDA	LAD	卢安达	安哥拉
LYON	LYS	里昂	法国
MACAU	MFM	澳门	中国
MADRAS	MAA	马德拉斯	印度
MADRID	MAD	马德里	西班牙
MALTA	MLA	马耳他	马耳他
MANCHESTER	MAN	曼彻斯特	英国
MANHATTAN	MHK	曼哈顿	美国

（续）

城市全程	三字代码	中文	国家或地区
MANILA	MNL	马尼拉	菲律宾
MAPUTO	MPM	马普托	莫桑比克
MARSEILLE	MRS	马赛	法国
MELBOURNE	MEL	墨尔本	澳大利亚
MEXICO CITY	MEX	墨西哥城	墨西哥
MIAMI	MIA	迈阿密	美国
MILAN	MIL	米兰	意大利
MONTEVIDEO	MVD	蒙得维的亚	乌拉圭
MONTREAL	YUL	蒙特利尔	加拿大
MOSCOW	MOW	莫斯科	俄罗斯
MUNICH	MUC	慕尼黑	德国
NADI	NAN	楠迪	斐济
NAGASAKI	NGS	长崎	日本
NAGOYA	NGO	名古屋	日本
NAIROBI	NBO	内罗毕	肯尼亚
NEW ORLEANS	MSY	新奥尔良	美国
NEW YORK	NYC	纽约	美国
NICE	NCE	尼斯	法国
NOVOSIBIRSK	OVS	新西伯利亚	俄罗斯
NUREMBERG	NUE	纽伦堡	德国
OAKLAND	OAK	奥克兰	美国
OKINAWA	OKA	冲绳	日本
OSAKA	OSA	大阪	日本
OSLO	OSL	奥斯陆	挪威
OTTAWA	YOW	渥太华	加拿大
PANAMA CITY	PTY	巴拿马城	巴拿马
PARIS	PAR	巴黎	法国
PENANG	PEN	槟城	马来西亚
PHILADELPHIA	PHL	费城	美国
PITTSBURGH	PIT	匹兹堡	美国
PORT MORESBY	POM	莫尔兹比港	巴布亚新几内亚
PRAGUE	PRG	布拉格	捷克
PYONGYANG	FNJ	平壤	朝鲜
QUTTU	UIO	基多	厄瓜多尔
YANGON	RGN	仰光	缅甸
REYKJAVIK	REK	雷克雅未克	冰岛

附录2　国际主要城市三字代码

（续）

城市全程	三字代码	中文	国家或地区
RIO DE JANEIRO	RIO	里约热内卢	巴西
RIYADH	RUH	利雅得	沙特阿拉伯
ROME	ROM	罗马	意大利
ROTTERDAM	RTM	鹿特丹	荷兰
ST LOUIS	STL	圣路易斯	美国
STPETERS BURC	LED	圣彼得堡	俄罗斯
SAIPAN	SPN	塞班	北马里亚纳群岛（塞班是首府,隶属于美国）
SANAA	SAH	萨那	也门
SAN FRANCISCO	SFO	旧金山	美国
SANTIAGO	SCL	圣地亚哥	智利
SANTIAGO	SCU	圣地亚哥	古巴
SAO PAULO	SAO	圣保罗	巴西
SAPPORO	SPK	札幌	日本
SEATTLE	SEA	西雅图	美国
SEOUL	SEL	首尔	韩国
SHARJAH	SHJ	沙迦	阿拉伯联合酋长国
SYDNEY	SYD	悉尼	澳大利亚
SINGAPORE	SIN	新加坡	新加坡
SOFIA	SOF	索非亚	保加利亚
STOCKHOLM	STO	斯德哥尔摩	瑞典
SUVA	SUV	苏瓦	斐济
TAIPEI	TPE	台北	中国台湾
TEHRAN	THR	德黑兰	伊朗
TEL AVIV	TLY	特拉维夫	以色列
TIRANA	TIA	地拉那	阿尔巴尼亚
TOKYO	TYO	东京	日本
TORONTO	YYZ	多伦多	加拿大
TUNS	TUN	突尼斯	突尼斯
TURIN	TRN	都灵	意大利
VANCOUVER	YVR	温哥华	加拿大
VENICE	VCE	威尼斯	意大利
VIENNA	VIE	维也纳	奥地利
VIENTLANE	VIN	万象	老挝
WARSAW	WAW	华沙	波兰
WASHINGTON	WAS	华盛顿	美国

（续）

城市全程	三字代码	中文	国家或地区
WELLINGTON	WLG	惠灵顿	新西兰
WINNNIPEG	YWG	温尼伯	加拿大
YAOUNDE	YAO	雅温得	喀麦隆
ZURICH	ZRH	苏黎士	瑞士

附录3 国外主要航空公司的两字代码及名称

两字代码	公司名称(英文)	公司名称(中文)	所属国家
AA	American Airlines	美国航空公司	美国
AC	Air Canada	加拿大航空公司	加拿大
AF	Air France	法国航空公司	法国
AI	Air India	印度航空公司	印度
AY	Finnair	芬兰航空公司	芬兰
AZ	Alitalia	意大利航空公司	意大利
A7	Air Plus Comet	西班牙红风筝航空公司	西班牙
BA	British Airways	英国航空公司	英国
BI	Royal Brunei Airlines	文莱皇家航空公司	文莱
CO	Continental Airlines Inc.	大陆航空公司	美国
EK	Emirates Airlines	阿联酋国际航空公司	阿拉伯联合酋长国
ET	Ethiopian Airlines	埃塞俄比亚航空公司	埃塞俄比亚
E5	Samara Airlines	俄罗斯航空公司	俄罗斯
FD	Thai Airaisa	泰国国际航空公司	泰国
FG	Ariana Afghan Airlines	阿富汗阿里亚纳航空公司	阿富汗
GA	Garuda Indonesia	印度尼西亚鹰航	印度尼西亚
HY	Uzbekistan Airways	乌兹别克斯坦航空公司	乌兹别克斯坦
H8	Khabarovsk Aviation	俄罗斯远东航空公司	俄罗斯
IR	Iran Air – The Airlines of the Islamic Republic of Iran	伊朗航空公司	伊朗
JL	Japan Airlines	日本航空公司	日本
JS	Air Koryo	朝鲜航空公司	朝鲜
J2	Azerbaijan Airlines	阿塞拜疆航空公司	阿塞拜疆
KE	Korean Air	大韩航空	韩国
KL	Klm Royal Dutch Airlines	荷兰皇家航空公司	荷兰
KQ	Kenya Airways	肯尼亚航空公司	肯尼亚
LH	Lufthansa German Airlines	德国汉莎航空公司	德国
LY	El Al Israel Airlines Ltd.	以色列航空公司	以色列
MH	Malaysian Airlines	马来西亚航空公司	马来西亚
MI	Silk Air	新加坡胜安航空公司	新加坡
MS	Egypt Airlines	埃及航空公司	埃及

(续)

两字代码	公司名称(英文)	公司名称(中文)	所属国家
MO	Aero – Mongolia	蒙古国航空公司	蒙古
NH	All Nippon Airways Co. ,Ltd.	全日空公司	日本
NW	Northwest Airlines，INC.	美国西北航空公司	美国
OM	MIAT Mongolian Airlines	蒙古航空公司	蒙古
OS	Austrian Airlines	奥地利航空公司	奥地利
OZ	Asiana Airlines	韩亚航空公司	韩国
PG	Bangkok Airlines	曼谷航空	泰国
PK	Pakistan International Airlines	巴基斯坦国际航空公司	巴基斯坦
PR	Philippine Airlines,INC.	菲律宾航空公司	菲律宾
QF	Qantas Airways	澳洲航空公司	澳大利亚
QH	Altyn Air	吉尔吉斯斯坦黄金航空公司	吉尔吉斯斯坦
QR	Qatar Airlines	卡塔尔航空公司	卡塔尔
QV	Lao Aviation	老挝航空公司	老挝
RA	Nepal Airlines	尼泊尔航空公司	尼泊尔
R8	Kyrgyzstan Airlines	吉尔吉斯斯坦国家航空公司	吉尔吉斯斯坦
SK	SAS – scandinavian Airlines	北欧航空公司	瑞典
SQ	Singapore Airlines	新加坡航空公司	新加坡
SU	Aeroflot – Russian International Airlines	俄罗斯航空公司	俄罗斯
S7	Siberia Airlines	俄罗斯西伯利亚航空公司	俄罗斯
TG	Thai Airways International	泰国国际航空公司	泰国
TK	Turkish Airlines	土耳其航空公司	土耳其
T5	Turkmenistan Airlines	土库曼斯坦航空公司	土库曼斯坦
UA	United Airlines	美国联合航空公司	美国
UL	Srilankan Airlines Limited	斯里兰卡航空公司	斯里兰卡
UM	Air Zimbabwe	津巴布韦航空公司	津巴布韦
UX	Air Europa	西班牙欧洲航空公司	西班牙
VN	Vietnam Airlines	越南航空公司	越南
VS	Virgin Atlantic	维珍航空公司	英国
VV	Areosvit Ukranian Airlines	乌克兰空中世界	乌克兰
2 P	Air Philippines	飞鹰航空公司	菲律宾
7J	Tajikistan Airlines	塔吉克斯坦航空公司	塔吉克斯坦

附录4 常见机型代码表

机型代码	机型全称	机型代码	机型全称
B787	波音 BOEING787	TU5	图154 Tupolve154
B777	波音 BOEING777	SH6	肖特360 Shorts360
B767	波音 BOEING767	DH4	冲4 Dash4
B757	波音 BOEING757	DH8	冲8 Dash8
B747	波音 BOEING747	146	BAE146
B737	波音 BOEING737	YK2	雅克42 Yak42
B727	波音 BOEING727	SF3	萨伯100 Saab AF340
B707	波音 BOEING707	ILW	伊尔 Ilyushin IL86
M82	麦克唐奈 道格拉斯 McDnnell Douglas MD82	FK1	福克 100 Fokker FK100
M11	麦克唐奈 道格拉斯 McDnnell Douglas MD11	AN4	安24 Antonov24
M90	麦克唐奈 道格拉斯 McDnnell Douglas MD90	DHC	双水獭 Twin Otter
A300	空中客车 AIRBUS A300	YN7	运-7 Y-7
A310	空中客车 AIRBUS A310	CRJ	庞巴迪 CRJ200
A319	空中客车 AIRBUS A319	ERJ	庞巴迪 EMB145
A320	空中客车 AIRBUS A320	DON	多尼尔 DORNIER32
A330	空中客车 AIRBUS A330		
A340	空中客车 AIRBUS A340		

附录5 国际航协汇率兑换表

IATA Rates of Exchange (IROE)

NOTE:
The ROE used to convert NUC into the currency of the country of commencement of transportation shall be that in effect on the date of ticket issuance.

Country (+ local currency acceptance limited)	Currency Name	ISO Codes Alpha	ISO Codes Numeric	From NUC	Rounding Units Local Curr. Fares	Other Charges	Decimal Units	Notes
	Afghanistan	US Dollar	USD	840	1.000000	1	0.1	2	5
+	Afghanistan	Afghani	AFN	971	49.500000	1	1	0	2, 8
	Albania	euro	EUR	978	0.742833	1	0.01	2	
+	Albania	Lek	ALL	008	NA	1	1	0	22
+	Algeria	Algerian Dinar	DZD	012	70.440200	10	1	0	
	American Samoa	US Dollar	USD	840	1.000000	1	0.1	2	5
	Angola	US Dollar	USD	840	1.000000	1	0.1	2	5
+	Angola	Kwanza	AOA	973	74.967200	1	1	2	2, 8
	Anguilla	US Dollar	USD	840	1.000000	1	0.1	2	5
	Anguilla	East Caribbean Dollar	XCD	951	2.700000	1	0.1	2	2,5
	Antigua Barbuda	US Dollar	USD	840	1.000000	1	0.1	2	5
	Antigua Barbuda	East Caribbean Dollar	XCD	951	2.700000	1	0.1	2	2
	Argentina	US Dollar	USD	840	1.000000	1	0.1	2	5
+	Argentina	Argentine Peso	ARS	032	3.074730	1	0.1	2	1, 2, 5, 8
	Armenia	US Dollar	USD	840	1.000000	1	0.1	2	5
+	Armenia	Armenian Dram	AMD	051	345.215000	1	1	0	2, 8
	Aruba	Aruban Guilder	AWG	533	1.790000	1	1	0	
	Australia	Australian Dollar	AUD	036	1.191448	1	0.1	2	8, 17
	Austria	euro	EUR	978	0.742833	1	0.01	2	8
	Azerbaijan	US Dollar	USD	840	1.000000	1	0.1	2	5
+	Azerbaijan	Azerbaijanian Manat	AZN	944	0.859050	0.1	0.1	2	2, 8
	Bahamas	US Dollar	USD	840	1.000000	1	0.1	2	5
	Bahamas	Bahamian Dollar	BSD	044	NA	1	0.1	2	2
	Bahrain	Bahraini Dinar	BHD	048	0.376100	1	0.1	3	
	Bangladesh	US Dollar	USD	840	1.000000	1	0.1	2	5
+	Bangladesh	Taka	BDT	050	69.033000	1	1	0	2,19
	Barbados	US Dollar	USD	840	1.000000	1	0.1	2	5
+	Barbados	Barbados Dollar	BBD	052	NA	1	0.1	2	2
	Belarus	US Dollar	USD	840	1.000000	1	0.1	2	5
+	Belarus	Belarussian Ruble	BYR	974	2145.105000	10	10	0	2, 4, 8
	Belgium	euro	EUR	978	0.742833	1	0.01	2	8
	Belize	US Dollar	USD	840	1.000000	1	0.1	2	5
+	Belize	Belize Dollar	BZD	084	2.000000	1	0.1	2	2
	Benin	CFA Franc	XOF	952	487.266189	100	100	0	
	Bermuda	US Dollar	USD	840	1.000000	1	0.1	2	5
	Bermuda	Bermudian Dollar	BMD	060	1.000000	1	0.1	2	2,5
	Bhutan	Ngultrum	BTN	064	40.704000	1	1	0	
	Bolivia	US Dollar	USD	840	1.000000	1	0.1	2	5
+	Bolivia	Boliviano	BOB	068	7.995000	1	1	0	1, 2, 8
	Bosnia and Herzegovina	euro	EUR	978	0.742833	1	0.01	2	
+	Bosnia and Herzegovina	Convertible Mark	BAM	977	NA	1	1	0	22
	Botswana	Pula	BWP	072	6.226715	1	0.1	2	

附录5　国际航协汇率兑换表

IATA Rates of Exchange (IROE)

	To calculate fares, rates or charges in currencies listed below:				Multiply NUC fare rate/ charge by the following rate of exchange:	And round up the resulting amount to the next higher unit as listed below:			
	Country (+ local currency acceptance limited)	Currency Name	ISO Codes		From NUC	Rounding Units			
			Alpha	Numeric		Local Curr. Fares	Other Charges	Decimal Units	Notes
	Brazil	US Dollar	USD	840	1.000000	1	0.1	2	5
+	Brazil	Brazilian Real	BRL	986	1.940450	0.01	0.01	2	1,2,3,8,14
	Brunei Darussalam	Brunei Dollar	BND	096	1.533310	1	1	0	
	Bulgaria	euro	EUR	978	0.742833	1	0.01	2	
+	Bulgaria	Lev	BGN	975	NA	0.01	0.01	2	8, 22
	Burkina Faso	CFA Franc	XOF	952	487.266189	100	100	0	
	Burundi	US Dollar	USD	840	1.000000	1	0.1	2	5
+	Burundi	Burundi Franc	BIF	108	1064.612000	10	5	0	2, 16
	Cambodia	US Dollar	USD	840	1.000000	1	0.1	2	5
+	Cambodia	Riel	KHR	116	NA	10	10	0	2
	Cameroon	CFA Franc	XAF	950	487.266189	100	100	0	
	Canada	Canadian Dollar	CAD	124	1.061550	1	0.1	2	8, 12
	Cape Verde Islands	euro	EUR	978	0.742833	1	0.01	2	
+	Cape Verde Islands	Cape Verde Escudo	CVE	132	81.908427	100	100	0	2, 8
	Cayman Islands	US Dollar	USD	840	1.000000	1	0.1	2	5
	Cayman Islands	Cayman Islands Dollar	KYD	136	0.820000	0.1	0.1	2	2, 5
	Central African Rep.	CFA Franc	XAF	950	487.266189	100	100	0	
	Chad	CFA Franc	XAF	950	487.266189	100	100	0	
	Chile	US Dollar	USD	840	1.000000	1	0.1	2	5
+	Chile	Chilean Peso	CLP	152	526.265000	1	1	0	2
+	China excluding Hong Kong SAR and Macao SAR	Yuan Renminbi	CNY	156	7.645920	10	1	0	
	Chinese Taipei	New Taiwan Dollar	TWD	901	33.023700	1	1	0	
	Colombia	US Dollar	USD	840	1.000000	1	0.1	2	5
+	Colombia	Colombian Peso	COP	170	1887.940000	100	100	0	1, 2, 8, 21
	Comoros (Isl. Rep. of)	Comoro Franc	KMF	174	365.449642	100	50	0	
	Congo (Brazzaville)	CFA Franc	XAF	950	487.266189	100	100	0	
	Congo (Kinshasa)	US Dollar	USD	840	1.000000	1	0.1	2	5,
+	Congo (Kinshasa)	Franc Congolais	CDF	976	NA	1	0.05	3	2, 8
	Cook Islands	New Zealand Dollar	NZD	554	1.332492	1	0.1	2	8
	Costa Rica	US Dollar	USD	840	1.000000	1	0.1	2	5
	Costa Rica	Costa Rican Colon	CRC	188	NA	1	1	0	2, 5
	Côte d'Ivoire	CFA Franc	XOF	952	487.266189	100	100	0	
	Croatia	euro	EUR	978	0.742833	1	0.01	2	
+	Croatia	Kuna	HRK	191	NA	1	1	0	5, 8, 22
	Cuba	US Dollar	USD	840	1.000000	1	0.1	2	5
+	Cuba	Cuban Peso	CUP	192	1.000000	1	0.1	2	2
	Cyprus	Cyprus Pound	CYP	196	0.433210	1	0.5	2	8
	Czech Republic	Czech Koruna	CZK	203	21.091200	1	1	0	8
	Denmark	Danish Krone	DKK	208	5.532020	5	1	0	8
	Djibouti	Djibouti Franc	DJF	262	175.750000	100	100	0	
	Dominica	US Dollar	USD	840	1.000000	1	0.1	2	5
	Dominica	East Caribbean Dollar	XCD	951	2.700000	1	0.1	2	2
	Dominican Republic	US Dollar	USD	840	1.000000	1	0.1	2	5
	Dominican Republic	Dominican Peso	DOP	214	NA	1	1	0	2, 8
	Ecuador	US Dollar	USD	840	1.000000	1	0.1	2	5
+	Egypt (Arab Rep. of)	Egyptian Pound	EGP	818	5.698070	1	1	2	
	El Salvador	US Dollar	USD	840	1.000000	1	0.1	2	5, 15
+	El Salvador	El Salvador Colon	SVC	222	NA	1	1	2	2, 8, 15

175

IATA Rates of Exchange (IROE)

	To calculate fares, rates or charges in currencies listed below:				Multiply NUC fare rate/ charge by the following rate of exchange:	And round up the resulting amount to the next higher unit as listed below:			
	Country (+ local currency acceptance limited)	Currency Name	ISO Codes		From NUC	Rounding Units			
			Alpha	Numeric		Local Curr. Fares	Other Charges	Decimal Units	Notes
	Equatorial Guinea	CFA Franc	XAF	950	487.266189	100	100	0	
	Eritrea	US Dollar	USD	840	1.000000	1	0.1	2	5
+	Eritrea	Nakfa	ERN	232	15.750000	1	1	0	2, 8
	Estonia	Kroon	EEK	233	11.622803	5	1	0	8
	Ethiopia	US Dollar	USD	840	1.000000	1	0.1	2	5
+	Ethiopia	Ethiopian Birr	ETB	230	9.025800	1	1	0	2, 8
	Falkland Islands	Falkland Pound	FKP	238	0.503812	1	0.1	2	5
	Faroe Isl.	Danish Krone	DKK	208	5.532020	5	1	0	8
	Fiji Islands	Fiji Dollar	FJD	242	1.606014	1	0.1	2	8
	Finland	euro	EUR	978	0.742833	1	0.01	2	8
	France	euro	EUR	978	0.742833	1	0.01	2	8
	French Guiana	euro	EUR	978	0.742833	1	0.01	2	8
	French Polynesia	CFP Franc	XPF	953	88.643467	100	10	0	
	Gabon	CFA Franc	XAF	950	487.266189	100	100	0	
	Gambia	US Dollar	USD	840	1.000000	1	0.1	2	5
+	Gambia	Dalasi	GMD	270	NA	1	0.1	2	2, 8
	Georgia	US Dollar	USD	840	1.000000	1	0.1	2	5
+	Georgia	Lari	GEL	981	1.676940	1	0.1	2	2, 8
	Germany	euro	EUR	978	0.742833	1	0.01	2	8
	Ghana	US Dollar	USD	840	1.000000	1	0.1	2	5
+	Ghana	Cedi	GHC	288	9276.757000	1	0.1	2	2, 8
	Gibraltar	Gibraltar Pound	GIP	292	0.503812	1	0.1	2	5
	Greece	euro	EUR	978	0.742833	1	0.01	2	8
	Greenland	Danish Krone	DKK	208	5.532020	5	1	0	8
	Grenada	US Dollar	USD	840	1.000000	1	0.1	2	5
	Grenada	East Caribbean Dollar	XCD	951	2.700000	1	0.1	2	2
	Guadeloupe	euro	EUR	978	0.742833	1	0.01	2	8
	Guam	US Dollar	USD	840	1.000000	1	0.1	2	5
	Guatemala	US Dollar	USD	840	1.000000	1	0.1	2	5
	Guatemala	Quetzal	GTQ	320	NA	1	0.1	2	2, 8
	Guinea	US Dollar	USD	840	1.000000	1	0.1	2	5
+	Guinea	Guinea Franc	GNF	324	3450.600000	100	100	0	2, 8
	Guinea Bissau	CFA Franc	XOF	952	487.266189	100	100	0	
	Guyana	US Dollar	USD	840	1.000000	1	0.1	2	5
+	Guyana	Guyana Dollar	GYD	328	NA	1	1	0	2
	Haiti	US Dollar	USD	840	1.000000	1	0.1	2	5
	Haiti	Gourde	HTG	332	NA	1	0.5	2	2
	Honduras	US Dollar	USD	840	1.000000	1	0.1	2	5
	Honduras	Lempira	HNL	340	NA	1	0.2	2	2
	Hong Kong SAR, China	Hong Kong SAR Dollar	HKD	344	7.810630	10	1	0	8
+	Hungary	Forint	HUF	348	187.381000	100	100	0	8
	Iceland	Iceland Krona	ISK	352	63.200000	100	10	0	8
+	India	Indian Rupee	INR	356	40.704000	5	1	0	8, 10
	Indonesia	US Dollar	USD	840	1.000000	1	0.1	2	5
	Indonesia	Rupiah	IDR	360	8891.000000	1000	100	0	1, 2, 8
+	Iran (Islamic Rep. of)	Iranian Rial	IRR	364	9255.600000	1000	1000	0	19
	Iraq	US Dollar	USD	840	1.000000	1	0.1	2	5
+	Iraq	Iraqi Dinar	IQD	368	1259.204000	0.1	0.05	3	2

IATA Rates of Exchange (IROE)

	Country (+ local currency acceptance limited)	Currency Name	ISO Codes Alpha	Numeric	From NUC	Local Curr. Fares	Other Charges	Decimal Units	Notes
	Ireland	euro	EUR	978	0.742833	1	0.01	2	8
	Israel	US Dollar	USD	840	1.000000	1	0.1	2	5, 10
	Israel	New Israeli Sheqel	ILS	376	NA	1	1	0	2, 5, 8
	Italy	euro	EUR	978	0.742833	1	0.01	2	8
	Jamaica	US Dollar	USD	840	1.000000	1	0.1	2	5
+	Jamaica	Jamaican Dollar	JMD	388	NA	1	1	0	2
	Japan	Yen	JPY	392	121.551000	100	10	0	7, 8
	Jordan	Jordanian Dinar	JOD	400	0.708440	0.1	0.05	3	
+	Kazakhstan	Kazakhstan Tenge	KZT	398	121.246000	1	1	0	8
	Kenya	US Dollar	USD	840	1.000000	1	0.1	2	5
+	Kenya	Kenyan Shilling	KES	404	66.629000	5	5	0	2
	Kiribati	Australian Dollar	AUD	036	1.191448	1	0.1	2	
+	Korea (Dem. Peoples Rep. of)	North Korean Won	KPW	408	141.970000	1	1	0	
–	Korea(Rep.of)	Won	KRW	410	927.950000	100	100	0	8
	Kuwait	Kuwaiti Dinar	KWD	414	0.288116	1	0.05	3	
	Kyrgyzstan	US Dollar	USD	840	1.000000	1	0.1	2	5
–	Kyrgyzstan	Som	KGS	417	38.010000	1	0.1	2	2, 8
	Laos (People's Dem. Rep.)	US Dollar	USD	840	1.000000	1	0.1	2	5
–	Laos (People's Dem. Rep.)	Kip	LAK	418	9588.600000	10	10	0	2
	Latvia	Latvian Lats	LVL	428	0.522066	1	0.1	2	8
	Lebanon	US Dollar	USD	840	1.000000	1	0.1	2	5
–	Lebanon	Lebanese Pound	LBP	422	NA	100	100	0	2, 8
	Lesotho	Loti	LSL	426	7.202010	10	1	0	6
	Liberia	US Dollar	USD	840	1.000000	1	0.1	2	5
–	Liberia	Liberian Dollar	LRD	430	NA	1	0.1	2	2, 5
–	Libya (S.P.L.A.J.)	Libyan Dinar	LYD	434	1.264980	0.1	0.05	3	19
	Liechtenstein	Same as Switzerland	CHF	756	1.224220	1	0.5	2	8
	Lithuania	Litas	LTL	440	2.564852	1	1	0	5,8
	Luxembourg	euro	EUR	978	0.742833	1	0.01	2	8
	Macao SAR, China	Pataca	MOP	446	8.044949	10	1	0	
	Macedonia (FYROM)	euro	EUR	978	0.742833	1	0.01	2	
–	Macedonia (FYROM)	Macedonian Denar	MKD	807	45.452700	1	1	0	5, 8, 22
	Madagascar	US Dollar	USD	840	1.000000	1	0.1	2	5
–	Madagascar	Ariary	MGA	969	1846.400000	100	100	0	2
	Malawi	US Dollar	USD	840	1.000000	1	0.1	2	5
	Malawi	Kwacha	MWK	454	140.413560	1	0.1	2	2, 8
	Malaysia	Malaysian Ringgit	MYR	458	3.422400	1	1	0	8
	Maldives Isl.	US Dollar	USD	840	1.000000	1	0.1	2	5
	Maldives Isl.	Rufiyaa	MVR	462	NA	1	1	0	2
	Mali	CFA Franc	XOF	952	487.266189	100	100	0	
	Malta	Maltese Lira	MTL	470	0.318909	1	0.1	2	5
	Marshall Isl.	US Dollar	USD	840	1.000000	1	0.1	2	5
	Martinique	euro	EUR	978	0.742833	1	0.01	2	8
+	Mauritania	Ouguiya	MRO	478	261.000000	20	10	0	
+	Mauritius	Mauritius Rupee	MUR	480	31.430000	5	1	0	
	Mayotte	euro	EUR	978	0.742833	1	0.01	2	8
	Mexico	US Dollar	USD	840	1.000000	1	0.1	2	5
	Mexico	Mexican Peso	MXN	484	10.841090	1	0.01	2	2, 8
	Micronesia	US Dollar	USD	840	1.000000	1	0.1	2	5

IATA Rates of Exchange (IROE)

	To calculate fares, rates or charges in currencies listed below:				Multiply NUC fare rate/ charge by the following rate of exchange:	And round up the resulting amount to the next higher unit as listed below:			
	Country (+ local currency acceptance limited)	Currency Name	ISO Codes Alpha	Numeric	From NUC	Rounding Units Local Curr. Fares	Other Charges	Decimal Units	Notes
	Moldova	euro	EUR	978	0.742833	1	0.01	2	
+	Moldova	Moldovan Leu	MDL	498	12.139000	1	1	0	8, 22
	Monaco	euro	EUR	978	0.742833	1	0.01	2	8
	Mongolia	US Dollar	USD	840	1.000000	1	0.1	2	5
	Mongolia	Tugrik	MNT	496	NA	-	-	2	2
	Montenegro	euro	EUR	978	0.742833	1	0.1	2	5
	Montserrat	US Dollar	USD	840	1.000000	1	0.1	2	5
	Montserrat	East Caribbean Dollar	XCD	951	2.700000	1	0.1	2	2,5
+	Morocco	Moroccan Dirham	MAD	504	8.314230	5	1	0	8
+	Mozambique	Metical	MZN	943	26.004000	10	1	0	8
+	Myanmar	Kyat	MMK	104	6.420000	1	1	0	
	Namibia	Namibia Dollar	NAD	516	7.202010	10	1	0	6, 8
	Nauru	Australian Dollar	AUD	036	1.191448	1	0.1	2	
	Nepal	US Dollar	USD	840	1.000000	1	0.1	2	5
+	Nepal	Nepalese Rupee	NPR	524	65.126400	1	1	0	2
	Netherlands	euro	EUR	978	0.742833	1	0.01	2	8, 11
	Netherlands Antilles	Neth. Antillian Guilder	ANG	532	1.790000	1	1	0	
	New Caledonia	CFP Franc	XPF	953	88.643467	100	10	0	
	New Zealand	New Zealand Dollar	NZD	554	1.332492	1	0.1	2	8, 18
	Nicaragua	US Dollar	USD	840	1.000000	1	0.1	2	5
+	Nicaragua	Cordoba Oro	NIO	558	18.280000	1	1	0	1, 2
	Niger	CFA Franc	XOF	952	487.266189	100	100	0	
	Nigeria	US Dollar	USD	840	1.000000	1	0.1	2	5
+	Nigeria	Naira	NGN	566	127.521000	1	1	0	2
	Niue	New Zealand Dollar	NZD	554	1.332492	1	0.1	2	
	Norfolk Isl.	Australian Dollar	AUD	036	1.191448	1	0.1	2	
	North Mariana Isl.	US Dollar	USD	840	1.000000	1	0.1	2	5
	Norway	Norwegian Krone	NOK	578	6.009620	5	1	0	8
	Oman	Rial Omani	OMR	512	0.384500	1	0.1	3	
+	Pakistan	Pakistan Rupee	PKR	586	60.714000	10	1	0	9
	Palau	US Dollar	USD	840	1.000000	1	0.1	2	5
	Palestinian Territory, Occupied	US Dollar	USD	840	1.000000	1	0.1	2	5
	Panama	US Dollar	USD	840	1.000000	1	0.1	2	5
	Panama	Balboa	PAB	590	1.000000	1	0.1	2	2
	Papua New Guinea	Kina	PGK	598	2.968958	1	0.1	2	
	Paraguay	US Dollar	USD	840	1.000000	1	0.1	2	5
+	Paraguay	Guarani	PYG	600	NA	100	100	0	2, 20
	Peru	US Dollar	USD	840	1.000000	1	0.1	2	5
+	Peru	Nuevo Sol	PEN	604	3.171350	0.1	0.1	2	2, 8
	Philippines	US Dollar	USD	840	1.000000	1	0.1	2	5
+	Philippines	Philippine Peso	PHP	608	NA	1	1	0	2, 8
	Poland	Zloty	PLN	985	2.839920	1	0.01	2	8
	Portugal incl Azores, Madeira	euro	EUR	978	0.742833	1	0.01	2	8
	Puerto Rico	US Dollar	USD	840	1.000000	1	0.1	2	5
	Qatar	Qatari Rial	QAR	634	3.640000	10	10	0	
	Reunion Isl.	euro	EUR	978	0.742833	1	0.01	2	8
	Romania	euro	EUR	978	0.742833	1	0.01	2	
+	Romania	New Leu	RON	946	2.427880	1	1	2	8, 22
	Russia	euro	EUR	978	0.742833	1	0.01	2	8,22

附录5 国际航协汇率兑换表

IATA Rates of Exchange (IROE)

	Country (+ local currency acceptance limited)	Currency Name	ISO Codes Alpha	ISO Codes Numeric	From NUC	Local Curr. Fares	Other Charges	Decimal Units	Notes
+	Russia	Russian Ruble	RUB	643	25.880040	5	1	0	8, 22
	Rwanda	US Dollar	USD	840	1.000000	1	0.1	2	5, 13
+	Rwanda	Rwanda Franc	RWF	646	NA	10	5	0	2, 13
	Saint Kitts, Nevis	US Dollar	USD	840	1.000000	1	0.1	2	5
	Saint Kitts, Nevis	East Caribbean Dollar	XCD	951	2.700000	1	0.1	2	2
	Saint Lucia	US Dollar	USD	840	1.000000	1	0.1	2	5
	Saint Lucia	East Caribbean Dollar	XCD	951	2.700000	1	0.1	2	2
	St.Pierre Miquelon	euro	EUR	978	0.742833	1	0.01	2	8
	St. Vincent and the Grenadines	US Dollar	USD	840	1.000000	1	0.1	2	5
	St. Vincent and the Grenadines	East Caribbean Dollar	XCD	951	2.700000	1	0.1	2	2
	Samoa	Tala	WST	882	2.557613	1	0.1	2	8
	Sao Tome and Principe	US Dollar	USD	840	1.000000	1	0.1	2	5
+	Sao Tome and Principe	Dobra	STD	678	NA	100	100	0	2, 8
	Saudi Arabia	Saudi Riyal	SAR	682	3.750660	1	1	0	
	Senegal	CFA Franc	XOF	952	487.266189	100	100	0	
	Serbia	euro	EUR	978	0.742833	1	0.01	2	
+	Serbia	Serbian Dinar	RSD	941	60.508710	1	1	0	5, 8, 22
	Seychelles	Seychelles Rupee	SCR	690	6.184490	1	1	2	
	Sierra Leone	US Dollar	USD	840	1.000000	1	0.1	2	5
+	Sierra Leone	Leone	SLL	694	NA	1	0.1	2	2, 8
	Singapore	Singapore Dollar	SGD	702	1.533310	1	1	0	8
	Slovakia	Slovak Koruna	SKK	703	25.363500	1	1	0	
	Slovenia	euro	EUR	978	0.742833	1	0.01	2	
	Solomon Islands	Solomon Island Dollar	SBD	090	7.115773	1	0.1	2	
	Somalia	US Dollar	USD	840	1.000000	1	0.1	2	5
+	Somalia	Somali Shilling	SOS	706	1356.600000	1	1	0	1, 2
	South Africa	Rand	ZAR	710	7.202010	10	1	0	6, 8
	Spain incl. Canary Islands	euro	EUR	978	0.742833	1	0.01	2	8
+	Sri Lanka	Sri Lanka Rupee	LKR	144	110.797000	100	1	0	
	Sudan	Sudanese Pound	SDG	938	2.040000	1	1	2	19
	Suriname	US Dollar	USD	840	1.000000	1	0.1	2	5
+	Suriname	Surinam Dollar	SRD	968	2.770000	1	1	0	2
	Swaziland	Lilangeni	SZL	748	7.202010	10	1	0	6
	Sweden	Swedish Krona	SEK	752	6.931420	5	1	0	8
	Switzerland	Swiss Franc	CHF	756	1.224220	1	0.5	2	8
+	Syria	Syrian Pound	SYP	760	50.990000	1	1	0	19
	Tajikistan	US Dollar	USD	840	1.000000	1	0.1	2	5
+	Tajikistan	Somoni	TJS	972	3.430000	1	0.1	2	2, 8
	Tanzania	US Dollar	USD	840	1.000000	1	0.1	2	5
+	Tanzania	Tanzania Shilling	TZS	834	1260.700000	10	10	0	2
	Thailand	Baht	THB	764	32.783000	5	5	0	8
	Timor Leste	US Dollar	USD	840	1.000000	1	0.1	2	5
	Togo	CFA Franc	XOF	952	487.266189	100	100	0	
+	Tonga Isl.	Pa'anga	TOP	776	1.971544	1	0.1	2	8
	Trinidad and Tobago	US Dollar	USD	840	1.000000	1	0.1	2	5
+	Trinidad and Tobago	Trinidad & Tobago Dollar	TTD	780	NA	1	0.1	2	2
+	Tunisia	Tunisian Dinar	TND	788	1.300030	1	0.5	3	
	Turkey	euro	EUR	978	0.742833	1	0.01	2	8

IATA Rates of Exchange (IROE)

Country (+ local currency acceptance limited)	Currency Name	ISO Codes Alpha	ISO Codes Numeric	From NUC	Rounding Units Local Curr. Fares	Other Charges	Decimal Units	Notes
+ Turkey	New Turkish Lira	TRY	949	1.325090	1	0.01	2	8, 22
Turkmenistan	US Dollar	USD	840	1.000000	1	0.1	2	5
+ Turkmenistan	Turkmenistan Manat	TMM	795	5200.000000	1	0.1	2	2, 8
Turks and Caicos Isl.	US Dollar	USD	840	1.000000	1	0.1	2	5
Tuvalu	Australian Dollar	AUD	036	1.191448	1	0.1	2	
Uganda	US Dollar	USD	840	1.000000	1	0.1	2	5
+ Uganda	Uganda Shilling	UGX	800	1675.001000	1	1	0	2, 8
Ukraine	US Dollar	USD	840	1.000000	1	0.1	2	5
+ Ukraine	Hryvnia	UAH	980	5.028250	1	0.1	2	2, 8
United Arab Emirates	UAE Dirham	AED	784	3.672730	10	10	0	
United Kingdom	Pound Sterling	GBP	826	0.503812	1	0.1	2	5, 8
United States of America / UST	US Dollar	USD	840	1.000000	1	0.1	2	4
Uruguay	US Dollar	USD	840	1.000000	1	0.1	2	5
+ Uruguay	Peso Uruguayo	UYU	858	23.920000	1	1	0	1, 2, 5, 8
Uzbekistan	US Dollar	USD	840	1.000000	1	0.1	2	
+ Uzbekistan	Uzbekistan Sum	UZS	860	1260.654000	1	1	0	2, 8
Vanuatu	Vatu	VUV	548	103.519000	100	10	0	
Venezuela	US Dollar	USD	840	1.000000	1	0.1	2	5
Venezuela	Bolivar	VEB	862	2150.000000	10	10	0	2, 5, 8
Viet Nam	US Dollar	USD	840	1.000000	1	0.1	2	5
+ Viet Nam	Dong	VND	704	16099.100000	1000	1000	0	2
Virgin Islands (British)	US Dollar	USD	840	1.000000	1	0.1	2	5
Virgin Islands (US)	US Dollar	USD	840	1.000000	1	0.1	2	4, 5
Wallis and Futuna Isl.	CFP Franc	XPF	953	88.643467	100	10	0	
Yemen	Yemeni Rial	YER	886	198.000000	1	1	0	19
Zambia	US Dollar	USD	840	1.000000	1	0.1	2	5, 9
+ Zambia	Kwacha	ZMK	894	NA	5	5	0	2, 8
Zimbabwe	US Dollar	USD	840	1.000000	1	0.1	2	5
+ Zimbabwe	Zimbabwe Dollar	ZWD	716	NA	1	1	2	2

附录5 国际航协汇率兑换表

NOTES

1. For information apply to the nearest office of an issuing or participating airline.

2. International fares, fares related charges and excess baggage charges will be quoted in US Dollars. The conversion rate shown herein is to be used solely to convert local currency domestic fares to US Dollars, permitting the combination of domestic fares and international fares on the same ticket.

3. No rounding is involved; all decimals beyond two shall be ignored.

4. Rounding of fares and other charges shall be to the nearest rounding unit except US Tax charges shall be rounded to the nearest 0.01.

5. Rounding of fares and other charges shall be to the nearest rounding unit.

For Example if rounding unit is 1:
Between: 0.01 and 0.49 round down
0.50 and 0.99 round up

6. Rounding of other charges shall be accomplished by dropping amounts less than 50 cents/lisenti and increasing amounts of 50 cents/lisenti or more.

7. Changes to promotional fares in Japanese Yen shall be calculated to JPY 1 and rounded up to JPY 1,000.

8. Refer to PAT General Rules book section 11.10 for sources for bankers rates of exchange.

9. Tickets issued outside Pakistan for journeys commencing in Pakistan may not be issued to Pakistani nationals whose stay abroad has been less than 10 months, unless approved by the Pakistani State Bank.

10. When purchasing a ticket in India, non-residents need prior approval from Reserve Bank or must produce a bank certificate evidencing the exchange of foreign currency.

11. Netherlands security charge and Passenger Service Charge shall not be rounded.

12.
(a) Rounding of local currency fares shall be accomplished by dropping amounts less than 50 cents and increasing amounts of 50 cents or more. Round trip fares in Canadian/US currency shall not exceed twice the one-way fare.
(b) Other charges - Canadian Tax Charges rounded to the nearest 0.01.

13. Notwithstanding the '+'sign, Rwanda francs may be accepted only in accordance with the instructions issued by the 'Ministere des Finances' to the agents of Rwanda and the carriers operating to or from Rwanda. All fares from Rwanda shall be published in a basic currency.

14. The sale in Brazilian currency is prohibited for tickets which permit a stopover in Brazil on the outbound journey, once the passenger has left Brazil. This prohibition shall not apply to the sale of transportation to be performed solely within the area comprised of Argentina / Brazil / Chile / Paraguay and Uruguay.

15. El Salvador VAT shall not be rounded.

16. Notwithstanding the dagger sign, Burundese francs may be accepted only in accordance with the instructions issued by the 'Ministere des Finances' of the Kingdom of Burundi to the agents of Burundi and the carriers operating to or from Burundi. All fares from Burundi shall be published in a basic currency.

17. Other Charges - Australian Tax Charges when collected in Australia, round to the nearest 0.01.

18. Other Charges - New Zealand Tax Charges when collected in New Zealand, round to the nearest 0.01.

19. Exchange rate set by Government.

20. Other Charges - Paraguay IVA tax rounded to nearest PYG1.

21. Other Charges - Colombian VAT shall be rounded to the nearest COP 10

22. International fares, fares related charges and excess baggage charges will be quoted in euro (EUR). The conversion rate shown herein is to be used solely to convert local currency domestic fares to euro, permitting the combination of domestic fares and international fares on the same ticket

附录6 超里程优惠条件

2.4.3.1. Area 1 EMA

Between	And	Via	TPM Deduction
Buenos Aires/ Montevideo	Canada/ Mexico/ USA	Rio de Janeiro-Sao Paulo with no stopover at either point	510
Buenos Aires/ Montevideo	Caracas	Wholly within South America	400

2.4.3.2. Area 2 EMA

2.4.3.2.1. Between Europe and the Middle East

Between	And	Via	TPM Deduction
Europe	Iran (except Tehran)	Tehran	100
Budapest	Middle East	a point in Europe other than in Hungary	100

2.4.3.3. Area 3 EMA

Between	And	Via	TPM Deduction
Osaka/ Tokyo	Denpasar Bali	via Jakarta with no stopover; no additional intermediate points between Jakarta and Denpasar Bali	70
Area 3 (except when travel is wholly within Afghanistan, Bangladesh, Bhutan, Maldives, Pakistan, India, Nepal and Sri Lanka)	A point in Area 3	via both Mumbai and Delhi, or via both Islamabad and Karachi	700
Area 3 (except when travel is wholly within Afghanistan, Bangladesh, Bhutan, Maldives, Pakistan, India, Nepal and Sri Lanka)	Mumbai	Delhi	700
Area 3 (except when travel is wholly within Afghanistan, Bangladesh, Bhutan, Maldives, Pakistan, India, Nepal and Sri Lanka)	Delhi	Mumbai	700
Area 3 (except when travel is wholly within Afghanistan, Bangladesh, Bhutan, Maldives, Pakistan, India, Nepal and Sri Lanka)	Karachi	Islamabad	700

Between	And	Via	TPM Deduction
Area 3 (except when travel is wholly within Afghanistan, Bangladesh, Bhutan, Maldives, Pakistan, India, Nepal and Sri Lanka)	Islamabad	Karachi	700

2.4.3.4. Area 12 via the Atlantic EMA

Between	And	Via	TPM Deduction
Alberta/ British Columbia/ Yukon	Europe	via St. Johns - Halifax - Montreal - Ottawa - Toronto	400
Canada/ Mexico/ USA	South Africa	Tel Aviv	660
Cancun	Europe	Mexico City	550
Merida	Europe	Mexico City	150
Mid Atlantic Points except Bahamas/ Bermuda	Fuerteventura/ Gran Canaria/ Lanzarote/ San Sebastian de la Gomera / Santa Cruz de la Palma/ Tenerife/ Valverde	via Europe other than Fuerteventura/ Gran Canaria/ Lanzarote/ San Sebastian de la Gomera/ Santa Cruz de la Palma/ Tenerife/ Valverde	1300
New Brunswick/ Newfoundland/ Nova Scotia/ Prince Edward Island	Europe	via Boston - Montreal - Ottawa - Toronto	1500
New Brunswick/ Nova Scotia/ Prince Edward Island	Israel	via Halifax - Montreal - Toronto	500
Newfoundland	Israel	via St. Johns - Halifax - Montreal - Toronto	1600
Newfoundland	Europe	via Halifax	700

2.4.3.5. Area 23 EMA

Between	And	Via	TPM Deduction
Europe	Australia	Harare-Johannesburg	518
Europe	South Asian Subcontinent	via both Mumbai and Delhi	700
Europe	Mumbai	Delhi	700
Europe	Delhi	Mumbai	700
Middle East	TC3 (except South West Pacific)	via both Mumbai and Delhi, or via both Islamabad and Karachi	700
Middle East	Mumbai	Delhi	700
Middle East	Delhi	Mumbai	700
Middle East	Karachi	Islamabad	700
Middle East	Islamabad	Karachi	700

2.4.3.6. Area 31 via the Pacific EMA

Between	And	Via	TPM Deduction
USA (except Hawaii)/ Canada	Area 3	Hawaii - for North/ Central Pacific fares only	800

参 考 文 献

[1] 张辉．民航国际旅客运价教程．北京：中国民航出版社，2006．
[2] 王娟娟．民航国内客票销售．北京：中国民航出版社，2006．
[3] 万青．航空运输地理．北京：中国民航出版社，2006．
[4] 綦琦．值机业务与行李运输实务．北京：国防工业出版社，2012．
[5] 马广岭．民航旅客运输．北京：国防工业出版社，2011．